近代著名畫家徐悲鴻（1895-1953）未出國遊學前，曾在上海從康有為先生學習書法及詞章等學；1926年歸國，在上海愚園路游存廬為69歲的康先生畫這一幅像。此畫懸於康家客廳中多年，現藏於上海博物館。

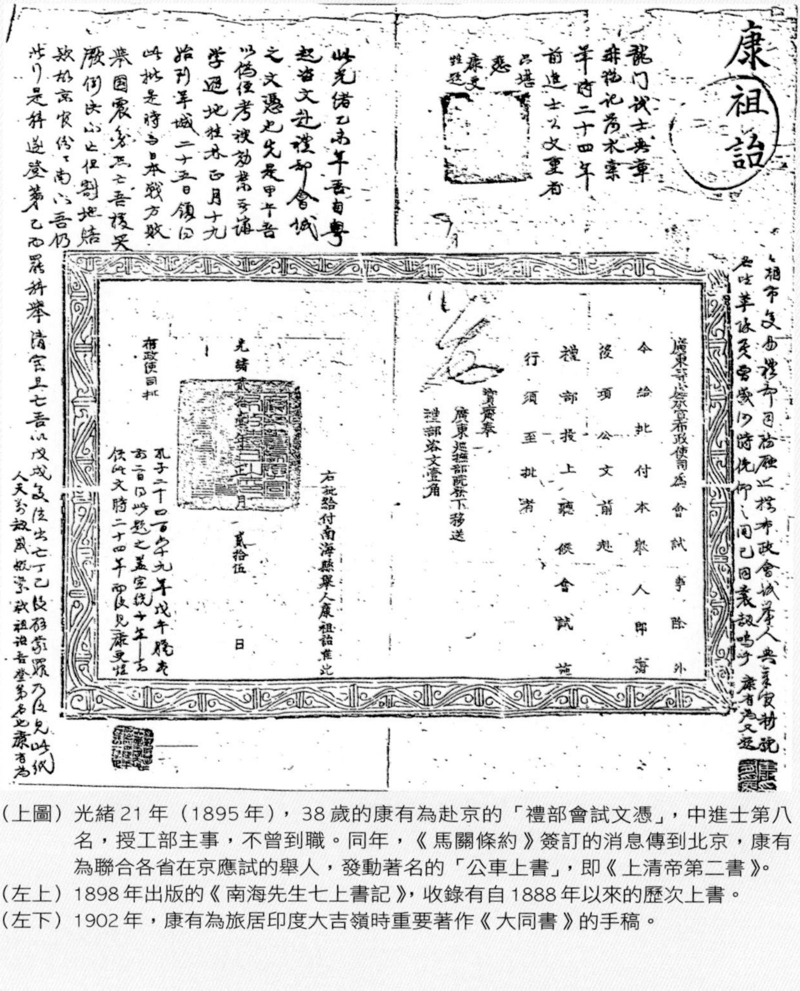

康祖詒

廣東等處承宣布政使司為會試事除外
今給批付本舉人即齎
後項公文前赴
禮部投上聽候會試施
行須至批者
資奉
廣東巡撫部院發下移送
禮部咨文壹角

右批給付南海縣舉人康祖詒准此

光緒貳拾[illegible]年[illegible]月貳拾伍日

布政使司批

（上圖）光緒 21 年（1895 年），38 歲的康有為赴京的「禮部會試文憑」，中進士第八名，授工部主事，不曾到職。同年，《馬關條約》簽訂的消息傳到北京，康有為聯合各省在京應試的舉人，發動著名的「公車上書」，即《上清帝第二書》。

（左上）1898 年出版的《南海先生七上書記》，收錄有自 1888 年以來的歷次上書。

（左下）1902 年，康有為旅居印度大吉嶺時重要著作《大同書》的手稿。

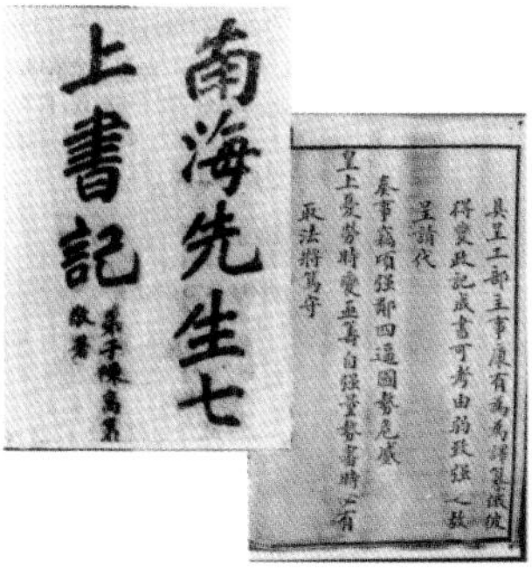
南海先生七
上書記

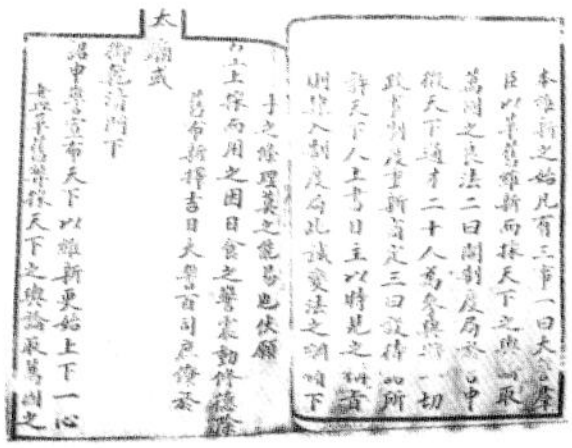

大清國當今聖母皇太后萬歲萬歲萬萬歲

（上圖）慈禧太后（1835-1908），頑固派總代表，掌握清廷權力。

（右下）榮祿（1836-1903），后黨重要人物，控制北洋陸軍，鎮壓維新派。

（左下）奕訢（1833-1898），后黨重要人物，光緒欲見康有為，但為他所阻。

（右上）光緒皇帝（1871-1908），接受維新主張，擺脫慈禧毅然改革。
（左上）翁同龢（1830-1904），光緒皇帝的師傅，同情維新主張。
（下圖）維新運動的主角康有為（右）與其學生梁啟超。

（右圖）戊戌六君子之一譚嗣同（1865-1898），湖南瀏陽人，維新派中的激進者。
（左圖）戊戌六君子之一康廣仁（1867-1898），康有為之弟兼得力助手，在上海協辦大同譯書局，經營不纏足會，創設女學堂，並任《知新報》經理等。

（右上）戊戌六君子之一楊銳（1857-1898），1898 年發起成立蜀學會。
（左上）戊戌六君子之一劉光第（1859-1898），1883 年授工部主事，1898 年參加保國會。
（右下）戊戌六君子之一楊深秀（1849-1898），參加保國會，所條陳新政甚多。
（左下）戊戌六君子之一林旭（1857-1898），1898 年倡閩學會，並參加保國會。

（上）1898 年，戊戌政變時期的康有為，時年 41 歲。

（下）戊戌政變失敗後，康有為所寫的絕筆書。

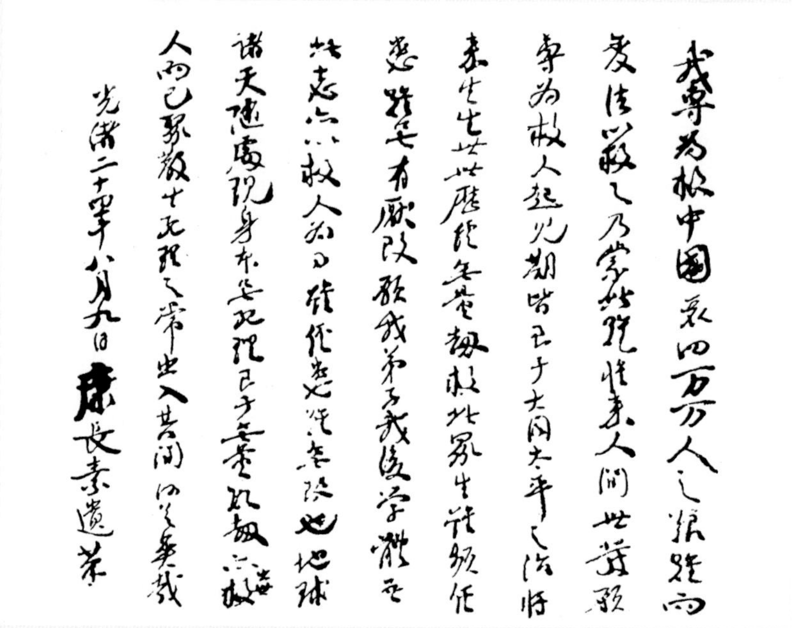

吾專為救中國哀四萬萬人之艱難而
發往救之乃蒙此難惟來人間世發願
專為救人起見期皆至于大同太平之治將
來生生世世歷經無量劫救此眾生雖頻經
患難無有厭改願我弟子我後學體吾
此志亦以救人為事雖經艱險無改也地球
諸天隨處現身本無死理至于無量劫亦救
人而已聚散生死理之常出入其間何足異哉
光緒二十四年八月九日康長素遺筆

（上）1903年，康有為攝於檳榔嶼。
（下）1900年秋，八國聯軍攻佔北京，康有為領導自立軍在漢口等地起義失敗，因在新加坡受到刺客騷擾，避居於英海門總督亞歷山大駐檳榔嶼的節署中，達15個月之久。

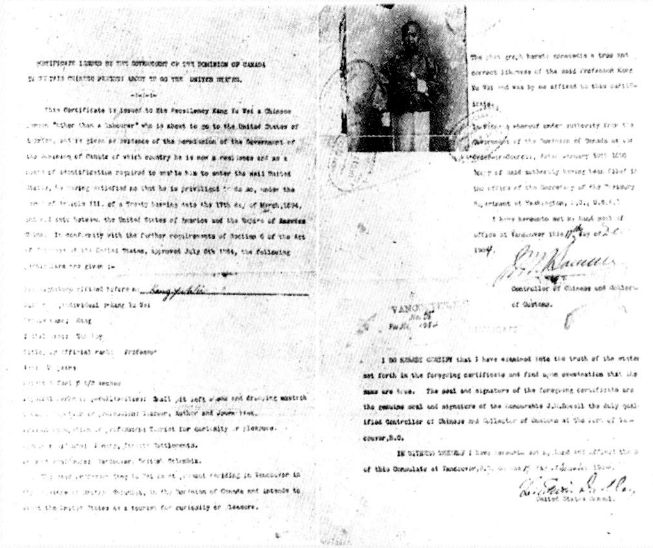

CERTIFICATE ISSUED BY THE GOVERNMENT OF THE DOMINION OF CANADA [illegible] CHINESE PERSONS ABOUT TO GO THE UNITED STATES.

-:-:-:-

This Certificate is issued to His Excellency Kang Yu Wei a Chinese person "other than a labourer" who is about to go to the United States of America, and is given as evidence of the [illegible] of the Government of the Dominion of Canada of which country he is now a resident and as a [illegible] of identification required to enable him to enter the said United States, [illegible] satisfied us that he is privileged to do so, under the [illegible] of Article III. of a Treaty bearing date the 17th day of March, 1894, [illegible] between the United States of America and the Empire of [illegible] China. In conformity with the further requirements of Section 6 of the Act of [illegible] of the United States, approved July 5th 1884, the following [illegible] are given :-

[illegible] signature affixed before me [illegible]

[illegible] individual name Kang Yu Wei

[illegible] name; Kang

[illegible] Yu [illegible]

Title, of Official rank: Professor

[illegible]

[illegible] feet [illegible] 1/2 inches

[illegible] peculiarities: Small pit left [illegible] and drooping mustach

[illegible] Teacher, Author and Journalist.

[illegible] Tourist for curiosity or pleasure.

[illegible] Settlements.

[illegible] Vancouver, British Columbia.

[illegible] Vancouver in [illegible] of British Columbia, in the Dominion of Canada and intends to [illegible] the United States as a tourist for curiosity or pleasure.

The photograph hereto [illegible] a true and correct likeness of the said Professor Kang Yu Wei and was by me affixed to this certificate.

In [illegible] whereof under authority from the Government of the Dominion of Canada as [illegible] Order-in-Council, [illegible] copy of said authority having been filed in the office of the Secretary of the Treasury Department at Washington, D.C., U.S.A.

I have hereunto set my hand [illegible] office at Vancouver this 17th day of [illegible] 1904.

[illegible]

Controller of Chinese and Collector of Customs.

VANC[illegible]
No. [illegible]

I DO HEREBY CERTIFY that I have examined into the truth of the statements set forth in the foregoing certificate and find upon examination that the same are true. The seal and signature of the foregoing certificate are the genuine seal and signature of the Honourable J.[illegible] the duly qualified Controller of Chinese and Collector of Customs at the port of Vancouver, B.C.

IN WITNESS WHEREOF I have hereunto set my hand and affixed the seal of this Consulate at Vancouver, B.C. [illegible] 1904.

[illegible]
United States Consul.

（上）康有為的旅遊證件。1898年9月變法失敗後，開始了16年漫長的流亡生涯。

（下）康有為遊德國科隆大教堂題照。

（上）1906年，康有為流亡至瑞典，在南湖中一島上築室而居，名所居島為「避島」，名所築室為「北海廬」。

（中）1908年，康有為登埃及金字塔頂題詩。

（下）康有為遊德國馬丁．路德故居題照。

（上）戊戌事敗後，1899 年 7 月在加拿大組織保皇會，在海外籌畫「勤王」大業。圖為 1905 年的康有為。
（下）1910 年的康有為。

（右上）1902年，「保皇會同志」銀質證章，上面有光緒皇帝頭像。
（左上）保皇會時期發行的郵票，現在價值不菲。
（下圖）保皇會總長在美國紐約。

1902 年，康有為與繼室梁隨覺夫人旅居印度大吉嶺「娛廬」時合影。

1914年，梁隨覺和女兒同復、同環，兒子同為攝於上海。（北京大江流公司提供）

康有為（左三）偕長子康同籛（右二）、六女婿潘其璇（右四）與外國友人合影。

康有為贈萬木草堂弟子伍莊的照片，後者曾任保皇會及民主憲政會所辦報紙的主筆。

（上）1917 年康有為 60 壽辰時，全家在上海合影。二排右起：五夫人廖定徵、四夫人市岡鶴子、元配張雲珠、康有為、二夫人梁隨覺手抱外孫潘慶瑞、六夫人張光、七女康同環，後排右六女康同復、左六女婿潘其璇，前排左長子康同籛，中八女康同琰，右次子康同凝。

（下）1917 年，康有為 60 歲立像，攝於弟子歐陽桂開設的上海南京路寶記照相館。

（上）1917 年，學生徐悲鴻繪「康南海六十行樂圖」。
（下）學生徐悲鴻繪康有為三夫人何旃理（1914 年卒）像，以慰老師相思之苦。（北京大江流公司提供）

（上）康有為的誕生地延香老屋，因他倡導變法維新，獲罪於守舊勢力，給康家帶來滅門之災，百年老屋人去樓空，父、母、妻三族親屬遠走他鄉，徹底改變了康氏家族的命運，也改變了中國的命運。

（下）1921年，康有為在上海愚園路購地十畝，自己設計一所園林式建築，名為「游存廬」。

（上）1926年，康有為利用游存廬住宅一角，開辦了「天游學院」，這是他第三次辦學。
（下）1923年，康有為購入青島別墅「天游園」，晚年常與家人來此避暑。

1927 年，康有為 70 壽辰時，著清代禮服在上海愚園路住宅的延香堂前與家屬、親戚及門人合影，後排右四為繼室梁隨覺，右一為次子康同凝，二排右三長子康同籛、右四六女康同復、右五長女康同薇、右一六女婿潘其璇、左四七女康同環、左五次女康同璧。

1927 年，康有為逝世前兩天攝於青島。

（上）1929年，梁隨覺和女兒同環攝於上海。（北京大江流公司提供）
（下）梁隨覺和兒子、女兒、女婿、外孫、外孫女攝於上海。（北京大江流公司提供）

（上）康有為的繼室梁隨覺女士和其孫康保延先生。

（下）梁隨覺和兒子、女兒、孫子、外孫女晚年攝於台灣。（北京大江流公司提供）

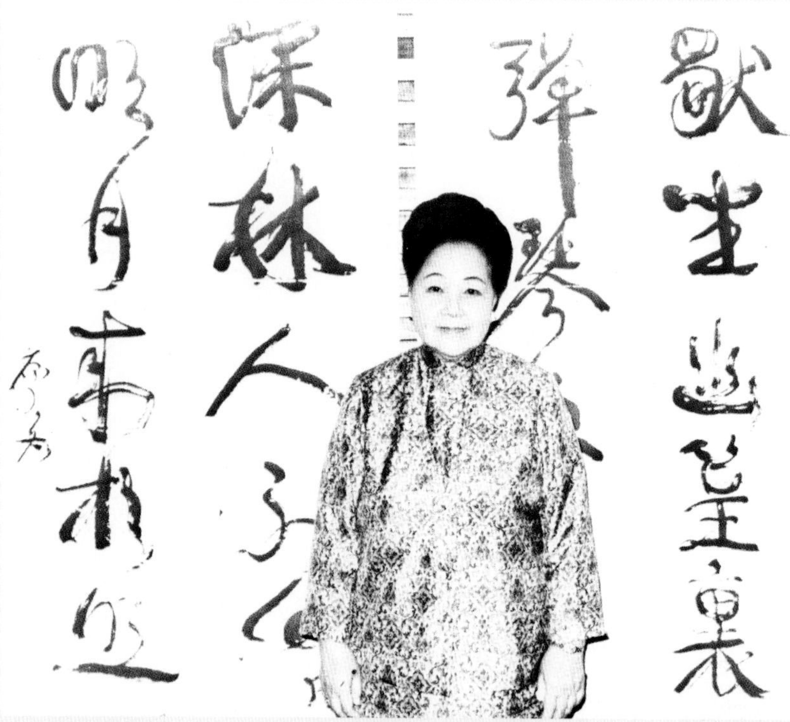

1970年5月，康有為七女康同環女士假香港大會堂展覽廳舉辦先父及先夫何永樂先生「丈婿書畫展」。

康有為之孫康保延夫婦在康有為故居前留影。

康有為的寫意山水畫「山居圖」（1923 年），他不常作畫，且不肯示人。

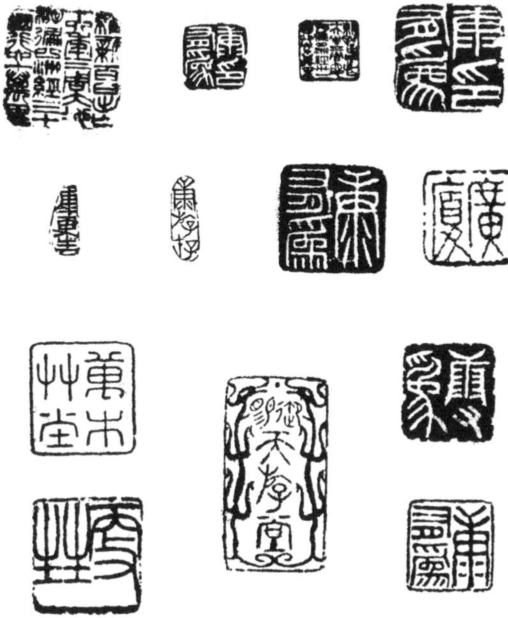

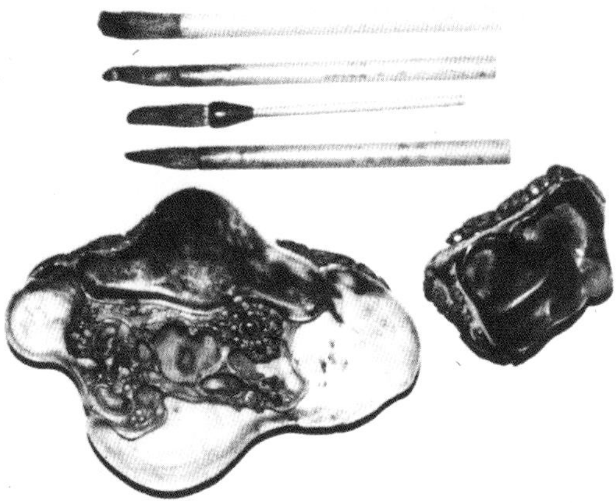

（上）康有為的用印。
（下）康有為的書法相當著名，已有專書析論；這是他使用過的毛筆和玉製筆洗。

（上）康有為生前自選的墓地在青島李村象耳山下，文革浩劫中受到徹底破壞。

（下）康有為的新墓地改建嶗山，由弟子劉海粟題碑文。

（上）康有為故鄉南海市丹灶鎮所設的康有為紀念館。
（下）康有為故居。

戊戌政變已百餘年，幾經滄桑後，康有為出生地南海市丹灶鎮蘇村現貌。

* 感謝康保延先生提供本書使用之照片。

新世紀叢書

當代重要思潮・人文心靈・宗教
社會文化關懷

百年家族
康有為

一個開創時代格局、改變中國命運的巨人

王明德◎著
唐德剛・馬悅然・康保延◎代序

〈代序〉：馬悅二〇〇二年論康有為

康有為的「大同」社會

瑞典漢學家
馬悅然

大道之行也，天下為公。選賢與能，講信修睦，故人不獨親其親，不獨子其子，使老有所終，壯有所用，幼有所長，鰥寡孤獨廢疾者，皆有所養。男有分，女有歸。貨惡其棄於地也，不必藏於己；力惡其不出於身也，不必為己。是故謀閉而不興，盜竊亂賊而不作，故外户而不閉，是謂大同。

以上所引的文字顯然受道教思想很深。值得注意的是這篇文字收入屬於儒家《十三經》中的《禮記‧禮運》。

《禮記‧禮運》的「大同」指的是一個百姓不利己的遙遠的原始社會。這個理想社會的名稱再度出現在康有爲先生二十六歲時所寫的《大同書》的初稿。雖然初稿完成於一八八四年，全書則出版於作者去世八年之後的一九三五年。

《大同書》所描寫的社會是一個包括全世界在內的遙遠未來的烏托邦。康有爲認爲人生和社會中所有的惡果決定於人心內在的自私自利的傾向。在《大同書》裡作者拆毀自私的人類爲保護自己的家庭和自己的財產所建築的保障。據康有爲的說法，婚姻制度是創造與鞏固社會中不公正和男女之間不平等的主要因素。如果要取消私人的所有權和私立的事業，非先取消婚姻制度和傳統的家庭觀念不可，康有爲主張一種「同居合同」代替婚姻，合同有效時期限於一年，要是雙方同意，合同可以延長。

大同社會沒有國界，地球分成許多編了號碼的正方形地區。世界上的公民有秩序地由一個地區搬到另一個地區。用這個方法，由氣候所決定的種族特點會漸漸地消失，因爲黑種族的存在，世界公民的皮膚不可能變成全白，因此康有爲主張超過種族界限的同居合同。

國立的托兒所、小學、中學以及大學保證所有的孩子有受同樣教育的機會。學校最後幾年，學生們除了一般的課程以外，還要學國家將來給他們指定的職業所需要掌握的知識和技術。因爲所有的生產資料都是國有化的，國家能很有效地按照社會需要調整教育的容量。

康有爲認爲越來越發達的機械化會減少工作時間，因此，國家得設法讓人民享受業餘時間的活動。各種各樣的電力運輸機很快把大同社會的公民從陸上、海上或者空中運到他們所願意去的地方，有設備完好的養老院建築在海拔高而風景很美麗的地方。

《大同書》與馬克思的一八四八年出版的《共產主義宣言》有些共同的地方。康有爲不懂外文。馬克思的著作一九二〇年才譯成中文，所以康有爲寫《大同書》的時候肯定沒有讀過馬克思的著作。馬克思和康有爲，如其他烏托邦主義者一樣，主張取消私有制、婚姻制度和所有的界限；兩位都提倡女性的解放和把所有的生產資料的國有化。可是兩位學者的參照點、動機和策略是完全不同的。馬克思的參照點是正在工業化的歐洲；受儒家影響的康有爲由宇宙的角度來審查社會問題。馬克思預想無產階級的革命將生產資料都集中於國家的手裡之後，階級鬥爭自然而然地會消滅；康有爲認爲大同社會是和平地漸漸發展的結果。（在一八九七年發表的《孔子改制考》裡，康有爲試圖證明這種和平的社會發展是孔子的政治思想中的一個重要的教義）；沒有爲共產主義社會設立任何道德或者倫理的原則的馬克思斷言，個人所屬的階級決定他的宗教、哲學、道德和其餘各方面的意識形態的價值觀；康有爲的大同思想建立在孟子的確信上：不忍之心向善，如水之就下也；馬克思認爲人類的痛苦都是經濟剝削所引起的；年輕接觸過佛教的康有爲詳細地分析人類痛的所由來。

上世紀末，蘇聯、東歐的無產階級專政的共產主義獨裁制度完蛋了。中國大陸近二十年變成一個僞共產主義，只望錢看，沒有人權的假資本主義國家。今天國際上的形勢讓我懷疑康有爲的大同烏托邦永遠不會實現。

轉載自二〇〇二年一月十一日《聯合副刊》

〈代序〉：唐德剛一九九二年論康有為

解剖康有為

歷史學家
唐德剛

學問是失意苦讀的收穫

康有爲考秀才曾三戰三北；考舉人又考得六試不售。到後來由舉人考進士，反而一索取得，豈科舉考試眞要靠「一命二運……」哉？其實考生勝敗之間，亦可另有解釋。蓋縣試、府試（考秀才）和鄉試（考舉人）的要點是文采重於學識。有文學天才的青少年再加點「帖括」（八股文）的訓練，就可以應付了。像「筆端常帶感情」的梁啓超就可以十二歲「進學」成秀才，十七歲中舉人。而中舉之後還是「帖括之外不知有學問」。他的老師康有爲則正相反。康氏有學問而無文采。落筆無才氣就要見扼於有地方性的科場了。至於中進士、點翰林，光靠才氣就不夠了。赴考者總得有點眞才實學和眞知灼見。所以科舉時代，不通的舉人（像《儒林外史》上的范進），隨處皆有；狗屁的進士、翰林則不多見也——畢竟是國家的最高學位嘛！所以康有爲六困於「鄉試」，一朝「會試」，他就以「會元」（會試第一名）自許了。

記得李宗仁代總統以前曾告訴我說：民國時代的職業軍官都是「桐油桶」。除掉裝桐油之外，就是廢物。其實科舉時代的士子，也是桐油桶。讀書、考試、做官之外，也百無一用。做官要科舉出身，考試及格。考試不及格，預備再考，帖括之外也沒什麼好預備的。但是也有少數士子，除掉預備考試之外，是爲讀書而讀書的。讀久了也就可以變成一些專家學者。專家學者赴考不停再取得了功名，就成爲有學問的大官僚，像阮元、曾國藩、張之洞那樣。專家學者始終考不到功名的，也可做做優游泉林或笑傲王侯的「布衣」，有時心血來潮，也可搞搞無利而有名的「上皇帝書」。那時的中國既然沒有太多的官辦學堂，他們也可以辦學設校和開門授徒。——學問小的就做最起碼的「三家村塾師」（鄭板橋就做了半輩子塾師）；學問大的就辦私立大學、開書院，像東漢的「馬融絳帳」、宋朝朱熹的「白鹿洞」，和清代的各種書院了。

康有爲正是這樣。他在一八七六（光緒二年）十九歲，第一次「鄉試不售」之後，受了很大的刺激。做了一陣子塾師之後，乃投奔當時有名的進士、理學大儒朱次琦，繼續學習。朱是一位大學者，康有爲跟他學了不少東西，尤其是宋明理學。可是一學五、六年還是考不了功名，而自己的「學問」卻一天天地大起來——從儒學到佛學，從佛學到西學，熬了十年寒窗，竟然變成當時中外兼通的大字紙簍。因此在朱老師於一八八二年病死之後，有爲又一再鄉試不售。在繼續當了一陣子蒙童塾師之後，也就自我升級，試辦小書院，授徒講學了。

康有爲那時因數度晉京，道遊港、滬、天津等洋碼頭。並專程遊長城、西湖；訪金山寺、黃鶴樓、白鹿洞等名勝古蹟。讀萬卷書、行萬里路，交遊日廣。在名儒碩彥、達官貴人之間，論學衡文，評論國事，他這位康布衣且每在同儕之上。日子久了，竟然也頗負時譽。偶爾以老監生資格教讀廣府學宮，遠近學子，亦聞風嚮慕。在這些慕道者之間，居然有一位頗有才名的新科舉人，後來成爲康聖人第一號大門徒的梁啓超（一八七三～一九二九）。這一記「秀才老師、舉人學生」的搭配，就更使康童生聲價十倍了。

梁啟超投師始末

前段已言之，廣東新會縣出生的梁啓超是十二歲「進學」，十七歲「中舉」（都是虛齡）的神童。他在考中舉人時，竟被頗享時譽的主考官李端棻看中了，乃把他的堂妹許配給啓超爲妻。這不用說是當時傳遍華南的師徒佳話。但是梁啓超是聰明的，他知道他這位新科舉人，成名天下知的梁才子，肚子裡除掉一些「帖括」之外，究竟有多少「學問」。因此他在久仰康氏盛名之後，尤其是康氏搞第一封「上皇帝書」（一八八八）回來之後，便親自投拜門下，做了有爲的第一號大門徒了。

梁之謁康是在他「己丑中舉」（康於同科落第）後一年，光緒十六年庚寅，公元一八九〇年。時康有爲三十三歲，啓超十八歲。據梁啓超回憶說，他自己那時是「少年科第，且於時流所推重之訓詁詞章學，頗有所知，輒沾沾自喜……」（見梁氏《三十自述》）可是詞章訓詁康氏則斥之爲「數百年無用舊學」。他師徒初見時自辰（上午八時）至戌（下午七點鐘）一日之談，啓超覺得簡直是「冷水澆背，當頭一棒，一旦盡失故壘，惘惘然不知所從事」，直至「竟夕不能寐」。從此梁舉人就盡棄所學，去向康秀才從頭學起了。

行文至此，筆者亦不禁想起一件往事：在五〇年代中期某夕，余隨侍先師胡適之先生談訓詁學終宵，亦曾弄到竟夕不能寐的程度。乃起而作小詩數首，有句曰：「著書爲探生民術，忍共胡郎辨爾吾。」適之師作〈吾我篇〉與〈爾汝篇〉時，才十九歲。余發此感嘆時已三十中年。歷經寇患內爭，家破人亡。自覺「數百年無用舊學」，不忍再爲之肝腦塗地矣。初不知三十中年的康聖人，亦嘗發此感慨也。悲夫！

康秀才自得此高徒，不覺信心大增。翌年（一八九一・光緒十七年・辛卯），康氏在諸高足簇擁之下，乃移居廣州「長興里」，正式掛牌講學，這就是後來哄傳海內的「萬木草堂」了。

讀史者皆知道「萬木草堂」是後來康、梁變法理論的溫床；也是戊戌變法的幹部養成所。但是康有爲大師究竟在這所「堂」裡，講了些什麼學問和理論呢？這兒倒稍有釐清的必要。

康有爲當時在「萬木草堂」中，向梁啓超等學生所講的學問，總的說來，大致有兩大類：「西學」和「中學」。康山長（滿清書院院長例稱「山長」，康似未用此頭銜）在那裡又講了些什麼「西學」呢?原來他數度自廣州乘洋輪北上，去北京參加「順天府鄉試」時，途經香港、上海、天津等地「租界」，見「西人宮室之瓌麗、道路之整潔、巡捕之嚴密，乃知西人治國有法度，不得以古舊之夷狄視之。」康氏在內心欽佩之餘，乃大購漢譯西學之書，潛心閱讀。久之也就變成當時寡有的「西學」行家了（見《康南海自編年譜》光緒五年、二十二歲諸節）。康有爲這種經驗與體會，實在和孫中山早年乘海輪的觀感完全相同。他二人因此也都成爲清末提倡西學的先驅。這種不尋常的文化經驗，我們內地的士大夫就望塵莫及了。

但是有爲不諳外語，而當時漢譯（或自日文重譯）西書，極其有限，且所譯亦均爲最初級的作品。這些作品中所介紹的史學文學和政治社會等科的內容，大致可比上五四運動以後的「高級中學教科書」的程度（毛澤東就是這個程度）；至於所談的聲光電氣等自然科學，其程度則遠在「初中」之下了。不過康有爲畢竟是位有「超進士」程度的儒家大學者，又是長於理學佛學的文章家，特別是善於演繹義理的成熟的「今文家」。他聞一知十、舉一反三——最長於望文生義，自己並不知其不知，就東扯西拉，大寫其

《康子》上下篇了。

其實這不是「康子」一個人的毛病。它是文化轉型期思想家的通病。繼康、梁之後，直至今日的八、九〇年代，為時人尊為國學大師，而好以聖賢自詡的學人，也每每自覺微吾曹則民族就要遭殃、國家就要滅亡者，都是害有不患不己知的毛病。自信心太大，無不如此也。余夜讀康子選集，至其《大同書》未嘗不掩卷長嘆。如此書生，真欲作「帝王師」耶？然自思論聰明才智，吾何敢上比任公？而任公竟為乃師是書而焚香頂禮，亦不可解矣。其唯一可「解」之道，那就是時代的關係了。——這也就是筆者常說的笑話：若論對「天文學」的瞭解，則諸葛亮也比不上台北街頭的一個小學生了。

吾友劉賓雁先生每嘆今日中國之厄運，是沒有產生一個「真正的大思想家」的結果。愚不謂然也。蓋真能扭轉乾坤，領導我民族（恕我借用一套「今文家」的濫調），通過這個「據亂世」、致「昇平」、入「太平」，長逾一個半世紀的「現代轉型期」，不能依賴一、二至聖大寶，穩坐沙發之上，手不釋卷，而胡思亂想出來之所謂「主義」也、「思想」也。它要靠數不盡的「智者」（wisemen），和常人（ordinary people），乃至軍閥官僚、流氓地痞、洋奴大班的綜合「經驗」、「思想」、「實踐」、「試驗」等過程，並配合主觀和客觀的「機運」（chances & opportunities），分期分段，積累而製造之也。哪能專靠一兩位「思想家」呢？

摘錄自《晚清七十年（參）——甲午戰爭與戊戌變法》（遠流出版公司）

〈代序〉康南海一二三事

康有爲之孫

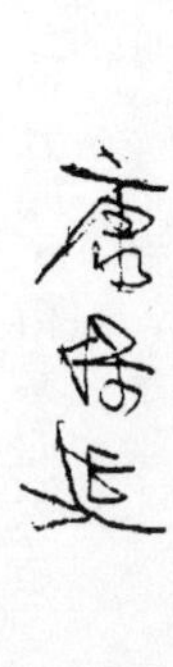

月前忽接一電話，告係立緒出版社，編有康有爲傳，知我是康的後人，那是因我曾在《中外雜誌》中，寫過一些康氏的故事，因此邀請我看看該書內容如何，同時要我寫篇序言。當時我又驚又喜，喜的是有人對拙作垂青，驚的是皇皇巨册，要我校正，深恐力不勝任吧！我原想拒絕這要求，但仔細想一想，先祖南海先生自民國十六（一九二七）年去世後，便有許多人替他作傳記、年譜、評論……等。可是至今我還是對那些著作不甚滿意；友人戲說：不滿意的話，不如自己寫好了。話雖是這樣說，可是缺乏資料和史跡，不知如何下筆才好，只有寫些「短文」針對有感觸的主題論說一番，請恕我書讀得少，又不善於執筆，自然無法繳卷。如今有人請我「看看」，這「看看」爲名，實則是校正一番爲眞，好吧！現已退休幾年，好久沒看書，雖仍有雜七雜八的瑣碎事一大堆，但爲了先人，只有暫時拋開一切，專心來拜讀王明德先生的大作吧！

開卷一看，「前言」寫得很清楚，簡介康氏的家族，我生也晚，未能親侍先祖爲憾，先祖諱有爲公，字廣廈，號長素，這是衆人皆知的，但「更生」的號是戊戌政變後，因流亡在外，故號「更生」，一直至一九一七年，宣統復辟後，又過一險，即更號爲「更甡」，很多人混淆不清，所以我借此說明一下。

作者首先就康氏自宋朝時，民族大遷移，遷至廣東南海縣（現改爲市）丹灶鎮（原屬西樵鄉）世代初爲農，開墾新環境，生活安定後，由農改爲士，但仍忘不了春耕秋收的農村生活。之後作者說得很清楚，恕我不多贅了。但有一問題，我想應該講明白的，那就是現在很多史學者研究康家的族譜，大都是以先祖撰之「康氏家廟碑」爲依據，而我要講的是，南海先生寫這「家廟碑」是一九一七丁巳年在北京美國公使館，請見該碑後面寫道：「丁巳蒙難，幽憂不測，既無於宗人，且上累先廟，乃追舊事，述世德記貽後裔，永（誌）毋忘也。」所以該碑前曾提及「七世前譜佚」之句，及後，我返鄉拜祖，見有祖碑載有一至七世之諱，特補述之。

作者首言康先生的生長，描述家鄉景物。而後言及雖是世代書香，詩禮傳家，但卻以戰太平天國起家；一般人想像中，洪秀全是我漢人，推翻滿清，驅逐韃虜，以現在講也是很好的見解，尤以對岸讚稱爲民族英雄，何以有這矛盾事故發生，眞耐人尋味？

康氏族人，因世代讀書人，只知忠於國家（清朝），孝順父母，這是我國傳統教育，因而有曾國藩、左宗棠等人對抗「洪頭賊」，至今歷史難分辨出誰是誰非？

康氏族人，最初防禦敵人的搶奪，保護家鄉的安寧，而與「洪軍」對抗，結果清廷見民兵可用，乃召集民兵和洪軍大戰。康國器原係在鄉一團練，結果因屢戰屢勝，受到清廷的重視，因屢建奇功，官升至廣西省巡撫，這可說是康家的最高榮譽，也因此增建書樓及書籍，使康家子弟受益匪淺，尤以康有為得研讀，打好他求學的基礎。

作者先說到康有為的祖父連州公，因十一歲喪失慈父，幸賴其祖父康述之的教導，才有長足的進步，其祖係升用教授連州訓導，故人稱連州公。其次又述有為之母勞太夫人及其姊妹皆是苦命人，尤其見到纏足之苦，故及長與其弟康廣仁創立不纏足會，由家鄉進而省城廣州市，推展全國各地，使婦女們開放「天足」；同時全力鼓吹提高女權，創辦女子學校，使女子受正常教育，消除文盲……等，這一切，都是替女士們爭取女男平等。

康有為雖在政治上失敗，他主張君主立憲，試看時至今日，民主政治如何？國會高級幹部立委，鬼打鬼，口出污言，這是民主的寫照嗎？

有人說康有為主張男女平等，自己卻擁有六位太太，這是否理論和事實不同，首先我除去康家人的身份，來替康有為解說一二：一、他和大太太張妙華結髮多年，可惜都生了女兒，有幸生有一男，可惜，隨即夭折了；將要四十歲，在「無後為大」的前提下，才娶二房梁隨覺為妾，幸運頭孕便是男孩同吉，天公好像作弄人，不幸同吉在印度因流亡生活，缺奶水也夭折了。娶三房何金蘭是因何女士仰慕康有為的才氣和學問，自願委身於康為妾的，可說是美女愛英雄吧！至於第四位日女鶴子，原是康家的使女，但自三姨太得急病，英年而亡，使康有為日日夜夜在思念三姨太，弄得茶飯不食，家人無奈，只好替其補房；因見這日本使女鶴子為人乖巧，善解人意，於是便提升她作四太太，可是她終因久居異國，思念故鄉，如今做了四太太，便請求回日本探親，可惜不知何故，卻一去不回來了。康有為原有鶴子侍奉，漸漸忘懷了三太的倩影，如今鶴子又久不見歸，舊病復發，朝朝思念，又魂不守舍，家中無奈，便又找了家中一個丫鬟廖定徵做第五太，格格不入，終於也一走了之。最後見到張光，因伊善於唱歌謠加之年輕貌美，康有為頗喜聲樂，彼此有緣，也慰這花甲老翁了。一老男人，晚年是很可悲的，必須要有人伺候他、陪伴他、照顧他，使他得以歡度老境。

平心而論，本書作者花了很多時間，研讀許多參考書，一一分析，很合條理，引述很多康有為詩句，引人入勝，尤其是看過許多康有為傳記、年譜等著作，作者巧妙的寫出康的叔祖、母親、姊妹、弟弟等，佈局新穎，寫康國器和太平軍的作戰，如影如繪，是其他書所無，遺憾的是康有為最為人所讚美的《大同書》以及他最轟動驚人的「戊戌政變」……等史，卻輕描淡寫過去了。

坊間有許多撰寫有關先祖的書籍，其中有褒有貶，有眞有僞，有畫蛇添足，有顯耀「萬事通」吹嘘，有「加油添醋」，有知其一，而不明其眞，胡亂「窮蓋」，有道聽塗說，還有亂編趣事，引人入勝，這眞使人頭昏腦脹，以訛傳訛，混淆不淸，筆者忝為後人，見了眞是啼笑皆非，仰天長歎！奉勸有識之士，善於為文者，先參閱史實，再秉筆直書，勿以小利，毀滅正史。這是筆者衷心的懇求，不要把一個終生愛國、救國的歷史人物摧毀於「歪史」中，這大概是祖、孫間，有血緣之親，故大膽說出心中要說的話吧！拉雜說了一大堆，謝謝立緒出版社發行人，給我這機遇，使我發洩這些牢騷，略示我要說的話，用以代序。

書於延玉廔　辛巳臘冬

康保延

百年家族——康有為

【目錄】本書總頁數共432頁

前言

家族是社會的縮影，一部家族的近代百年史，就是一個透視近代中國社會變遷的窗口。從一個家族的滄桑巨變中，我們可深切地感受到社會脈搏的跳動；從社會脈搏的跳動中，我們也分明覺察出家族興衰背後的原因。南海蘇村的康氏家族可算是百年中國社會變遷的最好例證。康氏家族的命運與百年中國的變遷有著最密切的聯繫。從太平天國運動到中法戰爭，從甲午風雲到戊戌維新，從庚子之役到國民革命，都在康氏家族的興衰榮辱中得到反映。而且這個家族的個別成員在某些歷史的關鍵時刻還扮演了重要角色。

康氏家族是一個有著七百年歷史底蘊的封建士大夫家庭。世代書香、詩禮傳家、追求功名是這個家族的主要特點。康家的發跡是近代以來的事情，太平天國的失敗與康家的興盛永遠地聯繫在一起。在那場清王朝與太平天國的最後決戰中，康氏家族的兩代人中有十多人效命於朝廷，康國器就是這個家族的代表。他由小吏起家，官至廣西護理巡撫。在他的影響下，康有爲父輩們紛紛投筆從戎，馳騁疆場，由此一個個青雲直上，做知府、知縣的在康家成了尋常之事。在一段時間裡康家朱紫盈門，官運亨通，父龍兄虎，左文右武，進入康氏家族歷史上的鼎盛時期。另有一部分康氏族人出於愛國義憤，勇敢地走上了保家衛國的戰場。抗擊日軍對寶島台灣的進犯、收復新疆的正義戰爭和對法國侵略者的迎頭痛擊等都可以尋到康氏族人的身影。他們的愛國壯舉，使康氏家族又具有了愛國的特點。

歷代皆為大儒

從事儒學的研究和傳播，是康氏家族安身立命的基礎。在康家的幾代人中，爲官爲吏者達三十多人。他們在做官之前多是文化素養較高的讀書人，有的卸職後開館授徒，仍是文化人。康有爲的高祖康文耀講學數十年，弟子千人，在嶺南一帶享有盛名，被尊稱爲「嶺南大師」；曾祖康雲衢長期從事教育，有「醇儒」的美譽；祖父康贊修，當「儒官」四十年，爲嶺南名儒；父親康達初原本是教書先生，後從軍旅爲知縣。康家書香濃郁，代傳青箱，整個家族籠罩著一種濃厚的文化氛圍，保存著一種悠久的家學淵源。

如果說康有爲是歷史時空中的一棵偉岸大樹，那麼他的根就深深地埋在肥沃的家族土壤裡。他的學問、抱負、性格和情感在其家族環境中陶冶、培養和萌發。家族的輝煌歷史給了他與生俱來的心理自豪感，影響了他自信、自負、堅毅、執著個性的形成。家族的文化傳統奠定了他忠君愛國的思想基礎和行世準則，家學淵源給了他博今通古的知識積累。康有爲的名望和成就可以說是康氏家族七百年歷史發展的輝煌頂峰，也是其家族長期歷史發展孕育的結果。

婦女解放的先聲

康氏家族的命運變化最直接地反映在十九世紀末的那場變法維新運動中。而那場運動的起點則始於風俗習慣的改革。康有爲不爲女兒纏足，發起組織不纏足會，向千年陋習公開挑戰，並把不纏足會擴大到全省，繼到上海，推廣至全國。戊戌變法時又奏請皇帝，禁止天下女子纏足，實爲婦女解放的先聲。創辦萬木草堂和桂林講學是康有爲爲變法維新所做的人才準備。他的教育活動取得了巨大成功，一大批草堂弟子脫穎而出，成爲變法維新運動的中堅力量。他的教育活動過程也是其維新思想發展形成和宣傳的過程。百日維新是康有爲人生歷史上最輝煌的日子。在百日維新的日子裡，康有爲處在了中國歷史的漩渦中心。他不是最高決策者，卻被賦予了決策人的使命，被時代推上了歷史舞台，由他發動和領導了一場轟轟烈烈的變法維新運動，開創了一個時代，開闢了近代化的道路，代表了歷史發展的潮流。康有爲的半世功名、一生榮辱、所有的事業和康氏家族的命運都與這段日子緊緊地聯繫在一起。

《文化的視野》

擁有就是被擁有，
因此人越擁有，就越被擁有；
占據就是被占據，
所以人得到越多，
所失去的主體自由也越多。

人懂得越多，
代表他不懂的也越多。

康有爲懷著一腔救國救民的熱血，倡導變法維新，卻獲罪於守舊勢力，痛失胞弟康廣仁，給康家帶來滅門之災。幸虧有人早通消息，康氏族人才得以愴惶出逃。百年老屋人去樓空，七百年康氏宗祠不見香火，一代名門望族再無往日的輝煌，父、母、妻三族親屬遠走他鄉，四鄰鄉民望風而逃，數萬戶無炊煙，全村皆空。從此康家告別家鄉，漂落四方。肩負先輩厚望的康有爲雖曾高中進士，使康氏家族有過短暫的輝煌，但他並沒有完成先祖康贊修等人寄予他光宗耀祖的遺願，相反卻使先祖蒙塵，家族遭厄，短時間裡使家族歸於敗落。但這種厄運和敗落不是康有爲的過錯所致，恰是他爲實現救國救民的理想所做出的犧牲，康氏家族爲康有爲的維新事業，也爲推動中國的進步付出了沈重代價。透過康氏家族的悲劇命運，人們可以看到中國歷史進步步伐的艱難與沈重。

康家的悲劇

康家的悲劇命運有兩種：一種是爲維新事業所付出的代價。整個家族頃刻間的流亡和康廣仁的遇難就是這種犧牲代價的表現。康廣仁在澳門主持創辦《知新報》，在上海主持創辦大同譯書局，創辦不纏足會和女子學堂，事事都開風氣之先。在京城幫助兄長撰擬新政奏稿，聯絡維新志士，鼓動風氣，爲變法事業奔走驅馳。及至政變發生，被捕遇難，是「戊戌六君子」之一。他的革新精神，銳進的膽識，視死如歸的氣概，永遠都值得人們懷念。

另一種是封建文化和習慣勢力對康家女性的摧殘。康有爲的母親勞蓮枝三十多歲守寡，養活五個孩子，終日操勞，含辛茹苦。勞氏的一生對康有爲、康廣仁兄弟二人的成長有重大影響，但她的一生是艱難淒苦的一生。還有康有爲的二姊康逸紅和三妹康瓊琚都是封建禮教的犧牲品。康逸紅婚後不及一月就死去的丈夫終生守節，康瓊琚也終日爲失去丈夫悲戚不已，以至憂勞成疾，鬱鬱而死。從勞蓮枝的艱辛人生，康瓊琚的憂貧而死，到康逸紅的終生寡居，斑斑血淚，沈沈苦海，觸目可傷，削竹難盡。康家女人多悲苦，她們的悲劇打下了深深的時代烙印，只有斬斷所有套在婦女頸項上的封建枷鎖，婦女解放的春天才會來臨。

康有爲的家庭生活豐富多彩，妻妾成群。他最重情感，但不能專一；他感情眞摯，講究責任，但到處播撒愛情的種子，演出數幕愛情悲劇。結髮妻子張雲珠爲康有爲的變法事業作出了極大犧牲，康有爲對她非常敬重。二夫人梁隨覺陪伴他流亡海外十六年，可謂是患難夫妻。三夫人何旃理與康有爲的結合最具浪漫色彩，可算是紅顏知己。四夫人鶴子、六夫人張光也都有一段感人的故事。康有爲的晚年雖然熱鬧，但傳統意義上的康氏家族已不復存在。隨著康有爲的去世，他的妻子兒女們開始了自立自強的新生活。世代書香的康氏大家族解體，一代名門望族走完了它的歷史進程。

一身集多重矛盾

康有爲是近代史上最具爭議的人物之一。這主要是由於在他身上集中了衆多的矛盾方面。萬木草堂講學，公車上書和百日維新是他一生的得意之作，在近代歷史上寫下了重重的一筆。

他念念不忘保皇，以君主立憲對抗革命，協助張勳復辟，則扮演了很不光彩的角色；他曾是光緒皇帝的座上客，擬奏摺，議變法，黜舊黨，用新人，頒新政，神州激蕩，轟轟烈烈，令世人咋舌，佔盡無限風光，但也曾兩度遭通緝，東躲西藏，有國難投，有家難歸，海外流落，淒淒慘慘，歷盡人間艱辛；他曾經金榜題名，進士出身，光耀祖宗，但也因變法招來殺身禍，累及族人，毀家掘墳，使祖先蒙塵；他浪漫多情，左妻右妾，風流倜儻，好不愜意，但康家女人多苦難，或華年早逝，或孤燈獨對，命運悲慘；他堅毅自信，剛健果決，雄視天下，不畏艱難，大刀闊斧，開闢維新事業，足以顯示其領袖品格，英雄氣概，但又高傲自負，太有成見，任事主觀，言行不一，終其一生不能走出自設的陰影；他銳意進取，標新立異，敢爲天下先，救國救民，置生死於度外，但又固執己見，不能與時俱進，講究安榮富貴，自甘沈淪；他主張男女平等，婦女解放，一夫一妻制，但自己又使用婢僕，娶妻納妾，大擺家長制作風；他一生著書立說，變法維新，周遊列國，名揚四海，禮遇恩寵，不時流露出春風得意的喜悅，但也常常四處碰壁，屢遭失敗，多不得志，一生品嘗失敗的苦果。

他是一個矛盾體，新與舊、中與西、成功與失敗、現代與傳統、前進與後退、巨人與侏儒，融於一身，眞是說不盡的滄桑。

將康有爲放在家族的背景下進行把握，不失爲一種新的角度，本書在這方面作了些嘗試。以寫康有爲爲主，兼寫與康有爲關係密切的其他家庭成員。其目的就是要多角度、多方面瞭解這位歷史人物，以期讀者能夠感受到一個鮮活的人物、鮮活的家庭和鮮活的歷史。果能如此，筆者就心滿意足了。在本書的寫作過程中，參考了有關康有爲傳記和研究等方面的內容，附錄中列有參考書目，謹向有關作者致謝！

本書的寫作得到了華東師範大學歷史系謝俊美教授的多方面指導，在此表示衷心感謝！同時還要感謝陳愛平和范省偉兩位先生校閱書稿，感謝妻子楊桂琴女士，她爲書稿的列印和校對，付出了艱辛的勞動。

書中若有疏漏和不妥的地方，還請讀者批評指正，多謝！

王明德

二〇〇一年三月二十日於上海

1 延香老屋

代傳青箱業

三月的南嶺（大庾嶺），春意盎然。在逶迤的群山中，一條蜿蜒南伸的山間古道上，有一支小小的旅行隊伍正在艱難地跋涉。他們清一色農民裝束，幾個青壯年男子肩上挑著行李，爲首的是一位四十歲光景的中年漢子。這支特殊的旅行隊伍就是康建元一家，他們正走在由故鄉韶州府南雄州珠璣里村南遷的路上。珠璣里村是粵贛邊界大庾嶺山下的一個小山村，無論是歷史上還是現在都鮮爲人知。康建元一家世代生活在這裡，爲何要離開故土？又到哪裡安家？或許故鄉貧瘠的山地難以養活他們不斷增長的家庭人口，珠江三角洲的富饒讓他們心嚮神往；或許是南宋王朝大廈將傾時發出的吱吱呀呀聲使他們膽顫心驚，想盡快逃離是非之地；或許元軍鐵蹄南下揚起的塵土已飄過南嶺，躲避戰亂之苦是他們的本能選擇。經過一番艱難跋涉，他們來到廣州府西南一百多里處的南海縣蘇村，立刻就被蘇村秀麗的風光、肥沃的土地所吸引。村子東依林木蔥鬱的土崗，西靠波光粼粼的池塘，南對清麗秀美的西樵山，可謂是一塊風水寶地。這正是他們夢寐以求的第二故鄉。於是，這批南雄來客便卸下肩上的行囊，彈去身上的征塵，開始在這裡砌房造屋，埋灶生火，繁衍流衍。當初他們也許從沒想過這次遷移對家族和後代會有多大意義，他們只希望能夠過上衣食無憂、平靜祥和的田園生活，不敢奢望榮華富貴、光宗耀祖的事情。但這次偶然的遷移卻給康氏家族帶來了轉機，同時也與中國歷史發展產生聯繫。當然這是後話。康家自此家道日興，生齒日繁。

到第九代傳人康惟卿、康惟相兄弟時，開始祭起孔子至聖先師，讀起書來，由農而士，漸漸成爲詩禮之家、書香門第，身份、地位隨之而變，理想追求也發生了變化。康家已不再滿足於安逸恬靜的田園生活，問津功名、光宗耀祖成了理所當然的事情。自來蘇村時起，經過七百年的歷史孕育和數十代人的努力，建立起康氏家祠，並在康氏家族的土壤裡，培育出了兩棵參天大樹——康有爲、康廣仁兄弟。康有爲倡導維新變法，探尋救國救民之路，領導了轟轟烈烈的變法維新運動，成爲時代的弄潮兒，影響了一個時代。康廣仁獻身變法維新事業，是爲變法而流血的六君子之一，用熱血和生命在中國近代史上樹起了一塊豐碑。

如果康建元當初不南遷蘇村，仍守望著窮鄉僻壤的珠璣里，情況會是怎樣？我們無法假設。不過他們的遷徙確實有功於康氏家族的繁榮，有利於康氏後代的人才成長。

據說康氏家族得氏於周文王之子周武王之弟康叔，與周天子有淵源關係，自然是龍種貴胄；不少姓氏源流考據書上也言之鑿鑿。但這種說法無法考證，顯然有攀龍附鳳之嫌，連康有爲本人也含糊其辭，只說是「遠莫定也」，「未知所受氏」。在祖先崇拜的中國傳統社會裡，把自己的家族與歷史上的重要人物聯繫起來，能夠樹立家族的自尊、自信和優越感。康有爲多次聲稱康家得氏於康叔，又不絕對肯定，既炫耀了祖先的高貴血統，又不會被別人揪著把柄，實在是有些高明。如果說康建元揭開了康氏家族的發展史，倒是有據可查。康有爲在《述德詩》中說：「中原冠族日南徙，嶺嶠開荒自宋元。記取南雄珠璣巷，遙遙華胄到蘇村。」有資料表明，當時從南雄州遷到珠江三角洲一帶的不止康建元一家，而是一大批。因此說康有爲的祖籍爲南雄珠璣里是確定無疑的。「避地浮槎至海濱，西樵秀峙綠山春。銀河水漲尋流盡，卜宅移家付後人。」蘇村在西樵山北三十里，村臨銀河，依山傍水，康建元選這裡當第二故鄉確實有眼光。

康建元之後過了八代，才步入士人的行列。康有爲的八世祖汝堅生惟卿、惟相兄弟二人。惟卿生敬山，敬山生朝遠，朝遠生省予。康省予生性喜歡吟詩作賦，若有子孫出門遠行，他常寄上幾首詩來表達自己的囑託之言。據傳他篤志好學，皓首龐眉，淡逸有神仙氣骨，其詩清雅絕俗，可惜沒有流傳下來。省予生泰秀，到第十三代傳人康泰秀時，康家進入隆盛時期，全族人口達一百多人，可謂人丁興旺，家業發達。然而事物發展盛極而衰，時逢明末社會動蕩，戰亂不止，康家未能躲過這場血光之災，在兵荒馬亂中，康家死傷慘重，險些斷了香火。幸虧第十四代傳人康涵滄命不該亡，獨撐康門，一人傳宗，才得以使康家由衰而興，開始新一輪興衰輪迴。

康涵滄博學多才，尤以詩文見長，在河南做過幕僚一類的官員，並遠遊京師。對康家來說，算是見過大世面的人物。「亡明遘難吾宗盡，我祖涵滄一個人。手拘石樓三百載，少時小仕跡猶新。」康涵滄被認爲是康家的創業傳緒之祖，實有中興家業的功勳，也是康家的「文祖」。涵滄秉承泰秀的青箱之業，懷抱壯志，籌筆於諸侯幕府。其詩清秀雅麗，如詠並蒂蘭微的絕句：「君家祥氣瑞翩翩，蘭秀芬芳挺畹前。海國諸英頻致頌，狂歌聊獻續奇編。」康有爲稱讚這位祖先是：「北摩燕闕攬中州，幕府壯心紓筆籌。斷句逸文猶可詠，青箱世業至今留。」

涵滄生從聖，從聖生世堯和元猷。康世堯早年做過筆吏，晚年佐幕白香山、邵堯夫兩官員。他深得老莊眞言，逍遙自得，常以樂天自號，給自己的住處起名叫「安樂窩」。世堯生年七十餘，鬚髮飄逸，人稱「金鬚公」。「豈賤蕭曹刀筆吏，於今律學重西歐。金鬚安樂窩中句，竊比香山天與遊。」他留心翰墨，詩詞俱佳，筆箚尤妙，曾有詩集問世，惜已失傳，僅有個別詩句保存下來，現錄如下，以窺其風格。詠瘦鶴說：

「瘦影不翻三島月，明珠恐負一生恩。」詠孤燕說：「出塞自分南北路，入雲誰結兄弟群。」詠雞冠說：「五更恐破鄉關夢，引徑風前不忍啼。」寫秋閨道：「別緒不隨雲北散，西風空引燕南歸。」寫夏閨道：「庭前有月情偏寂，帳底無風枕自寒。對景不堪懷舊約，恐牽新恨上眉端。」康元猷也是才學之士，做過地方官員，據說活到七十多歲，落得個「白髯公」的稱號。

康元猷生有三子：文耀、台耀、英耀。到「耀」字輩一代，已是康家的第十七代傳人。康文耀，即康有爲的高祖，名輝，字文耀，號炳堂。嘉慶甲午科舉人，死後誥封爲榮祿大夫，贈廣西布政使銜，這是一種榮譽，也算是對他生前成就的一種肯定。他的事跡詳載於《南海縣誌・官師表》。康有爲對這位高祖敬佩之至，認爲高祖得五嶺儒學正傳。南海的馮潛齋是當時的理學大宗，欽州的馮魚山則以文章氣節著稱於世，而康文耀則兼受二馮理學文學氣節之傳，講學數十年，身體力行，非禮不履，在嶺南一帶享有盛名，是大師級人物，被尊稱爲「嶺南大師」。開館授徒期間，慕名來學者千餘人。有詩云：「二馮嶺學接薪傳，儒宗純孝見參騫。試披縣誌官師傳，陳荀風流尊大賢。」康文耀生於雍正，長於乾隆，卒於嘉慶，時逢承平之年，講學之暇，餘事爲詩。其詩精深微妙，直書胸臆，用康有爲的話說就是：「英英白雲，冷冷玉磬，其跡芳惻，其情馨逸，其志沈烈，其心超脫，其聲雄傑，其韻遒結……高節雅音，逸鄉清氣，白雪高山，如奏韶音。」他的詩集《留芳集》收有數十篇詩作，康有爲曾爲之作注，刊在《不忍雜誌》上。現錄數首如下：

群材都剝落，勁節不凋殘。只合參天秀，何須避歲寒。孤高雙壁合，冷暖一般看。絕少趨炎意，風雷證膽肝。（〈孤松〉）

豔骨香魂合化成，情根不斷壟頭生。紫台無地留芳蒂，朔漠多時得美名。宿雨淡合春亦冷，東風低壓恨難平。遊人未解芊綿意，誤說風流是素馨。（〈明妃草〉）

人說蓮心苦，妾心苦更多。孤舟江上影，怕聽並頭歌。妾采池中荷，荷花惱妾多。六郎無處覓，空聽隔船歌。（〈采蓮曲〉）

入雲高閣半銷沈，佳序名傳直至今。文字有靈知不朽，繁華無夢許重尋。讀書不少興亡感，弔古虛勞往復心。天地茫茫都一瞬，何須搔首寄哀吟。（〈登滕王閣〉）

康文耀生子三人，即瑞圃、葦生、雲衢。康瑞圃有經商的才能，生意愈做愈大，最後成了富商。他有四個兒子，即愼修、懿修、國器、遜修。康葦生是個文化人，詩作頗佳，可惜留下來的只是隻字片語。最有名的詩句是詠水仙：「一片香魂浮水石，數竿碧玉伴琴書。結伴梅為友，供餐水作糧。」葦生生灝修。康雲衢，字式鵬，號雲衢，賜贈福建按察使銜，誥封資政大夫。雲衢好劉蕺山、陳榕門之學，手口不離，躬行踐履，是個有較高道德修養的謙謙君子，人們稱他有萬石之遺風，垂袁柳之家範。「萬石無言盛德師，柳袁世範刻門楣。蕺山人譜榕門訓，日課躬行手不離。」他長期講學於鄉里，有「醇儒」美稱。從康建元到康有爲共二十一代，有十三代爲士人，代傳青箱業，書香濃郁，或儒或吏。整個家族籠罩著一種濃厚的文化氛圍，保存著一種悠久的家學淵源。親朋好友也多是官宦之家、文人雅士，可謂「談笑有鴻儒，往來無白丁」。康家後代從小耳濡目染儒家文化、詩詞歌賦、治亂之理、安邦之策，接受的都是傳統正宗教育，這爲康家後代的成長奠定了厚實的文化基礎，在某種程度上也預示著康家後代的人生軌跡。

大火赤流屋

一八五八年三月十九日（咸豐八年二月五日）深夜，蘇村敦仁里康家老宅裡傳出一聲啼哭，這哭聲劃破濃濃的黑夜，久久地迴盪在南國早春的曠野空谷，一個小生命——康家第二十一代傳人——康有爲誕生了。康有爲降生受到父母親和祖父的熱切期盼，同時受到全族人的特別關注，這不僅是因爲在康有爲來到人間之前已有兩個姊姊先他而至，傳宗接代的重擔壓在他的身上，也因爲這個男嬰的出生似乎籠罩著一種神秘的色彩，有一種將來必成大器的預兆。這在《康南海自編年譜》中有記述，康母懷胎十一個月，小生命姍姍來遲，已是不同凡響的表現。恰值小生命降臨人世的時候，一顆拖著長尾巴的巨大彗星由西南而來，劃過蘇村上方的夜空，宛如一隻暴怒的火龍橫空而過，瞬間消失在東北方向的夜幕裡。彗星的光亮照得長空燦爛輝煌，連康家老屋裡忙著迎接小生命到來的人們也看見滿院銀光，並透過窗格灑落在孕婦分娩的床上。蘇村的男女老幼奔相走告，臉上皆是驚恐的神色，對這一天文奇觀進行種種人文事象的解釋和揣測。「天上出了掃帚星（指彗星），地上必然動刀兵」，「又有大人物歸天了，或者是某大人物降臨人世了」。在傳統觀念裡，天人感應，人文事象必有徵於天。每顆星星都代表一個重要人物，大人物的進退，有驗於星辰的明暗升降。翻開二十五史，這樣的記述比比皆是。康有爲當然不知道彗星出現的事情，想必是長輩們在他懂事時就把這事牢牢地印在他的腦海裡。

另據說，康母懷胎十一個月還沒有生產，二月初五傍晚，祖母忽然看見一跛足僧人悄然入室，隨即聽見小有爲哇哇墜地的哭聲，怪僧投胎，自然不同凡人，剛出生的小有爲個頭特大，體魄健壯，手掌柔軟如棉，相士們都認爲小有爲有南人北相的特徵。

康家族人暗暗驚喜貴人來世，並深信這個新生男嬰長大後定有一番作爲，於是把光宗耀祖的千般希望、萬種重託都放在他的身上。這從給孩子取名的事上可感知當時康氏族人的心情。當喜訊傳到千里之外正在欽州學正任上的祖父康贊修那裡時，這位老學官欣喜若狂，揮筆賜名「有欽」，並賦詩一首〈聞長孫有欽生〉：

久切孫謀望眼穿，震雷未發巽風先。漫將璋瓦猜三索，忽報桑弧畫一乾。
晝省孤燈官獨冷，書香再世汝應延。可憐大母含朝露，空話含飴慰九泉。

這首詩充分表達他盼孫心切之情，更希望孫子能發揚光大康家的青箱之業，並以此告慰九泉之下的老伴。可是未等康贊修的書信到家，男嬰的大伯祖已給他起了一個響亮的名字「有爲」，並爲族人普遍叫好，以致「有欽」一名不爲人所用。「有爲」最能代表這個書香門第對新生男兒的殷殷期望。

爲了表示對康有爲出生的重視程度，康贊修把曾歷經百年風雨、傳之五代的康家祖傳老屋命名爲「延香老屋」，以此紀念這位未來的康家主人的出生之所，並深含對他的期望與警策，暗示他不僅要保持康家的書香傳統，還要爲祖宗增光，光大康家的祖業。

康有爲是位堅定的天命論者，他對自己是「聖人下凡」的天命論解釋深信不疑，並始終充滿「天降大任」的神聖使命感。從他童年和青少年時期與衆不同的表現看，康有爲的自信似乎有些根據。

有爲自五歲時能夠背誦唐詩數百首，深得長輩寵愛。六歲入塾讀書，一天，幾位叔伯有意爲難一下這位背詩高手，考一考他的才思如何。當叔伯們看到院中柳絮紛飛的場景時，隨口出了個「柳成絮」的對子，讓小有爲對出下聯，有爲略微思考，立即應對到「魚化龍」。這一對子緊扣上聯，工整貼切，立意宏遠，大有效巨龍騰飛之氣概。話音剛落，滿座皆驚，小小年紀竟有如此才思，將來必成大器，不禁連連讚歎，伯父康達棻更是讚不絕口，斷定有爲「終非池中物也！」用康有爲的話解釋就是：「東海之鰲，不可入於井；龍伯之人，不可釣於塘」。有爲好學大志，妙對楹聯的名聲在鄉里不脛而走，漸漸博得「神童」之譽。

康有爲的興趣全在書上，坐不離書，行不離卷，自然要疏遠村裡的夥伴，活像一個小書呆子，因此得了一個「憨爲」的綽號。有爲卻不以爲然，手書一聯：「大翼垂天四萬里，長松拔地三千年」，以表達自己心存高遠的鴻鵠大志和卓爾不群的孤高品格。有爲自小有經營天下的宏大志向，言談舉止都以古聖先賢爲楷模，常自視清高，有獨步天下的氣魄，性情執著堅毅，態度認眞純樸，與人交談時，必引經據典，三句話不離「聖人」，活像一個小大人，因此又落得一個「聖人爲」的雅號。

一八六九年（同治八年），十二歲的康有爲在連州隨祖父去看端午節的龍舟競渡，被眼前的壯觀場面所鼓舞，詩興驟來，遂一氣呵成「二十韻詩作」。立刻引起在座官紳的注目，紛紛誇讚康有爲的神童之思，不由得對這位遠道而來的學童刮目相看，特加愛憐。於是「神童」的美名在四鄉八堡愈傳愈神。康有爲不但才思過人，讀起書來也有一股狠勁，非尋常人所能想像。他的弟弟康廣仁回憶兄長童年讀書的情況時說，有爲每天早上拿出五、六本書放在桌子上，然後用一把尖利的鐵錐，使勁向下一扎，扎穿兩本，就讀兩本，扎穿三本就讀三本，每天必定要看完一錐書，有時爲了完成看完一錐書的任務，看得上眼皮都閉不下來。康有爲回憶年輕時讀書的情況時說，二十四歲那年在家中讀書，足不出戶，讀書日以寸記，學問猛進，以致久坐積勞，臀部患上了「核刺」，終日疼痛難忍，久治不癒，身體自此大虧。

康有爲十九歲時從學於粵中大儒朱次琦（衆稱九江先生）。開始進入一個全新的知識天地。自師從九江先生時起，他才「得聞聖賢大道之緒」，「中國數千年學術之源流，治敎之政變，九流之得失，古人群書之指歸」等。他極佩服九江先生的品行學識，「捧手受敎，乃如旅人之得宿，盲者之睹明，乃洗心絕欲，一意歸依」。老師的敎導對他如同撥雲見日，眼界洞開，「以聖賢爲必可期，以群書爲三十歲前必可盡讀，以一身爲必能有立，以天下爲必可爲。從此謝絕科舉之文，士芥富貴之事，超然立於群倫之表，與古賢豪君子爲群」。於是愈益發奮爲學，拚命苦讀，研經窮史，夜以繼日。然而，以天下爲己任的康有爲，心中時時縈繞著一連串難以排解的問題：國家民族的前途會是怎樣？如何救民於苦難之淵，挽國勢於將傾之時？怎樣選擇自己的人生道路？終日埋首於故紙堆中，於國於民究有何用？他雖博及群書，但仍找不到這些問題的答案。

目睹國家貧弱，列強環伺、民生維艱、廊廟蠹朽的現實，他陷入了深深的思想矛盾痛苦中。他需要尋求新的道路。於是放下書本，謝絕朋友，學起禪宗的打坐之法來，閉門靜思，以另一種方式，求得他安身立命的眞諦。據他自己說，在他苦思冥想的過程中，忽然感覺到自己與天地萬物化爲一體，大放光明，儼然是聖人一般，於是放聲大笑；忽然又思慮到天下蒼生困苦，頓感苦悶已極，於是放聲痛哭，哭笑無常，同學們以爲他患了精神疾病，「狂生」之名隨之傳開。「狂生」之名不僅得之於他探索新路時焦慮心理的自然流露，還得之於他公然挑戰恩師的學術觀點。朱九江對韓愈推崇備至，尤其對韓愈的代表作《原道》篇更是偏愛有加，常向弟子們推薦。康有爲竟當著恩師的面痛貶韓愈，認爲韓愈道術淺薄，空疏無物，不值得效法。其爲文不過是講究一些技巧而已，談不上有什麼道術。即使《原道》也極爲淺膚，浪得大名。這種妄評文學大家、與恩師觀點相左的學術爭鳴，自然難爲老師接受，但涵養極高的九江先生只是「笑責其狂」。然而，同學們卻爲康有爲的直言不諱震驚，認爲他目無師長，狂妄自大，「狂生」的印象開始在同學們的腦子裡紮根。

在禮山草堂，康有爲不但「狂」，而且「拗」。他每與同學論事，從不隨波逐流，自己認爲是對的，就敢於堅持，態度鮮明。一次九江先生欲帶領弟子到西江去瞻仰當年蘇東坡南貶時遇風泊舟處的古蹟，唯獨康有爲拒絕前往，同學問他何故，他說，「逆流之舟，何用瞻仰？我要看的是王荊公的改制台。」明確表示了他傾向變法革新的志向。同學們覺得他執拗，就給他起了個「拗康」的綽號。

如果說「狂」、「拗」還不足以表現康有爲的鮮明個性，那麼「異人」的稱號便是對他更具體生動的概括。

在禮山草堂的三年苦讀，沒有使康有爲悟出人生哲理的眞諦，找不到國家民族和個人新的出路，於是他辭別了九江先生回到家中。但家庭的溫暖仍不能抹去他內心深處的痛苦和焦慮。舉目南望，西樵山翠峰婀娜，白雲繚繞，使他頓生奇想，何不到西樵山去研修佛道，面壁參禪，靜養神明呢？或許那裡能解開他心中的鬱結。於是他來到西樵山白雲洞的三湖書院，把自己置身於大自然的寬闊胸懷裡。身邊是古木參天，奇花異草，流泉飛瀑，幽谷深洞。他潛心佛道，晝夜苦讀。他席芳草，臨清泉，枕臥石窟瀑泉之間，時而引吭高歌，仰天長嘯，時而即興賦詩，徘徊散發；或夜坐彌月不睡，恣意遊思。殫精竭慮的結果，使他進入到一種「見身外有我，又令我入身中，視身如骸，視人如家」的仙道境界。長齋靜坐的結果，使他徜徉於「天上人間，極苦極樂」的佛家世界，大有佛祖釋迦牟尼起於菩提樹下的味道，遂生澄清天下之大志。

一日康有爲正打著赤腳，袒胸露背地躺在巨石上靜思，一行遊人興致勃勃地向他走來，爲首的是京城翰林院編修張鼎華，字延秋。張是知名人士，尤以文學享譽京華。他回粵省親，與朋友一起來西樵山觀景，遊興正濃時，忽見一赤足散髮、衣衫不整、眉宇間卻透出一股英傑之氣的青年，心生怪疑，主動上前與康有爲搭話，無奈話不投機，憤然拂袖而去。事後張絲毫不介意康的無禮，反而被康的犀利話鋒和狂傲不羈個性打動，逢人便說：「去西樵但見一土山，唯遇一異人。」張鼎華的讚譽宣傳，使康有爲的「異人」名聲伴著一半崇敬、一半驚奇在粵中文人士大夫中傳播開來。

看來康有爲早在青少年時期就極有爭議，「憨爲」、「狂生」、「神童」、「異人」是多種不同的價值判斷。在常人那裡，康有爲確實有點不正常，甚至有點「憨」、「傻」、「狂」、「拗」。在伯樂那裡，他是「千里馬」，是海中蛟龍，是「神童」和「異人」，遲早會脫穎而出。從他所得到的衆多綽號裡，也可以對其獨特個性與出衆才能窺得一斑。結合他青少年時期不同凡響的表現與成年後的驚世聲名，說他是蘇村上空升起的一顆璀璨彗星並不爲過。

故鄉銀河橋

一八六六年（同治五年）秋天的一個下午，蘇村敦仁里延香老屋裡，擠滿了男男女女，人人臉上掛滿按捺不住的喜悅。時而聽見有人侃侃而談，時而聽見哄堂大笑，一派喜氣洋洋的氣氛。一位中等身材、臉容微黑、目光炯炯、談吐間透出武人英氣的長者，正坐在人群中間講述他的所見所聞。他身邊坐著幾位英俊青年，原來這位長者就是康有爲的叔祖、新任福建按察使康國器，剛告別戰事榮歸故里，身邊幾位是康國器的兒子康熊飛和他的叔伯兄弟，也都是剛脫下戎裝、換上長袍的赳赳武士。康國器等人回來，無疑是康氏家族的盛大喜事，他們的赫赫戰功和顯要地位給康家帶來無限榮耀。一時間，父龍兄虎，左文右武，朱紫盈門，興盛之至。

康國器及其子姪們的衣錦還鄉，給九歲的有爲留下深刻的印象。康有爲對叔祖和叔伯們十分崇拜，也深得他們的喜愛。有爲聰明機巧，能言善辯，最喜歡聽叔祖和叔伯們講他們的故事，講外面的花花世界。一放學就纏著他們說個沒完，而他們也樂於把有爲帶在身邊，外出遊玩、探親訪友總少不了有爲的影子。在這段日子裡，有爲最感愜意，最感幸福。讓康家老小更爲激動的事情是：康國器捨得花銀兩大興土木，使康家面貌煥然一新。他回來後不久，一座規模宏大的古典園林在康家老宅裡落成。因園中有七棵數百歲樹齡的古檜樹，故得名「七檜園」。園內又新修一座藏書樓，取名「二萬卷書樓」，與原來的藏書樓「澹如樓」兩樓對峙，中間虹橋飛架，亭沼布列。晴日裡，水映亭台，花掩曲徑；每當微風吹來，檜葉摩挲，修竹婀娜，書香滿園；夜幕降臨時，月篩葉影，書樓爬月；夏秋之季，蟬噪蟲鳴，鶯歌燕舞。如此優雅的環境自然是讀書休憩的好去處，孩子們或「讀書園中，縱觀說部、集部」，盡情地汲取知識的乳汁；或在園中煮茗談詩，對弈論棋，遊宴歌詠，嬉戲玩耍。這裡成了康家孩子們的知識殿堂和遊玩樂園，特別是兩座書樓中的數萬卷藏書，爲孩子們開闢了思想的自由天地。

七檜園的風物景色，澹如樓的滿屋書香成了康有爲青少年時期的幸福回憶。在他的著作中，多次深情地記述了七檜園裡讀書的美好歲月。他記得古檜下兄弟聚學、遊宴棋詠的快樂；記得「讀書檜下拾殘葉，煮茗談詩月上天」的自在；還記得澹如樓上「或養心，或讀書，超然物表」的灑脫；更記得「園林日涉，闃然無人，長嘯獨歌」的愜意；又記得「看花洗竹，迴塘魚靜，長橋落月，徘徊還家」的美境。七檜園裡芬芳花香薰染著他、變化著他的氣質；澹如樓的閃閃燭光照耀著他、啓迪著他的心靈。這裡是他人生旅途的起點，融進了他生活事業的一部分。他在這裡十年苦讀，奠定了厚實的知識基礎，構成他龐大知識體系的基本框架。無論是海外流亡的艱難歲月，還是困坐囚城的失意之時，最讓他牽掛的，除了母親和妻子兒女，就是蘇村的延香老屋、七檜園和澹如樓。「故鄉銀河橋，故國七檜址。淡月篩葉影，落花滿衫履。」故鄉永遠是美好的，因爲參天的大樹離不開泥土，英才的成長離不開故鄉。

如果說蘇村的泥土爲康有爲這位時代巨人的成長提供足夠的養料，那麼鍾靈毓秀的南國山水和災難深重的民族危機，則爲時代巨人的出世備妥最好的溫床。康有爲的弟子梁啓超在爲其師作傳時曾說，古代的嶺南地區經濟文化常落後於中原，「數千年無論學術事功，皆未曾有一人出，能動全國之關係者。」但到了近代，情況發生了逆轉，影響全國的傑出人物層出不窮。這裡曾相繼崛起過三股進步勢力，產生過三批代表人物，掀起三次進步運動。如果以南海爲中心，以南海至鍾山爲半徑，劃一個圓圈，在這範圍內，曾經有三批人物開出過三大救國救時的藥方。洪秀全、洪仁玕生長在這裡，活動於廣西，曾發動和領導席捲大半個中國的太平天國運動，揭開了近代民主革命的序幕。康有爲、梁啓超等出生於此，領導轟轟烈烈的戊戌變法運動，代表那個時代的先進潮流。孫中山、廖仲愷等民主革命家從這裡踏出家門，發動對清王朝最後一擊的辛亥革命，把舊式民主革命推向高潮。

這裡是產生思想界鉅子的地方，這裡是倡導時代潮流的潮頭，這裡既孕育了溫良改革派的巨人，也造就了暴力革命派的先驅。民族的苦難，時代的危機，珠江三角洲的自然環境、經濟文化條件和得風氣之先的地緣因素等，注定要使這一區域在中國近代史上扮演重要角色。

在康有爲出生前的不長時間裡，鴉片戰爭的重炮首先在廣東沿海上空轟鳴而過，已是千瘡百孔的滿清帝國，在西方列強的武力打擊下蹣跚地走向近代，開始了屈辱的半殖民地歷史。就在康有爲出生前後的一段時間內，第二次鴉片戰爭的硝煙瀰漫於中國。爾後是中法戰爭、甲午中日戰爭。每次的炮火轟鳴，都給中華民族的頸項上增加一條屈辱的鎖鏈。正如康有爲的女兒康同璧在〈回憶康南海史實〉一文中所說：「先君南海公出生之時，正值鴉片戰後，列強虎視眈眈，英法聯軍陷大沽，迫進京畿。其後數年間，琉球滅，安南失，緬甸亡；日謀高麗，英啓藏衛，俄迫盛京，法亂滇、粵。外患交迫，內政日弊，中國之政情，岌岌可危。」中國陷入了嚴重的民族危機。

外國資本主義最先從華南沿海入侵，這裡是外國資本入侵的重災區，這裡最早經受了歐風美雨的侵洗，既最先感受到資本重彈所帶來的腥風血雨，也最早感受到伴隨資本入侵所帶來的近世文明。這裡的人民，對民族危機最先有反應，也最先發出近代中國反侵略鬥爭的吶喊。這裡是中國「三千年來未有之大變局」的起點，中西碰撞的交會點和反侵略鬥爭的最初戰場。這裡是遠離封建王朝的政治堡壘，是資本主義經濟發展最活躍、新興資產階級力量最具發展空間的地方。這裡是有著悠久商業傳統的地方，早在盛唐時代，它的點點白帆就漂滿了南太平洋，有著海洋民族特有的勇敢、冒險、堅韌、開放和進取的性格。這裡依山面海，山青水秀，人靈地傑。山的厚重給人以質樸、勤勞、率眞的品格，海的寬闊賦予人以靈氣、勇氣與豪氣。這裡得風氣之先，佔盡了天時地利。

如果說康有爲是歷史時空中的一棵偉岸大樹，那麼，他的根就深深埋在肥沃的家族土壤裡和故鄉的大地上。他的學問、抱負、性格和情感在其家族環境中陶冶、培養和萌發。在南國的泥土上抽芽、吐穗和結果。家族的輝煌歷史，給了他與生俱來的自豪感，影響了他自信、自負、堅毅、執著個性的形成。嶺南的青山綠水賦予了他天生的靈氣、勇氣與豪氣，給了他擔當歷史重任的膽識。家族的文化傳統奠定了他忠君愛國的思想基礎和行世準則，家學淵源給了他博今通古的知識積累。最先經受歐風美雨侵襲的南國，使他有可能找到一種新式的思想武器，用新的方法去解決時代問題。康有爲的名望和成就可以說是康氏家族七百年歷史發展的輝煌頂峰，是其長期歷史發展孕育的結果；也可以說是時代的苦難，南國的地域特點造就了一代偉人。

2 將門軍旅

與太平軍作戰／康國器由小吏到封疆大吏

嘉應州（今梅縣）南的黃沙嶂，素爲嘉應的南面門戶，但見兩邊壁立千仞，群峰峭削，一徑縈紆，是嘉應出新田、大田，右至豐順，左至潮州的間道。已是農曆臘月二十三小年（太平天國天曆丙寅十六年十二月二十六日，同治五年十二月二十三日，西曆一八六六年二月八日），嘉應州一帶卻不見一絲過年的喜氣，天空中陰霾沈沈，愁雲密佈，彷彿凝結的空氣給人一種莫名的恐懼，不祥的氣氛籠罩著天空，籠罩在人們的心頭。一場決定南方太平天國軍隊最終命運的戰役，就要在這裡擺開戰場。就在幾個月前，太平天國後期重要領袖之一，南方太平軍統帥侍王李世賢兵敗閩南，雖脫身但旋即被自己人殺害。太平軍失去了一位卓越的軍事領導人，也失去了一個重整河山的機會，形勢日趨惡化。就在十天前，太平軍另一位驍勇善戰的軍事統帥康王汪海洋也中彈身亡。偕王譚體元臨危受命，繼續領導太平軍血戰清軍，但閩浙總督左宗棠指揮各路清軍直撲嘉應州，並已成合圍之勢，太平軍的活動空間日漸迫蹙，已到存亡關頭。太平軍的兩次反攻都沒有成功，清軍的包圍圈急速縮小。譚體元等自知城不可守，遂作出棄城南走潮州、豐順，再出閩、浙邊界回安徽，與北方太平軍會合的戰略決策。

西曆二月七日（農曆十二月二十二日）夜，偕王率軍出城西南門，欲走黃沙嶂撤退。但大軍剛出城，就有叛將把軍情飛報清軍，各路清軍速往黃沙嶂張網以待。西曆二月八日（十二月二十三日）夜，太平軍與清軍相遇黃沙嶂左路北溪，敵人從四面八方圍來，四周山高坡陡，前無出口，後無退路，太平軍陷入絕地。約四萬人降於敵，另有部分太平軍將士拚死戰鬥，數次猛衝，皆無法突圍，遂又有二萬人降。清軍道員康國器率一路清軍追太平軍至豐順縣北白水寨一帶，俘駙馬金王鍾英、幼陪王譚標、懷王周春之姪周社福、佐將何昌勝等，其他諸王及官長也多被從降衆中認出，遭殺害。至此，除遵王賴文光、淮王邱遠才兩部與捻軍聯合作戰外，太平軍在南方保存的力量徹底瓦解。這支在天京失陷後堅持鬥爭近兩年，轉戰浙、閩、贛、粵，歷經百戰，頗有聲勢的起義軍，在黃沙嶂悲壯地走完它的英勇歷程。

據說，南方太平軍最後一幕悲劇的導演就與福建延邵建道道員、康有爲的叔祖康國器有關，他向左宗棠獻「合圍嘉應州，聚殲太平軍」的毒計，置太平軍於死地。他與太平軍一路殺來，多次惡戰，深知太平軍的戰法和意圖。當太平軍佔領嘉應時，康國器準確地看出太平軍的軍事動向，認爲太平軍欲走江西過長江，與賴文光部會合，因江西重兵防守，不得已才退據嘉應。太平軍擺出南出豐順的架勢，意在誘惑清軍南顧，以便乘虛免脫。因爲豐順境內重巒疊嶂，地瘠民貧，除非勢蹙，絕不走豐順。因此，必須四面鎖圍，漸逼漸近，一舉消滅。嘉應北方的鎮平（今蕉嶺縣）屛障全閩，必須重兵防守。嘉應南方的丙村爲潮州門戶，已遣將扼守。嘉應地勢寬廣，必須以閩師逼其東，粵師逼其西，聯合推進，以成合圍之勢，然後做長壕以困之。另以機動部隊阻其突圍，只需三萬兵三月餉，即可聚殲太平軍。左宗棠採納了康國器的用兵計劃，分遣各路清軍合圍嘉應，志在全殲，於是有了太平軍兵敗黃沙嶂悲劇的發生。就是在這次戰役之後，康國器因鎮壓太平軍有「功」，爬上了福建按察使的位置，然後衣錦還鄉，修祖祠，建園林，置田產，康氏家族由此進入鼎盛時期。

康國器，初名以泰，字交修，號友之，是康文耀之孫，康瑞圃的第三子，與康有爲的祖父康贊修是叔伯兄弟，少年時期曾在官府裡做過聽差，後來從軍，因聰明能幹，被擢升爲江西贛縣桂源司巡檢，負責管理地方的治安。雖官職不大，卻也算是踏上了仕宦的門坎，著實讓他興奮一陣子。就在此時，太平天國運動興起。咸豐三年（一八五三年）太平軍進軍江西，佔泰和，下萬安，兵鋒直指贛縣。康國器立即以行動表明對清王朝的耿耿忠心，對太平軍切齒痛恨。他變賣家產，募死士三百，決心與太平軍拚死作戰。他說：「我官雖卑，義不可逃。」康國器毀家募勇，可能是出於世家大族的階級本能，理所當然地要做傳統社會秩序的維護者；或許是出於政治投機的目的和強烈的功名思想，亂世出英雄，效命於政府，總會有出人頭地的機會；或許是出於果敢、決斷、勇於任事的個性，天生一股豪氣，喜歡舞刀弄槍；或許是上述三種因素的綜合，共同促使他走上鎮壓太平軍的戰場。

與太平軍的第一次交戰，就表現出康國器擅長領兵打仗的才能。當時的贛南道道員周玉衡爲康國器毀家募勇的果敢所折服，特別邀請康一同進攻離贛縣不遠的烏兜太平軍。太平軍聞訊，準備夜襲清軍營房，而清軍在康國器的策劃下，也早有準備，選精兵百人潛入太平軍駐地，焚其軍營，又率軍抄小路截擊太平軍於半途，一戰而勝。隨後又與周玉衡一起乘勢攻良口，戰萬安，連戰皆捷。對清王朝的忠心和戰場上的勇敢很快就有了回報，康國器被擢升爲縣丞，成了僅次於知縣的正八品官員。在後來與太平軍爭奪饒州城的戰鬥中，又打了勝仗，不久就晉升一級，由縣丞升爲知縣，成了堂堂的七品縣官。

一八五六年，翼王石達開率太平軍主力橫掃江西，不到半年時間，連克八府四十七縣。兩江總督曾國藩龜縮於省城南昌，已呈困守孤城之勢，若石達開乘勝攻擊，曾國藩很有可能成爲甕中之鱉。正在此關鍵時刻，石達開接到東王楊秀清要他參與夾擊清軍江南大營的諭諭，不得不率主力東歸。曾國藩絕處逢生，得以從容收拾殘部，反撲太平軍。他首先制定「先攻樟樹鎮，次圍臨江」的作戰計劃。因爲樟樹鎮西近瑞（州）、臨（江），東接撫（州）、建（昌），爲贛江之關鍵、省城之咽喉。他集中優勢兵力圍攻樟樹鎮，康國器參加了這次重要戰役。由於太平軍主力已撤，樟樹鎮太平軍守軍力不能支，遂即失陷。康國器打仗賣力，用兵有方，自然成了這次戰役的功臣，結果是再換花頂，由知縣升爲同知，官至五品。

在隨後的臨江爭奪戰中，康國器的隊伍擔任攻城先鋒，包圍臨江一年。這時候，康國器的兒子康熊飛，千里迢迢從家鄉趕來，投奔其父的軍營，希望像父親那樣，在鎮壓太平軍的戰爭中，博得功名，成就一世功業。康熊飛果然有父風，打起仗來兇悍勇猛，果敢迅捷，很快就授以兵權，成了康國器的得力臂膀。清軍攻陷臨江後，先後又陷江西太平軍的其他府縣，江西戰事還沒結束，康國器就引兵入粵，尾隨石達開至藍山。藍山一帶是太平軍的穩固基地，山高林密，清軍屢攻不克。康國器攀崖過澗，偷偷摸到太平軍後方，盡毀太平軍的石柵、炮台，並派其子康熊飛單騎說降太平軍將領練四虎，其餘將領也被各個擊潰，藍山遂陷。康因克藍山有功，擢升知府。康國器的不斷升遷，使他愈戰愈勇，爲清王朝拚死效力的決心也更加堅定。沒等他坐享榮升知府的喜悅，就又隨廣東巡撫耆齡轉赴浙江。

當時的浙江全境基本上在太平軍的控制之下，新任浙江巡撫左宗棠由皖贛邊境進窺浙省，拉開了進攻浙江的序幕。左宗棠最初的戰略計劃是由浙江西南向東北推進，沿新安江、桐江、富春江而下，直取杭州。當他打了幾個勝仗，兵力大增時，遂又改變戰略方向，決定「搶奪金華，與太平軍主力決戰，再陷全浙」，並採取「先拆藩籬，後克重鎮」的戰略戰術，即「先將龍遊、壽昌、蘭溪、湯溪等處次第攻剿，撤其藩籬，犁其巢穴，然後分兵嚴、處蹙之，以取破竹之勢。」龍、湯、蘭三城為金華屏障、浙中要道，戰略地位極為重要。康國器與浙江布政使蔣益澧一同圍攻湯溪，湯溪太平軍守將彭禹蘭叛降，誘捕了金華戰場的前敵指揮李尙揚等主要將領，開門引敵，湯溪城陷，龍遊、蘭溪隨失，金華守將不戰而棄城遠走。金華之失，使浙江形勢為之大變，門戶洞開，杭、嘉、湖、紹地區直接暴露在清軍的兵鋒之下。

在攻佔金華的戰役中，康國器無疑奪了頭功。接著又是龍顏大悅，賞換花翎，加官晉爵，康一變而成了正四品的道員。左宗棠是浙江戰事的總指揮，攻佔浙江旗開得勝，因此當上了閩浙總督。康國器正式成了左系湘軍的一員悍將。金華既佔，清軍順勢而下，直驅杭州。康王汪海洋率太平軍主力駐守杭州、餘杭、富陽等地，互為犄角，堅守待援。康國器頗有戰略眼光，他分析了杭州一帶太平軍的兵力部署狀況，認為杭州是太平軍的中心，餘杭是其犄角，嘉、湖地區是其援路，不折其角，絕其援，杭州不可得也。這與左宗棠奪取金華的戰略很像，即先拆藩籬，後克重鎮。左宗棠很快就把這種戰略用在攻杭戰役上。按照左宗棠的指揮，康國器與另外兩支清軍在攻打餘杭的惡戰中成爲主角。

太平軍與清軍血戰數月，難分難解。餘杭守將汪海洋與杭州守將陳炳文據水連營，互爲應接，屢挫清軍，汪曾於餘杭城北的臨清堰設伏兵，大敗清軍。康國器立功心切，也逼城築壘，冒死坐壘指揮攻城。最後，洋人「常捷軍」助攻，以大炮猛攻城牆，太平軍受到嚴重威脅，被迫棄城而走。餘杭、杭州失陷。當太平軍在浙的最後陣地湖州失守後，浙江戰事即告完結。左宗棠攻浙計劃全部實現，免不了又一番彈冠相慶，論功行賞。朝廷自然不會忘記康國器，朱筆一揮，加按察使銜，署延建邵道，康國器成了正三品的地方大員。

在有關記述太平天國歷史的不少史書和《清史稿‧人物傳》及《南海縣誌》中，都記載了康國器與太平軍作戰的經過，有些記述雖嫌誇張，但總體而言，康國器確實是太平軍的一個勁敵。他治軍嚴正，體恤下屬，善於分析軍情，行動慎重，會打惡仗、狠仗，其對手侍王李世賢、康王汪海洋都是能征善戰的驍勇大將，若沒有軍事頭腦和特別的運氣，肯定會被掃蕩出局。太平軍勢力江河日下，加上內部分裂，戰略失誤和叛降，給康國器、左宗棠等清軍將領提供邀功請賞的機會。即便如此，仍有衆多的清軍官兵在太平軍陣前紛紛落馬。因此可說狡詐與運氣幫了康國器的大忙，使他由江西打到廣東，由廣東打到浙江，一路攻城掠地，頻頻得手，很是博得朝廷的歡心，賞給藍翎，並由藍領賞換花領。這在當時是很高的榮譽，只有王公大臣和立有重要軍功的人才享此殊榮，官階也是一路升來，終於爬上了地方大員的位置。兒子康熊飛也飛黃騰達，當上了知府，康氏父子更是雄心勃勃，不把太平軍趕盡殺絕，絕不罷休。

浙江失陷後，李世賢、汪海洋率太平軍餘部轉戰入贛，後乘閩防空虛，突入閩南，汪海洋進據汀州、上杭，李世賢克漳州、龍岩、永定、南靖、雲霄，一時間，太平軍橫亙閩南，東西「連營數百里，號稱百萬」，聲勢大振，大有重整河山的氣勢。閩浙總督左宗棠急急忙忙徵調湘軍入閩，兵分三路進攻太平軍，康國器擔任中路進攻任務。朝廷又下達命令，由左宗棠節制浙、贛、粵三省援軍，聚殲太平軍餘部於閩南。康國器不失時機地向左宗棠獻計說：合三省之兵，分路逼圍，太平軍勢力必蹙。龍岩為上下游咽喉，可四面出擊，必先取之，以切斷東西兩路太平軍的聯繫，然後分取南靖、漳州，太平軍兵力四散，清軍將得建瓴之勢，若龍岩、漳州得手，則永定、武平即在掌握之中。康自請攻打龍岩，左宗棠立表贊同。

一八六五年（同治四年）一月上旬，康國器進抵龍岩東路鐵石洋和雁石，距城八里，龍岩守將來王陸順德欲乘康立足未穩，發動攻勢，逐走康部。太平軍連續向雁石康營進攻，康國器深溝高壘，堅壁不出。四日，來王陸順德遣軍正面佯攻，率主力抄敵後路，又分兵偷襲敵營，都未能取勝。二月十八日，來王分兵五路攻鐵石洋康營，又不能勝。古田太平軍增援，又敗於康國器。二月十九日夜，康國器開始發動猛攻，陸順德由龍岩撤赴漳州，康部遂進駐龍岩，太平軍中路被敵楔入，汪海洋、李世賢兩軍的交通聯繫隨之中斷，太平軍形勢惡化，康國器分割汪、李兩軍的圖謀得逞，左宗棠準備各個擊破。

汪海洋一敗於南陽，再敗於新泉，退走南靖、永定交界的奎洋、苦竹、梅嶺、山城一帶，軍勢轉衰。四月二十二日，康國器和幫辦軍務劉典分路進撲汪海洋軍。康乘夜大霧，以火焚毀太平軍營壘二十餘座。太平軍損失慘重，五月上旬，康國器父子率軍向苦竹等陣地進攻。汪海洋集結主力增援苦竹，接仗不勝，湖坑、大溪等營壘被毀。汪海洋被迫退往廣東大埔縣境，但屢渡汀江不逞，遂決定回師閩南，再打永定。五月中旬與康國器軍在湖雷遭遇。十九日，汪海洋指揮佑王李遠繼、裕王周某、列王羅某等統率大軍七萬分七路猛攻湖雷，欲與康國器決戰湖雷。康國器亦分兵七路接仗，雙方抱定了殊死戰鬥的決心。

太平軍猛衝猛打，前仆後繼，其英勇精神可歌可泣。康國器坐陣軍中，憑險據守，同時又分兵截擊，放火燒山，以抬槍狙擊，太平軍終不能取勝。次日，汪海洋傾全軍攻打湖雷，親自列陣獅龍嶺，旌旗獵獵佈滿山野。一向能征善戰的康部清軍也感到心虛膽寒，而康國器卻認爲：太平軍負衆而驕，精銳之師都集中在獅龍嶺，若先挫之，餘衆必怯，將不戰自敗。清軍只要堅壁示弱，伺怠出擊，必能勝太平軍。於是康國器避戰不出，當太平軍叫戰至中午時分，已疲倦不堪。突然清軍抬槍齊發，太平軍力不能支，康又遣軍攻破太平軍的伏兵，分兵猛衝，太平軍全線潰敗，汪海洋撤永定之圍，出上杭而去。

就在汪、康兩軍決戰湖雷之前，清軍近逼漳州，李世賢命汪海洋馳援，沒有結果，遂於五月十五日撤出漳州，向平和、漳浦退卻。五月十九日，太平軍在平和縣境血戰清軍，傷亡慘重，李世賢墜馬負傷，敗走永定。五月二十六日，李世賢部在永定塔下與總兵王開琳、道員康國器接戰，世賢軍背水列陣，康國器命康熊飛奪去太平軍的後路，然後兩面夾擊，太平軍紛紛落水而死，降者萬餘人，許多將領戰死，世賢軍大敗，次日再戰又敗，侍王李世賢乘夜從十數騎策馬過河，其軍散亡殆盡，餘部併入汪海洋軍。至此，曾令清軍聞風喪膽，馳騁江南數省，攻城略地，身經百戰的李世賢主力部隊被徹底打垮。李世賢沒有戰死，他歷經艱辛，輾轉到了汪海洋軍中。汪海洋心胸褊狹，權力慾望強烈，欲取李世賢而代之，遂殺害了前來投奔的李世賢等五人。叱吒風雲的一代太平軍名將沒有死在左宗棠、康國器等清軍的圍殺之中，反而倒在自己下屬的刀下，大敵當前，兄弟相煎，實在是太平軍餘部敗亡的一大原因。

李世賢軍敗之後，汪海洋由閩南突入廣東鎮平，當時太平軍餘衆尚有二十餘萬，連營百餘里，另有湘軍霆營頭目黃矮子率部分湘軍起義投奔汪海洋，當地農民也紛紛起義加入太平軍。太平軍仍有一定實力。若汪海洋能夠團結各路將士，奮戰圖存，實施戰略危機。

機動，衝出清軍重圍，另尋發展，太平軍仍有一番作爲。可惜餘部內部各派矛盾重重，猜怨日甚，軍心渙散，動搖變節思潮氾濫，外部是清軍的包圍，太平軍陷入嚴重的生存危機。

一八六五年（同治四年）七月，清軍完成對鎭平新的戰略包圍。爲擺脫困境，從八月下旬至九月上旬，汪海洋多次出擊清軍，九月三日，汪海洋親率奏王黃十四、宗王汪大力等攻打康國器的高思塘駐軍，開始打了一些勝仗，後康國器設伏兵於兩山間，誘海洋軍入，伏兵突起，太平軍大敗，汪大力陣亡，黃十四受傷墜馬，汪海洋左手受傷，同時派往攻打程官埠康國器軍營的太平軍，也接仗不勝，退回鎭平。九月十九日，康國器擁軍直撲鎭平東南石古排，與太平軍守軍激戰，天將胡永祥戰敗，天將張祥順、周建榜等率衆降敵。其他各路清軍也步步推進，包圍圈日漸狹小。九月二十八日，康國器由鎭平東南攻打石古排、對門營、白果山等太平軍陣地。石古排營壘盡被康國器軍摧毀，其餘各壘守軍逃奔他處。當日夜晚，康國器軍猛攻鎭平縣城，汪海洋率主力由西門撤出，鎭平遂陷。汪海洋欲領兵入贛，不逞，康國器等各路清軍緊追不捨。十月三日，汪海洋退至黃陂圩一帶。這裡嶺谷深幽，樹木叢雜，在當地起義農民的配合下，汪海洋設下伏兵，單等追兵入網。提督高連升、知府康熊飛率軍追至，兩旁山凹伏兵突起，殺聲震天，清軍亂作一團。四鄉八堡的鄉民也從四面撲來，以土槍土炮射殺清軍。高連升、康熊飛拚死衝出重圍。這次伏擊戰，汪海洋軍大獲全勝，殲滅高連升部數千人，康熊飛部也損兵折將五百多人。這是太平軍餘部南退以來少有的一次大勝仗，使得疲憊已極的太平軍多少振奮一下人心，汪海洋緊蹙的眉頭也有些舒展，總算出了一口怨氣。近兩年來，高連升、康國器這兩大死敵緊緊纏著太平軍不放，多次惡戰，太平軍敗多勝少，總沒機會教訓他們。這次伏擊，若不是他們逃得快，一定殺他們片甲不留。

康國器兵敗黃陂圩，是他領兵以來少有的慘敗，損兵折將不說，自己的堂姪康達本也死於亂刀之下。康達本跟隨自己轉戰數千里，身經數十戰，戰績頗著，如今因自己輕敵冒進而置堂姪於死地，兒子熊飛也差一點死於非命。如何向堂弟交代，如何對得起列祖列宗。此時又恰逢疫病流行，不少兵士病倒軍中，士氣低落，頗有厭戰情緒。慘敗之後的一段時間裡，是康國器最感沮喪的日子。但他又想到，汪海洋已成強弩之末，又處在清軍的戰略包圍之中，聚殲太平軍，獲取戰功的最後時機就要到來，千萬不能錯過。於是，他又打起精神，著手裁汰病弱士卒，招募新勇，重振軍威。

黃陂圩大捷後，汪海洋疾馳贛邊，欲突破贛南防線，經江西過長江，與遵王賴文輝會師。清軍嚴扼贛防，不得達，遂折回，輾轉於閩、粵、贛邊境。

一八六五年十二月上旬，汪海洋率軍一晝夜疾走三百里，長途奔襲嘉應州，勝利克城。左宗棠聞訊，飛調各路清軍進圍嘉應，並採用康國器的計謀，漸逼漸進，圍而塹之，困而緩攻，最後聚而殲之。康國器尾隨太平軍而來，駐紮鎮平，其他各路清軍也相繼從四面八方湧來。一八六六年一月十日，清軍移營推進，收縮包圍圈，太平軍餘部面臨最後的血戰。汪海洋欲乘清軍紮營未穩，一舉摧垮清軍，迅即指揮將士席捲疾進，猛撲清軍營壘。太平軍以洋槍隊為前導，騎兵衝擊，陣斬湘軍悍將朱體盛和叛將錢桂仁等，清軍「勢幾不支」。隨之又發起中路攻擊，「猛衝十餘次」，擊斃湘軍哨長六人，湘軍劉清亮部傷亡慘重。一月中旬，清軍完成東路、東南、東北及北路長圍，西路鮑超軍迅速推進，進扼西北門戶；南路粵軍也疾馳長沙圩，以扼西南及南部要衝。左宗棠令各路清軍進紮，尋機決戰。

一月二十八日，幫辦軍務劉典、福建布政使王德榜、記名提督黃少春、廣東提督高連升、道員康國器等各路清軍齊聚塔子坳，準備與太平軍最後決戰。他們都是太平軍的兇惡敵人，左系湘軍的主力，從浙江追剿太平軍至廣東，打了無數次惡仗、險仗，有許多同僚將佐斃命沙場。雖然他們戰功赫赫，但太平軍卻屢仆屢起，已記不得有多少次他們差點就要成為太平軍的刀下亡魂。若不是人多勢衆，哪是太平軍的對手？歷經千辛萬苦，總算把太平軍圍在一處，絕不能再讓其逃脫。立功的時機已到，他們整軍出馬，列陣塔子坳。在太平軍千鈞一髮的危急時刻，汪海洋表現出英雄氣概、大將風度。他沈著備戰，周密部署，先期出兵三路，潛往葵嶺、精坑，欲抄敵後路，並牽制粵軍，同時在山徑多處設伏，以作策應。一切佈置完畢，自己親率主力正面攻打塔子坳。成敗在此一役，若擊敗塔子坳敵軍，太平軍就有生的希望。戰鬥全面展開，雙方鏖戰四個時辰，未決勝負。汪海洋見敵營久攻不下，遂發誓不攻破絕不回城。激戰中，汪海洋頭部中彈，返回州城時，已氣絕身亡。這場血戰之慘烈爲歷次戰鬥所不及，塔子坳成了血染的世界，橫屍無數，陰魂森森。連清軍總指揮左宗棠也感到害怕，「是日分佈之密，搏鬥之苦，實爲從征數年來所僅見。」雙方的決戰以汪海洋的死而宣告結束，太平軍沒有擊敗清軍主力，剩下的唯一出路就是突圍，於是發生了太平軍魂斷黃沙嶂的悲劇。

汪海洋戰死沙場，朝廷當然要論功行賞，參加塔子坳戰鬥的康國器也有份。但康有爲卻把功勞全記在他叔祖的名下，在《康氏家廟碑》中說叔祖康國器「以粵勇萬人，百戰克名城十餘，射殺其名王汪海洋於嘉應，兵事終焉」。汪海洋是誰打死的，連康國器本人也說不清楚，更不敢貪天之功於己有，否則，高連升、王德榜、劉典、黃少春也不會答應。康有爲的說法顯然不夠中立。但康國器確實是圍剿汪海洋軍的悍將，在撲滅太平軍餘部的戰役中爲朝廷立了大功。從這一點上說，康有爲的話說對了一半。汪海洋死於康國器等人的圍殺之中，又因汪海洋之死，太平軍失去統帥和核心，以致「兵事終焉」。

康國器每次出戰，常橫槍立馬，身披白色戰袍，因此有「白袍將軍」之稱。又因一次戰鬥中傷足，足遂跛，故軍中又叫他「康拐子」。康拐子治軍恩威並施，會攏絡人心，因此士卒頗能效命。他手下的將佐也都驍勇善戰，如吳光亮、何雄光、馮南斌、古捷芳、康熊飛等，都是跟隨康國器衝鋒陷陣的死黨。康國器能夠屢搶頭功，全賴他們拚死效力。大敗李世賢於塔下，俘駙馬金王鍾英，每次都為康國器的升遷增加一個籌碼。尤其是康熊飛，自投軍營以來，鞍前馬後，使如臂膀，康國器數獲奇勝，實資其力。康有為對這位叔祖最崇拜，在〈述德〉詩中說他叔祖是：「中興百戰盛威名，半壁山河奏凱聽。鬆口久經立祠廟，史官大寫照丹青。」康有為認為他叔祖是中興之將，理應受到人們的紀念，但他有一次去杭州西湖，見中興諸將的祠廟如雲，唯不見叔祖配享其間，不免忿忿不平，遂賦詩說：「浙水當年平寇盜，中興諸將佔湖山，吾家不少兜鍪力，但覺劉公頗厚顏。」劉公指劉典，康有為說他冒功，不該享祀。不過當時的朝廷對康國器還是很看重，不斷地給他加官晉爵，就是對他功勞的肯定。

太平軍的敗亡對康國器來說，算是大功告成，從烏兜之戰到塔子坳之役，其間十餘年，他經歷戰陣無數，記不清自己殺死了多少太平軍，也記不清自己有多少次與死神擦肩而過。他目睹戰爭的殘酷，對農民造反除了仇恨，也深感恐懼。因此，在他升任福建按察使後，也頗能恪盡職守，兢兢業業。一到任就著手整頓吏治，清理積案，短期內處理積案二萬多起，頗有廉吏口碑。不久就改任廣西布政使，管一省的行政、財賦，及向府州宣佈國家政令。他對廣西的厘金抽稅制度進行改革，創「三合票制」：即凡各關一律實行三票對照卡抽稅，一票存稅卡，一票留稅局，一票給商人，以防止抽稅人員的舞弊行為。此制一開，稅收大增，僅梧州一地年增稅收就達十萬餘兩。康國器用這些多收入的錢，大量購買穀物以充實官倉，創辦書院以振興文教。康有爲對其叔祖在廣西的政績，時刻掛記在心中，在他去桂林遊學時，多次憑弔叔祖創辦的書院，睹物思人，更覺叔祖的恩澤被遠。在康國器的主持下，疏浚流經湖南的安斗河，築閘七十二座，以時瀦泄，流域區內的農民頗爲受益。其他諸如架浮橋、築道路、治貪官等興利除弊、整綱肅紀的事情也做了不少。布政使只做了一年，就升遷爲廣西護理巡撫，官至從二品，可算是康國器仕途道路上的輝煌頂峰，也是康氏家族中官階最高的人，由此也把具有七百年歷史的康氏家族推向鼎盛時期。

至於康有爲，戊戌變法時期雖受光緒皇帝重用，也只是工部主事，總理衙門章京，六品小官，根本無法和朝廷的封疆大吏相提並論。張勳復辟時期，康有爲被封爲弼德院副院長，也是徒有虛名。康國器護理巡撫當了不久，因病告假還鄉，從此歸隱田園，不復出山。「陳臬閩中移撫桂，當年威惠久流聞。奉身布素仍無異，恤族義田猶有文。」在朝爲官，入鄉爲紳，雖身居鄉里，也不甘寂寞，時時以士紳的身份、名望和表率作用影響四鄉八堡的鄉風民俗，並有不少義舉，博得鄉民們的普遍好感。設義學，置義倉，扶孤幫寡，組織民工修復決口的河堤，中法戰爭時，爲抗敵前線籌餉，可稱得上一方賢達。康有爲崇拜這位叔祖，不僅是因爲他的赫赫戰功，也由於他對康家的歷史性貢獻。闢七檜園，築虹蝠台，建澹如樓，購群書，延名師教授子孫，營祖廟，置義田。「歸來七檜園居，如水臣心眞淡如。群從諸孫尤愛我，授餐師弟讀藏書。」也許是康有爲特別聰明，使得這位叔祖對他格外疼愛，並以大器相期。「十年侍側最情親，器異殊尤教誨勤。有道碑文我無愧，一生忠厚見仁人。」

光緒十年（一八八四年），康國器病死，享年七十四歲。彌留之際，再三吟詠明朝忠臣楊繼盛的絕命詩：「浩氣還太虛，丹心照千古。生平未報恩，留作忠魂補。」他比楊繼盛幸運得多，楊含冤而死，他卻爲朝廷效盡犬馬之勞，也得到優厚的回報。儘管如此，他臨終時還覺得有些遺憾，認爲自己做得不夠，不足以報答浩蕩皇恩。毫無疑問，康國器在鎭壓太平天國的戰爭中有功於清王朝，朝廷以高官厚祿回報了他，這令康國器感激萬分。無論是沙場征戰，還是爲官一方，擬或歸隱田園，他都盡到了一個人臣應盡的職責。即便是在體弱多病的暮年，仍心憂國事，不忘皇恩，直到彌留之際，想到的仍是報效朝廷，足見其對朝廷的耿耿忠心。

康國器由小吏起家，官至封疆大吏，對康氏家族而言，算是光宗耀祖的事情，也給整個家族帶來巨大變化。在他的影響下，康熊飛一代紛紛投筆從戎，走上鎭壓太平軍的戰場。由此一個個靑雲直上，做知府、知縣的在康家成了尋常之事。在一段時間裡，康家朱紫盈門，官運亨通，炙手可熱，進入了康氏家族歷史上的鼎盛時期。用康有爲的話說是「吾宗光大，自公爲之」。

軍中的康氏兄弟

「少談大略氣呑牛，草路尋親未冠秋。二十從軍親百戰，先登躍馬勇盤矛。」這是康有爲對他從叔康熊飛的讚揚。康熊飛，號少嶽，小的時候就喜歡舞刀弄槍，有一股武人霸視之氣。十九歲時一人跑到江西父親的軍營中，一經戰陣就顯示出他的兇猛和機智，僅僅幾年便脫穎而出，成爲左宗棠手下的得力幹將。「二四登壇虎將喧，手攜黑袍掃狼煙。江南半壁土乾淨，公瑾雄姿是少年。」康有爲吹噓他從叔簡直就是周公瑾再世，未免有些過頭。不過他打起仗來確實有些頭腦。據說他勇猛善戰，和當時的浙江提督鮑超相提並論。鮑超是當時的名將，武職從一品官員，正宗的「封疆大吏」。可見他在軍中是頗有聲望的。

他素以「勇而有謀」著稱，打仗會出奇兵，搞突襲，抄後路，打埋伏，被朝廷封爲強勇「巴圖魯」（滿語「勇士」之意）。藍山之役，充分表現了他的膽氣和狡詐。單騎入山勸降，平安而回，取得了不戰而勝的效果。「羽扇綸巾虎穴回，高談醉酒酣如雷。太原公子裼裘至，虬髯豪客降幡來。」他深得左宗棠的器重，在左宗棠向朝廷回報戰況的奏摺中，多次提到康熊飛的名字，誇讚他如何克敵致勝。左宗棠說他有督撫之才，私下裡許諾要推薦他做督撫一級的官員。可惜他年少氣盛，常常與左爭得面紅耳赤，甚至敢當著左的面摔茶碗，左愛其才，強容之。「英姿颯爽自天開，左相頻稱疆帥才。逸筆空餘詩畫字，雄圖未展壯心哀。」如果不是他恃才自傲，很有可能超過他父親的作爲。左宗棠最終吝嗇封賞，僅給康一個強勇「巴圖魯」的稱號，也沒有推薦他做督撫大員，只是以軍功被朝廷擢升爲候補道員。可能是家學淵源的影響，康熊飛的文化功底也不錯，文章書畫小有名氣，可謂文武兼備，無奈他三十二歲病亡，才不竟其用，左宗棠甚爲惋惜。據說他生前有一匹紅鬃戰馬，曾在高思塘大戰中救過他一命。當時清軍潰敗，死傷數千人，康熊飛騎著這匹戰馬飛跨一條數丈寬的河流，才甩掉追兵，得以活命。康很感激這匹坐騎，常撫而飼之。康熊飛死後，他的紅鬃馬也不食而死。

在這場清軍與太平軍的血戰中，康家有十多人馳騁疆場，效忠朝廷。康國器是其傑出代表，其他如康熊飛、康達本、康達騰、康達初、康達遷、康達行也都久經戰陣，有智有勇，屢立戰功，爲康氏家族爭來無上光榮，但爲此也付出血的代價。康達本戰死沙場，康熊飛三十二歲病歿軍中，康達初也因長期征戰，身染沈痾，三十八歲時撒手西去。

康達初即康有爲的生父，字仲謀，號少農，又名致祥，是康贊修的長子。青少年時期師從嶺南碩儒朱次琦，聰敏好學，博通今古，常有深思新意之論。但在科場上並不得意，屢試不中。時逢叔父康國器在軍中聲望日著，仕途暢達，正需要人手幫助他成就一世功業，於是徵得父親的同意，和康達遷等弟兄一起，於一八六二年（同治元年）投奔到康國器的帳下。

達初生得眉清目秀，文靜有餘，勇武不足，舞刀弄槍比不上熊飛、達遷、達行等兄弟，但達初滿腹才學，善於出謀劃策。康國器用其所長，讓達初留在帳中負責草檄謀議之事，於是達初當上了參謀之類的軍中文職官員。雖沒有戰場上的拚殺廝打，但運籌帷幄的事情也責任重大。他剛到軍中，就碰上康國器率軍攻打藍山太平軍陣地的艱難戰事，驚險的經歷和戰鬥場面給這個初入軍門的文弱書生留下終生難忘的印象。藍山太平軍憑藉險要地形，多次重創前來征剿的清軍，在康國器之前，已有數員清軍將領慘敗於藍山腳下。康國器在摸清太平軍的險關要隘和取得內應之後，夜走險路摸到太平軍的後方，出其不意，一舉攻下太平軍的數十座營壘，大獲全勝。康達初清楚地記得夜攀懸崖、冒闖深澗的生死之旅，記得堂弟康熊飛單騎入藍山說降太平軍臨行時的悲壯，還記得火燒太平軍營壘時沖天火光的可怕情景，更記得兩軍肉搏時鮮血噴湧的恐怖場面。

經過初次戰陣的洗禮，康達初的膽子壯了許多。在以後的軍旅中，他跟隨叔父轉戰浙閩贛粵，在軍中「治羽檄，贊謀畫」，很有心計，博得軍中「小諸葛」之稱。康有爲說他父親是：「閩粵從軍行五年，運籌飛檄掃風煙。荔枝三百空聞啖，遺恨周南太史篇。」從藍山之役到嘉應州之戰，他幾乎經歷了由康國器參加或組織的所有戰陣，爲其叔父出了不少主意，想了不少妙計，也深得叔父的信任，他和康熊飛及其他兄弟一樣，成了康國器的得力助手，可以說康氏族人構成了康國器部軍事實力的核心，這對康國器在戰事中頻頻得手起了重要作用。

長年在外征戰，艱苦的軍旅生活使康達初本來就虛弱的身體更顯憔悴。不久便染上肺病，戰事一結束，就匆匆歸里養病。一八六七年（同治六年），朝廷論功行賞，擢用康達初為江西知縣。這使康達初高興了一陣子，立即收拾行裝，準備赴任，無奈病魔纏身，終日咳嗽不止。父親康贊修堅決不允出行。就這樣，達初五年來餐風露宿和出生入死所換來的成果化為泡影，第二年就拋下妻兒老小，走上了黃泉不歸路。康有為對他父親的印象遠不如對祖父的印象深刻，父親死時他才十一歲，但在他的朦朧意識中，父親的形象很高大，博古通今，能「考天下古今治亂義禮之學」，「孝友而才辯」，仁慈而友善。「孝德英姿警辯才，師門路點又參回。越王台賦存遺稿，歲歲攤書今劫滅。」他的詩作都收集在《越王台賦》中，老師朱次琦曾親自為詩集點定。

康有為還記得小時侯伺侯病床上父親的情景。父親躺在病榻上，有為給父親遞茶送水，捧杖捧匜，侍食餵藥，父親十分欣慰。當父親病情緩和些的時侯，也和有為有說有笑，或講些外面的所見所聞，或講些歷史故事、文人趣事，這成了康有為對父親生前的美好回憶。父親在彌留之際，有為和他的姊妹被召喚到父親跟前，跪著聆聽父親的臨終遺訓。有為是長子，他寄託著父親的無限希望，背負著康家的未來命運。父親用深情而又哀傷的目光注視著有為，似有千般教諭、萬種重託要對有為說，但又似有無限的愧疚、不盡的遺憾，自己沒有盡到父親的職責，不忍把未來的重擔壓放在一個未諳世事的孩子身上。他想得最多的，也許是孩子將來立身與立功的事情，因此，遺訓中更強調要有爲立志勉學、孝敬親友、友愛姊弟。每當有爲追思父親的音容相貌，常常淚如雨下。

達初兄弟三人，二弟達遷，三弟達守。康達遷，號介藩，長得像紅面關羽。一八六二年（同治元年）與兄長達初一起投奔軍門，當兄長還在爲戰場上的腥風血雨而驚恐顫慄時，達遷已是統帥一隊人馬的軍隊頭目。他更像他的叔伯兄弟康熊飛，體魄強健，勇而有謀，打起仗來有一股拚勁，很快以軍功擢爲知縣。戰事結束後，達遷當了一段時間的太平官。

一八八四年（光緒十年），法國由越南入侵中國邊境，年近七十的老將馮子材奉旨調兵選將，組建馮家軍，奔赴反侵略戰爭的前線。康達遷有幸成爲馮子材部下的一員戰將。因爲他有過戰爭經歷，且以勇武著稱，又是嶺南著名人物康國器的姪兒，與他一起重新走進軍營的還有堂兄康達騰。一八八五年四月（光緒十一年），法軍猛攻鎭南關中國邊防，鎭南關幾將陷落，老將馮子材一聲震喝，揮矛躍出掩體，衝進敵陣。全軍將士熱血奔湧，感奮異常，緊跟著老將軍赴向敵人，與侵略者展開生死決戰，用自己的血肉之軀換回國家的主權和領土，憑自己的一腔忠勇抗擊侵略者長槍快炮的恣意妄爲。達初手執大刀，率領一隊人馬，緊隨馮將軍左右，與法國鬼子拚殺了數十回合，親手殺死了數名侵略者。將士們愈戰愈勇，敵人漸漸招架不住，開始後撤。馮將軍指揮全軍奮勇追擊，敵人丟盔棄甲，一片狼籍，死傷一千多人。中國軍隊取得決定性勝利，贏了鎮南關大捷的輝煌戰績，這是近代中國反侵略戰爭史上第一次勝利之戰，也是近代中國民族屈辱史上第一次值得揚眉吐氣的戰事。

康達遷手上染有農民起義者的鮮血，那是階級和功名使然，這次勇敢地走上反侵略戰爭的前線，則是民族大義和愛國之心使然。

鎮南關大捷後，馮子材部又乘勝出擊多次重創法軍，狠狠地教訓了侵略者。達遷經歷了抗法戰爭的整個過程，他的愛國之心、報國之志和一腔忠勇都融進這一中國近代史上的重大歷史事件中，這是他一生的得意之作，是值得驕傲的一次壯舉，也是康家值得驕傲的大事。越南戰事結束後，康達遷棄官還鄉。他認爲做官不是他的特長。做官要獻媚取巧，非巧媚不能得官，以他的秉性根本做不來這一套，可能是官場上不得志，才回到家鄉。他生來嚴肅，直言仗義，對一般百姓還算客氣，對富貴人家卻顯得高傲。他說才由天生，不關讀書的事。康有爲說這位叔父是：「天生劍氣吐金精，弱冠奇才善治兵。忠孝心懷豪俠性，三十優遊無宦情。」

康達初的三弟康達守，字玉如，雖非行伍出身，因是康有爲的親叔父，又有與其他兄弟完全不同的人生境遇，很有提及的必要。他性格上更像長兄，孝慈文靜，也像其字所昭示的那樣，淡泊如水，寧靜知足。青少年時期遍讀史籍，通古今之變，深知世事變易、滄海桑田的道理。他沒有像弟兄們投奔軍門，熱中於功名仕宦，而是拙守家園，選擇了另一種人生座標。

如果他略有入仕的念頭，做官的機會很多。當時的叔父康國器炙手可熱，兄弟們也多是地方上的達官要員，康氏一族從戎仕宦，朱紫盈門。達守若想謀得一官半職，可以說唾手可得，在弟兄們的張羅下，果眞給達守謀得過一個通判的職位，但達守志在淡泊，不求聞達，婉辭謝絕了弟兄們的美意，決意自食其力，經營實業。他常對人說，做人要獨立，不能依門第以邀官，他認爲下級官員爲吏當差，困苦無比，無恥之至，沒有一點尊嚴。可見他的清高和灑脫，終其一生，他都逍遙自在，彷彿深得老莊之學的眞諦，與其他兄弟相比，他的人生態度和人生境界別有一番天地。

康達初這代人中與中國近代史關係密切的還有達行和達騰，他們是堂兄弟，一起走進軍營，一起驅馳於叔父國器的鞍前馬後，後來又分別走上了反侵略戰爭的沙場。相似的經歷，相似的故事，可以說是康達初這代人的特點，他們面臨著同樣的時代問題，接受的是共同的家族文化薰陶，可供選擇的人生道路實在不多，要麼是大丈夫志在四方，轟轟烈烈幹一番事業，青史留名，光宗耀祖；要麼是謙謙君子獨善其身，淡泊名利，清靜無爲。或許是受世代書香、爲儒爲吏的康氏家族傳統的影響，達初這代人更多是傾向於選擇前者。

達行又名朝棟，字天民，天生性格外向，青少年時期風流倜儻，熱情豪爽，有行俠仗義、樂善好施的傾向，視金錢如糞土，從不想著置辦家產。達行才思敏捷，作詩為文常揮毫而就，思如泉湧。但在科場上的命運和達初一樣，屢屢和文曲星擦肩而過。連試幾次都是名落孫山。從軍對康家兄弟來說，或許是條捷徑，當兵打仗雖冒一定的風險，但總比死讀書本來得輕鬆和快捷。當兵只是要有力氣，打仗勇敢，多長個心眼，就有立軍功的希望，有軍功就有祿位，就可以揚名顯世，衣錦還鄉。不比寒窗苦讀，枯燥乏味，窮年累月，還不一定有個結果。於是，達行就像其他兄弟一樣，辭別了科場，進了戰場，五年的戰鬥生活轉瞬即過，其征戰和勞苦給達行換來了福建候補知府的頭銜，太平軍將士的鮮血染紅了他的頂戴。

一八七四年（同治十三年），日本出兵三千多人侵略中國領土台灣，清政府派船政大臣沈葆禎率軍赴台，抗擊日本侵略者，康達行成了這次赴台保家衛國的清軍一員，和日軍的初次交鋒，雖不像鎮南關大捷那樣痛快淋漓，但中國軍民的英勇抵抗，也給侵略者迎頭痛擊，使其侵略陰謀無法得逞。台灣上空的烽煙還沒有散去，西北新疆的戰雲又起。阿古柏勾結英、俄侵略者，盤踞新疆，企圖使新疆永遠從祖國分離出去。一八七六年（光緒二年），左宗棠奉旨收復新疆，達行被匆匆召進左宗棠軍中，再次擔負起保家衛國的神聖職責，成為正義之師的一員戰將。左宗棠親率三路大軍，以風捲殘雲之勢，疾進猛攻，迅速控制了北疆廣大地區，經過兩年的艱苦征戰，徹底摧毀了阿古柏政權，新疆重新回到祖國的懷抱。新疆的收復，有左宗棠戰略指揮的功勞，是新疆人民支援配合的結果，也是包括康達行等清軍將士浴血奮戰的結果，像達行這樣萬里赴戎機，耳聽東海浪濤，腳踏西北黃沙，戰罷東虜又征西胡的將領，確實不多，他和膽敢覬覦中國領土主權的侵略者眞刀實槍地作戰，表現出民族大義，永遠値得後人懷念。

康達騰是反侵略戰場上的又一員猛將，他坦直而宏厚，勇敢而有謀略，在與太平軍作戰時期就嶄露頭角，帶兵打仗能夠善待士卒，深得軍心。法軍犯邊，達騰跟隨老將馮子材列陣鎭南關，縱馬涼山，痛剿法國佬，大長了中國人民的志氣。後長期駐防海南島，官至龍門副將。

康家弟兄在十九世紀七〇至八〇年代中國邊疆危機的歷史時刻，能夠挺身而出，站在反侵略戰爭的前列，表現了難能可貴的民族氣概和愛國精神。這對康有爲等康家晚輩產生深刻影響，康有爲一生的事業和追求，透射出強烈的愛國主義精神，可以說愛國主義是康有爲一生事業的主線。父輩們的愛國壯舉無疑是他心中效法的榜樣和愛國追求的動力。

八月的武漢，依然是酷熱難耐。一九〇〇年（光緒二十六年）八月二十二日凌晨，當人們還在貪享盛夏中的片刻清涼而沒有從夢中醒來時，在漢口英租界內的李愼德堂和寶順里等自立軍起義指揮部周圍，卻佈滿了一個個荷槍實彈的清廷軍警，他們是奉命來搜捕自立軍領導成員的。就在一天前，兩廣總督張之洞偵知自立軍將在二十三日起義，於是在漢口英國領事的支援下搶先下手，派軍警包圍了自立軍領導機關，唐才常、林圭等三十餘人旋即被捕，當晚唐才常等二十餘人遇害於武昌紫陽湖畔。至此，自立軍起義失敗，維新派的武裝勤王計劃宣告流產，寄託著康有爲等無限希望的起兵勤王、重行新政、富強中國的大業功敗垂成，這件事是繼戊戌變法失敗後再次給康有爲的沈重打擊，多他萬分痛心，發誓今後再也不言兵事。康有爲本是文人書生，不比他的祖輩和父輩，是能征善戰的勇武之人，但他卻學起祖輩和父輩的樣子，傾心兵事，搞起了轟轟烈烈的武裝勤王運動來。康有爲有此舉，實是他挽救戊戌變法敗局的最後一搏，和別無他路可走的最後一招。

一八九八年十月，康有爲逃脫淸廷的追捕，輾轉經香港到達日本神戶，開始了他的流亡生涯。如今維新失敗，聖主幽囚，國亡無日，令他痛心疾首，維新大業難道就此結束？英明的皇上難道永居瀛台？救國之志難道付諸東流？「南宮慚奉詔，北闕入無軍」。自己愧受皇上密詔，想武裝進宮，保衛皇帝，可惜手中又沒有軍隊，「九州橫睨呼誰救」，到哪裡尋求依靠的力量？這時他想起申包胥「哭秦廷」的故事。春秋時期楚國貴族申包胥不甘心楚國爲吳國所滅，逃往秦國求救，在秦國宮廷痛哭七天七夜，終於感動了秦哀公，出兵援楚，楚國獲救。何不效法申包胥之舉，遊走海外，涕泣陳辭，向各國求救，讓它們「主持公義」，幫助光緒帝復位，重開維新大局。或許，這是康有爲等維新人士剛從戊戌政變的深創巨痛中驚醒過來的最初反映，也是手無寸鐵、孤獨無助的維新人士首先能想到的救亡捷徑。

由於康有爲天才演說家的才能和維新運動中的領袖地位，及言之鑿鑿的「衣帶詔」所賦予的神聖使命，使他有資格代表維新派，代表帝黨，代表皇帝呼籲各國伸出援助之手，「保救皇上聖躬，以全皇上權力」。他把求助的希望重點放在英、日兩國的慈悲憐憫上，並飄洋過海，親到兩國遊說。因救皇上心切，也顧不得文人的斯文，爲打動對方，也不惜卑辭乞求。「涕泣流血九頓首」，「匍匐」乞求列強，「哀我寡君，哀此中國」，扶救光緒帝復位。其救國願望之眞切，忠臣救主之苦心，比起申包胥來，有過之而無不及。

他在日本數月的奔走、籲求換來的只是失望和傷心，日本方面對求救光緒帝一事沒作任何表示。康有爲只好傷心地離開日本，經加拿大轉赴英國繼續他的「哭秦廷」活動，但英國寧願支援一個無能的政府，而不願看到一個強盛的中國，支援慈禧比支援光緒對英國更有利，因此，康有爲的英國之行，乘興而來，敗興而歸。康有爲沒有申包胥那麼幸運，列強中也沒有一個試著學秦哀公。在他四處碰壁之後，似乎淸醒了許多，看來救國救皇上還得靠自己，他需要開闢新的救國之路，他從自己在加拿大所受歡迎的熱烈場面和華僑所蘊藏的愛國熱情中，看到了新的希望。於是，他把目光轉向華僑，立即在華僑中展開緊急而熱烈的宣傳工作。

他的慷慨陳辭和天才演說，使海外華僑從維新派身上看到中國新生的希望，並深深爲維新派的維新壯舉和救國保皇的赤誠之心打動，一時間從者如雲，趨之若鶩，康有爲迅速在海外華僑中颳起了一股保皇救國的強勁旋風，「保救大淸光緒皇帝會」（簡稱「保皇會」）於一八九九年七月二十日應運而生，康有爲正式打出保皇的旗幟，成立有一定組織形式、有明確政治目的的政治組織，並很快把這一組織推向世界各地，最後發展成爲擁有百萬之衆的世界性統一組織，康有爲理所當然地成爲保皇會的領袖。保皇會的成立和迅猛發展使康有爲深受鼓舞，藉此他可以再展鴻圖，重續維新之夢了。

保皇會成立後的第一次保皇救上活動，就是阻止慈禧太后的廢立陰謀。戊戌政變後，慈禧太后一直想找機會廢掉光緒帝，另立新君。一九〇〇年一月二十四日，慈禧太后召集王公大臣會議，決定立端郡王載漪之子溥儁爲皇子，以備將來繼承大統。預定一九〇〇年一月三十一日（庚子元旦）舉行立儲典禮。名爲立嗣，實爲廢立。消息傳出，康有爲立即發動各埠保皇會，「發電入北京力爭，若不聽則皆舉兵勤王」。各地保皇會反對廢立的電報像雪片一樣紛紛飛進清廷，使慈禧「每得一電，輒變色」。保皇會在各地的報紙也紛紛發表文章痛斥廢立陰謀，並電請英、日、美出面干涉。國內紳商士民也紛紛致電諫阻，鑒於海內外的強大輿論壓力，慈禧太后不得不放棄廢立陰謀，反廢立鬥爭取得勝利。

這一勝利雖是各方面努力的結果，但康有爲領導的保皇會無疑唱了主角。這也是康有爲從事政治活動以來少有的一次勝利。初戰告捷，更堅定了康有爲的保皇信心。他又意識到光緒帝的名號雖然保住了，但在慈禧的控制之下，隨時都有被廢弒的危險。保皇會以保全中國爲目的，要保國保種非變法不可，要變法，非仁聖的光緒帝不可，光緒帝不復位，中國必亡。光緒帝復位，中國必強。如果皇上眞的被廢弒，那麼，保國保種、變法自強的一切願望都將化作泡影。一定要想個萬全之策，營救聖上。洋人靠不住，文的也不行，只有動武一途。

實際上，遠在戊戌政變發生前夕，維新派就有過動武救駕的努力。保皇會成立之初，康有爲就萌生武裝勤王的念頭。在反廢立陰謀的鬥爭中，他明確表示，若慈禧太后膽敢廢立，保皇會就舉兵勤王。雖然當時保皇會未必眞有能力動武，但動武的構想日漸明朗。康有爲眞切地感受到，若現在不行動，恐怕不久就會無皇可得，無帝可救。皇帝之不存，保皇會還有何用？

而要舉兵勤王，兵從何來？文人論兵，談何容易。但他從保皇會反廢立陰謀的浩大聲勢力中，看到了自己的力量。於是在康有爲的主持下，保皇會立即著手策劃武裝勤王行動。康有爲記取戊戌時期維新派手無一兵一卒，欲借袁世凱手中之兵以救皇上，結果被出賣而前功盡棄的慘痛教訓，決定組建自己的保皇軍。要建立保皇軍得先培養軍事人才，因此，第一步就是建立軍事學校。一九〇〇年，保皇會首先在美國舊金山、洛杉磯、紐約等地建立起干城學校。干爲盾牌，干城比喻捍衛，有以武力自固之意，培養捍衛國家、保皇救上軍事人才的學校，故取名干城學校。學員皆來自華僑子弟，各校均聘美國武官爲教習，又聘美國軍事家荷馬李爲總教習。

據說荷馬李在讀大學的時侯，就對中國產生濃厚興趣，並認爲美國將來對日必有一戰，需要一個亞洲盟邦，因此他對中國的維新運動極感興趣。當他聽說維新運動失敗後，康、梁在海外發展了強大的保皇會勢力而康本人正在美國時，便前往拜訪，兩人一見如故，縱談中，荷馬李誇下海口，說他能以一旅之師，長驅入北京，擁光緒帝復位，繼續新政。康有爲喜出望外，自代光緒皇帝封荷馬李爲將軍，賦予其軍事訓練全權之責。荷馬李儼然成了保皇會的軍事領袖，凡康有爲肖像新懸之處，也都掛起了荷馬李的肖像。

經過不懈努力，干城學校初具規模，在美國二十二個城市建立起二十二所干城學校，大城市學員百人以上，小城鎮二十人左右，先後共培養數千名學員。康有爲對創辦干城學校傾注了大量心血，從選校址，聘教習，籌措經費，到擬定辦校宗旨，選擇學習內容，制定教學計劃和校規校紀，事必躬親。他對井然有序的學校教學深感欣慰。事後他回憶說，學校「等級儼然，威容恪肅，學生之事教習，下級教習之事大教習，分校教習之事諸校總教習，禮容至敬，奉命惟謹」。他像最高統帥一樣時常巡視各校，親臨指導。每至一校，必受到只有最高統帥才能享有的軍禮歡迎。每當康有爲在教習或其他人員陪同下走在陣容整齊的受閱隊伍前時，儼然一個三軍統帥，常有躊躇滿志之感，戊戌失敗後的涙喪心情則早就煙消雲散。

爲培養學員的精忠尙武、保皇愛國的精神，他特地創作了十首干城學校歌，教學員朝夕歌之。如歌詞中寫到「臨睨太平洋兮，回望神州。兵氣不揚兮，蹙國是憂。強敵磨牙而爭噬兮，瓜分日謀。我同胞被魚肉兮，逐辱可羞。我恐爲奴隸馬牛兮，夜沈沈而神愀」；「處競爭之世兮，有兵則文明，無兵則蠻髦」；「我可以選千萬之民兵兮，爲一大軍。舞我黃龍旗兮，橫絕地球春」；「我奮我武，我警我心，誓言學兵，執劍森森」；「酷日侵我，操於兵場。汗透重衣，不敢怠遑。校長有令，夜走大荒……我決衛國，貧苦皆忘」；「僅學兵伍，我豈自安。當入武學，將才桓桓。兵行如水，兵法如山。閱歷變化，大敵乃單。西定東征，威震瀛寰。勿笑我卒，請看田單，振我中華，視我忠肝。榮我華民，視我忠肝」。有的歌詞是爲了喚起學員的憂患意識，激發學員的愛國精神；有的是爲了教育學員刻苦操練，爲國獻身；有的則表達了對軍人品德和行爲的基本規範要求。

康有爲創辦干城學校訓練軍事人才的目的就是爲了在時機成熟時輸送學員回國起義，實施武裝勤王計劃。至於有多少干城學校的軍事人員回國起義，史料上很少提及。從「庚子勤王」的史實看，似乎也少有干城學校人員的身影，但我們不能因而否認干城學校的愛國熱忱和康有爲所做的軍事努力，因爲國內形勢發展已不允許保皇會從容準備軍事力量，而必須立即投入實際的起兵勤王活動中。

一九〇〇年（光緒二十六年，農曆庚子年），多事之秋。新年初始，歷史剛剛跨進新世紀的門坎，就顯示出某種亂世的徵兆。朝廷立儲的事情剛剛平息，又傳來北方數省義和團紛起的消息。僅幾個月時間，義和團勢力幾乎控制了京津地區，由一般教案發展爲大規模的中外武裝衝突，八國聯軍入侵。慈禧太后對於洋人的蠻橫無禮早已忿忿不平，也出於清廷自身利益的考慮，想乘機給外國佬一些顏色看看，遂於六月二十一日向外國佬公開宣戰。於是有了「庚子之役」。

東南數省地方大員竟抗旨不遵，與洋人合夥搞起了「東南互保」。雖然義和團和清軍對列強的侵略進行英勇的抵抗，無奈難敵洋人長槍快炮的進攻，京、津陷落，慈禧挾光緒帝西逃。國內這種擾攘紛雜的局勢，對保皇會來說無疑是天賜良機。康有爲看準了這一機會。誠如他在《勤王宜直搗京師說》中所寫：「自古未有聖主被幽，而適生內亂外國壓兵者。天乎！天乎！得機乘時者勝矣，失機失時者敗矣。」他又說：「此次與各國開仗，必大分矣，不亡爲幸。然爲聖主復位，我輩自立，則天助也。」保皇會決定全體動員，孤注一擲，實施勤王計劃。

康有爲總結歷史上勤王之師成敗得失的經驗教訓，得出「勤王之師，新立之衆，則利於長驅剽流，直搗扼要，反是則敗」的結論。根據勤王軍歷史經驗和力量的分佈，他制定了奪取兩廣、襲湘攻鄂、席捲長江、直搗京師的勤王戰略計劃。他認爲只要有兩千枝洋槍，組織兩千人的軍隊，裡應外合，發動突然襲擊，必能攻取桂林，而得廣西，然後晝夜並行，四、五日可至長沙，唐才常率自立軍及會黨起而回應，長沙必取。長沙既破，天下震動，然後以精兵萬人爲前敵，十萬附衆爲後援，直撲武昌，若長江流域自立軍再起回應，武昌必破。既得武昌，以精兵兩萬爲核心，率領數十萬大軍長驅襄陽，過河南，十餘日即可入直隸，那時京師大亂，內變必作，破之必矣。他反覆強調要以全力、全餉、全才經營廣西，以全餉購械，促成廣西起事。這是一個相當樂觀且具挑戰性的戰略計劃，如果順利推行，當然是「聖主必可救，中國必可保」。他自己出身將門之家，粗知兵學，能統覽大局，此計劃自然不會有錯。但事情的發展卻遠遠超出康的戰略設想。

按照事先佈置，保皇會的起事地點分作兩處，即兩廣和長江流域。但康有爲更看重兩廣，康有爲坐陣南洋，全面指揮兼海外籌款，梁啓超居留檀香山負籌款之責兼行動策劃，徐勤奔走於南洋各地，梁啓超運動於美洲。他們的主要職責是籌餉購械。何穗田、王鏡如、歐榘甲、韓文舉留守澳門保皇會總部，負責策應。麥孟華、葉湘南、羅普等前往日本負責聯絡兼管策應。兩廣起事由梁炳光、張學璦負責，長江流域則由唐才常和狄葆賢具體策劃。唐才常是勤王活動的關鍵人物。維新運動時，曾協助辦理湖南時務學堂，是戊戌六君子之一譚嗣同的密友，戊戌年間曾向康有爲執弟子禮，算是康的正式門生。他早蓄起兵除奸之志，常搖擺於革命與保皇之間，有人評價說他想利用維新派的款子，達到舉兵起事之目的，以勤王之名，行革命之實。康有爲看中他廣泛的社會影響力和出色的組織指揮才能，於是把長江流域勤王之事託付給他。

應當說保皇會爲勤王這事做了最大的努力，但海外募捐並不順利，總共募到四十萬元，與梁啓超一千萬元的籌款計劃有很大差距，相對於龐大的勤王計劃，四十萬元無疑是杯水車薪。購買槍枝彈藥之事也費盡周折，總是遲遲不能運往起事地點。兩廣勤王起事的準備工作因所用非人，款項、槍械不到位，也總是不能進入行動階段，直到自立軍起義失敗，還不見兩廣有什麼行動。當然，這與康有爲的戰略指導方針有關。開始時，康力排衆議，強調廣西起義的軍事意義，後又得到李鴻章離粵北上的消息，認爲有機可乘，轉而主張「圖粵」，爾後又在「圖粵」與「圖桂」問題上左右搖擺，致使起事準備始終無法就緒。就在康有爲還在爲起事地點舉棋不定時，保皇會整體勤王戰略中的「長江之事」準備工作正在有條不紊地進行。

一八九九年，唐才常、林圭等在上海組織起「正氣會」，後遵康有爲之意改名爲「自立會」，做爲聯絡黨人策劃起兵勤王的秘密組織。由自立會組織的武裝稱爲「自立軍」。康有爲爲自立軍起義確定了勤王宗旨，並以會長名義向自立軍發佈通飭，要求他們遵守章紀，同心協力，鋤奸救上，並宣佈義軍「爲復我聖主，保我生民」而戰。自立會成立後，立即展開聯絡會黨和運動清軍工作。爲把分散各地之各個山頭的會黨聯合起來，又依照會黨的傳統組織方法，在上海建立起「富有山堂」。康有爲列名爲正龍頭之一，他搖身一變成了秘密會社的總頭領。同時又向各地會黨成員發放「富有」、「貴爲」票據，做爲加入自立會的憑證。據說在設計富有山堂堂票名稱時，康有爲的弟子們有意把康的名字隱含其中，宣揚康就是宣揚忠君保皇，也是爲會黨確定宗旨。一時間，百萬會黨群衆皆隸於富有山堂門下，自立軍也不斷擴大，達二萬餘人，編爲四十營，唐才常爲總統兼總糧台。

一切準備就緒後，唐才常將自立軍分爲五路，定於一九〇〇年八月九日在漢口、漢陽、安徽、江西、湖南同時起義。但由於康有爲、梁啓超所籌備的軍費遲遲無法到位，起義時間一再延期。前軍統領秦力山未接到延期通知，仍按原計劃如期在大通起義，終因孤立無援而失敗。大通事洩，長江局勢驟然緊張，自立軍處境危急，遂決定八月二十三日發難，未及舉事，即被張之洞扼殺於血泊之中。起事未成，將星先殞，預示著整個起兵勤王計劃將落空。漢口慘敗的消息傳來，人心潰決，分處各地的義軍和會黨紛紛散去，兩廣勤王之師未及行動就各奔東西。

康有爲沒有逃脫漢之袁紹、唐之徐敬業的勤王結局，甚至比他們敗得還慘。徐敬業的勤王之師雖然失敗，但總算攻下一些地方，打出自己的威風。袁紹討董卓不肯長驅勤王爲曹操所敗，但也曾是一方諸侯。可惜康有爲義師未舉就偃旗息鼓，最不願看到的「其爲敬業乎？」最終還是成爲事實。勤王之舉敗得那麼慘、那麼快，梁啓超當時形容，「連死難的機會也沒有趕上」，想「以身殉之，以謝主知」也不可能。勤王失敗，使「受於下之責望，領衆人之鉅款」的康、梁師徒自感無地自容，更無顏復見天下。「攬鬢空驚白，勤王恨未成」；「那將涕淚三千斛，負卻頭顱十萬金」。他們只得默默吞嚥這失敗的苦果，以致梁啓超痛苦得萌生入山爲僧的念頭。

他們在當時受到各方指責，傳言私吞捐款，貽誤大局，雖說有些冤枉，但勤王計劃總負責人康有爲實難辭其咎。其一是違背他自己所說的集中兵力原則，數處著力，起義條件較好的長江流域未受重視，而起義條件較差的兩廣卻格外用力。致使有限的人、財、物用非其時，使非其地。其二，違背他自己所說的「兵貴神速」的原則，在兩廣起事問題上，籌而不決，議而不定，左顧右盼，長期不能動手，坐失戰機。其三，不聽梁啓超「入軍統率」的建議，坐陣南洋遙制，不知己不知彼，昧於急速變化的國內形勢。

沒有勇氣深入一線，親率三軍，以致有帥名，而無帥實，新起之軍，未練之兵，但靠金錢，駕馭實難。其四，秀才論兵，紙上功夫。軍事謀劃頭頭是道，具體步驟至密至細，但要麼言而無行，要麼言行難符，致使勤王計劃謀多而行少，有高談而無實行。

但話又說回來，文人謀兵，確實難爲了康有爲。雖是將門之後，終究見過刀光劍影，不曾有過戰陣經歷。雖有經天緯地之才、救國濟世之力，也終缺少事上磨練的功夫，不能指望他既是維新舵手、文化巨人，又是三軍統帥、軍事天才。況且又事起倉卒，形勢急迫，容不得他從長計宜，從容準備。因此說，康有爲是一個失敗的英雄，有悲劇美的色彩。以一介書生，知不可爲而爲之，力挽狂瀾，在二十世紀的開端上演了一幕驚心動魄的歷史活劇，其爲理想和信念而奮鬥的決心，其屢挫屢起、百折不撓的精神，永遠值得人們同情和懷念，或許這次勤王之舉的意義就在這裡。

綜合來說，康有爲不是軍人，但他從事的勤王活動卻具有軍事意義，把他的軍事活動與其祖輩和父輩的軍旅生涯一同觀之，就可知戎馬軍旅生涯與康氏家族的命運息息相關，軍旅生活是康氏族人生活的重要內容。康氏家族以軍功而興，並由此進入鼎盛時期。瞭解康氏族人的軍旅生涯，有助於瞭解他們所處的時代，瞭解他們的理想、信念和追求，瞭解他們的生活全貌。

3 教育世家

嶺南醇儒「連州公」

仲秋時節的連州，果香四溢，鴨壯魚肥。秋陽的清輝撒在兀突而立的秀峰上，使本就嫵媚動人的山色峰姿更添無限魅力。在連州城北不遠處的一座峻峭山崖上，矗立著一座唐代古建築，即劉夢德「畫不如樓」。據傳，唐代著名詩人劉禹錫（字夢德）因參與革新而得罪當權者，被貶至連州，他被這裡的綺麗風光迷醉，於是在此險勝處主持修建起這座雄奇壯觀的畫不如樓。中秋節後的一日，就在當年劉夢德經常憑欄遠眺的地方，有一老一少兩人興致勃勃地指畫江山，飽覽美景，長者六十歲開外，少者十一、二歲左右。或許他們被眼前的山石松泉景色感染，爲登高而招的超然曠達鼓舞，爲劉夢德獨具匠心的景物選址折服，詩興聚發，那少年脫口吟道：「萬松亂石著仙居，絕好青山畫不如。我愛登樓最高處，日看雲氣夜看書。」吟詩的少年正是康有為，長者是康有為的祖父康贊修，康贊修此時正在連州訓導任上，今天得閒，便和孫子一起出遊。康有為剛學寫詩，居然作出一首七絕，而且清新明快，氣度不凡，著實讓康贊修有些吃驚。

轉過一個小山頭，他們來到北山寺，但見怪石嶙峋，山勢巍峨，古刹森嚴，耳邊是澗水潺潺，松林蕭蕭。康贊修對孫子說：「在畫不如樓，你搶得一首好詩，這回該輪到我了！」說著就吟道：「亂石長松澗水潺，朝攜童冠叩禪關。北來五嶺天留洞，南望三湘水繞鬟。秀色參天雙柏挺，嵐光排闥萬山環。探幽選勝斜陽外，日落渾忘鳥倦還。」爺孫倆有唱有和，怡然自得，每到一處，必有詩作。

和爺爺一塊出遊，是有為最感快樂的時光，而康贊修性喜遊覽，每逢春秋佳日、風和日麗的時候，就帶著有為遊覽名山勝水，文物古蹟，北山寺之奇，大雲岩之奧，畫不如樓之美，皆熟記於心。而且還隨時教諭，講解歷史，授以詩文，導以道義，使有為眼界日開，知識日進。

在康有為的成長過程中，康贊修是第一任導師，他對康有為的影響超過家族中的任何成員。對此，康有為在為祖父的遺集作序時曾說：「有為自髫卯含識，即侍先祖連州府君，幾席衽趾，杖履遊觀，無不從焉。垂及冠年，日聞其古賢哲之大義微言，日德古豪傑之壯節高行，浸之飫之，泳之遊之，皆連州府君之庭訓也。」康贊修當「儒官」幾十年，誨人不倦，提攜後進，對康有爲耳提面命，言傳身教，不瞭解康贊修，就不瞭解康有爲，也就不瞭解整個康氏家族。

康贊修，名以乾，號述之，以字行，生於一八〇六年（嘉慶十二年），天生沈靜寡言，溫良敦厚，弱不好弄。十四歲時和兄弟道修、自修及堂弟國器、懿修等去縣城跟隨他父親康雲衢讀書。是時康雲衢正在縣城開館授徒，贊修兄弟在學館除課以經學外，還授以《近思錄》、《小學》、《人譜》、《五種遺規》等。康雲衢對其子姪及諸弟子督責甚嚴，未嘗有一點寬縱，弟子多感從學之苦，甚至有些不勝其嚴，而贊修卻從容踐履，蹈道自然。無論是飲食起居，還是修身進德，皆有章法，既無戲言戲動，也無聲色佚遊，所言所行完全符合儒家倫理道德的要求，當然深得父親的喜愛。二十歲時師從嶺南著名學者何樸園，後又與嶺南名儒朱次琦爲友，才學猛進，四十歲時中道光午丙科舉人。次年入京會試不第，官做不成了，但已經有了舉人身份，仍可以授以教職。主考官陳啓東對康贊修的學問和德望很欣賞，在他去江西做巡撫時，特意寫信招贊修入其幕府。當時做幕僚的人隨時都有可能升遷爲道府大員。親友們紛紛勸其前往，而贊修生性淡泊不好名利，遂婉辭謝絕了陳啓東之邀。

康贊修的第一任官學教職是合浦縣教諭，不久又改任欽州學正。他以傳統之學《小學》、《近思錄》、《五種遺規》及馮潛齋、勞義野、何樸園等儒學大家的遺著教授弟子，日有講經，旬有藝課，誨人不倦，循循善誘，去其敗行而拔其才秀，弟子欣然就教，其樂融融。欽州地處邊陲，去廣州千里之遙，文教之風長期不振，數十年間不曾聞中舉之事。康贊修多方勸勉，精製舉業，嚴厲督責。由於他的積極倡導和不懈努力，文風大振。由於讀書人多貧寒之士，赴省城鄉試需要一筆旅費，被士人視爲畏途。贊修倡議集資捐助，於是赴鄉試者日多，中舉者竟有三人，欽州士人因此更加欽佩贊修。

學正之職純屬儒官，本來和政治軍事不相干，但康贊修在鎮壓農民起義問題上，和整個家族成員的立場保持完全一致，全然沒有學者的溫文儒雅，在他任欽州學正時，離欽州不遠的靈山縣被起義軍攻佔，欽州戒嚴，康贊修積極幫助州牧謀劃防守之事，因而受到重用，被任命爲靈山訓導，並奉命籌餉，接濟官軍。康贊修以自己的文弱之軀，懷著對朝廷的耿耿忠心，不避風雨，甘冒寒暑，奔走驅馳於險山惡水之間，歷盡險阻，備嘗勞苦，憑著他儒官學士的身份和衆多弟子的捧場以及苦口婆心的勸說，富商大戶多有捐輸，籌得十萬元之資。官軍賴以接濟，靈山起義者被鎮壓。康贊修因籌餉有功被賞加六品銜。據康有爲說，一八六四年（同治三年）康贊修以欽州學正俸滿，擢升知縣，因年老不願到外地做官，遂改教授之職，候缺歸里。以康贊修的資歷、名望和功勞以及康家的社會影響，升知縣的事極有可能。看來他和兒子康達初有相同的命運，康達初因病未就知縣之職，他因年老體弱而不願赴任，兩人都沒有做父母官的福份。

一八六七年（同治六年），康贊修借補連州訓導之職，仍是學官，只是比學正高一級，同時兼任南軒書院山長。在連州訓導任上，他對教授經學、提攜後進的熱情仍一如既往。從二十幾歲開館授徒時起至此時已近四十年，都是和生徒弟子打交道，無論是私塾先生，還是官學的儒官，對他來說，都是一樣的事業，一樣的投入，都是以崇尚孝悌、端正節行、變化氣質爲宗旨，而他所教授的學生也多能傾心向化，深被教澤。他對孟子注重弟子的孝悌忠信而不重博聞強識的做法非常欣賞，並把它貫徹到自己的教育實踐中去。用現在的話說就是「重德育不重智育」，是古代教育的一大特點。在康贊修看來，孝悌忠信重於博聞強識，原因就在於學校教育以行爲先，重在實行，而博學則與人的天性聰敏與否有關，不能強求。正是基於這種理解，在他的一生教育實踐中，始終把培養聖賢人格和謙謙君子當作他的追求目標。

一八七○年（同治九年），廣東布政使王文勤聽說康贊修素有名望，於是將他調至廣州幫辦剿匪之事。當時廣東盜匪猖獗（在清朝統治者看來，農民起義者和盜匪是一類人，都在嚴懲之列），諸督撫欲派兵查辦，又恐弄得冤獄四起，若啓用一些紳士方正有人望者爲之鎭撫，效果可能更好一些，或應當說這個辦法比較明智。因此就找到康贊修，他是廣州府人，回籍幫辦剿匪是合適人選。函調公文上說：「該員公正老成，素隆鄉望。」可見他很受推崇，經過一番推辭才走馬上任。但這對年事已高的康贊修來說，並不是一個合適的工作，而且沒有正式的職務，不過後來給他加了一個羊城書院監院的頭銜。他把主要的精力都用在剿匪方面，足跡踏遍了廣州府十縣，行程一千多里，遠自窮鄉部落，近至繁華鬧市，皆一一諮訪，探聽虛實，下達民情，以便爲官府辦案提供根據。如果地方官員辦案有什麼疑難，多以康贊修之言爲決，足見他的威望之高和對事理民情的深入把握。幾年中，他平冤理誣，誅暴安良，深得地方讚許，但幾年的奔波辛勞也使他心力憔悴，幸虧盜匪漸平，布政使王文勤也將離任，他才得以辭去差使，回到連州任上。

康贊修可算是舊式知識份子的典範，仁義禮智、忠信孝悌等綱常倫理在他身上得到充分體現。康有爲在總結其祖父的德行時說，「孝悌爲之本，忠信爲之幹，慈惠爲之條。」這確實是對他道德人格的精闢概括。母親八十多歲時，他也垂垂老矣，但仍像兒童一樣歡娛嬉戲於母親膝下。他與諸兄長對母親極盡孝道，母親早晚進餐，他們兄弟及其滿堂兒孫必侍於堂下。鄉鄰對此羡慕不已，凡舉某老人有福份者，都以康贊修之母爲例。康贊修兄弟四人親密無間，友愛終身，每到春節，他們相聚蘇村，然後一起到祖墳前，祭祀列祖列宗，至老不輟。父親去世後，贊修事兄如事父，有事必向兄長請命，教職收入，都如數交與兄長，事寡嫂，也是畢恭畢敬，即使是傭人，也恤之必周。諸寡姊老歸故里，他也殷勤關照。諸子姪外甥皆收於自己的學館。衆子弟生徒每見他，輒有賓至如歸之感，他們若有婚喪嫁娶之事，贊修必助。對親族中的寡婦孤子，也是傾囊相助。晚年買田四十餘畝，皆捐爲宗族祭田。

他待人以誠，胸懷坦蕩，從不在人前說短論長。寫字也如做人，必端端正正，從不因楷書費時而稍作草書，至老都是如此。因其爲人坦誠恭謙，族人及鄉鄰都服其德，感其誠，敬其正，有事都樂於相告。可以說他的「修身」已達到相當高的境界，「齊家」也做得很不錯，至於「治國，平天下」當然是「修身」的目的所在，他也在努力實現聖賢們早已給他設定的宏偉目標。靈山籌餉、廣州平盜，教壇耕耘等可以看作是他對這一目標的部分達成。而主修邑誌、督修堤壩則是他向這一目標邁進的重要兩步，由此完成了他「修身、齊家、治國、平天下」的爲學修身、修己治人之道的整個過程。他受南海縣知縣之邀，回籍主持續修邑誌。修誌之事，文字浩繁，工量浩大，頭緒萬端，贊修總理邑誌局局務，精於安排，妥爲籌劃，使修誌工作進展順利，如期完成。

一八七六年（光緒二年），在他七十歲高齡時，親上河工工地，督修陂子角大堤，並多方籌資，努力勸捐，使工程得以竣工，沿岸受益。

一八七七年（光緒三年）當他督修陂子角大堤完工後，以七十一歲高齡再赴千里之外的連州。他忘不了學宮中的弟子們，渴望和他們在一起，他們就要去省城參加鄉試了，需要恩師指點要津。就在他到連州後不久，暴雨驟至，連日不斷，平地水漲，州城沒於水中，康贊修乘舟避之，小舟爲傾牆所覆，康贊修溺水而死。弟子生員、一州士人聞訃而慟，前來弔唁者塞庭盈門，州人懷其教澤，欽其品學，在功德祠設牌位祀祭之。兩廣總督劉坤一聞訊，奏請朝廷，恤加教諭銜，蔭一子入監讀書。康贊修的殉職給其儒官生涯畫下一個圓滿句號，也使他達到一種立身立德立功的理想境界，同時是對他「修身治人」一生追求的最好總結。他的畏友朱次琦在輓聯中寫到「一生爲愼」，應當說是對他的衷懇評價。同邑進士徐台英對他的評價更爲貼切，徐說：「我與康氏交，如夏日可畏者，國熺也，如冬日可愛者，贊修也。」冬天之陽，溫而不驕、暖而不燥，人們願意接近，喜歡曝曬，這正好與「一生爲愼」互爲印證。愼者，小心謹愼也，與不驕不躁、溫良謙恭、忠信孝悌之意相通。由此可見，他留給世人的印象是道德人生。這是他一生嚴守庭訓、篤信儒學、謹遵聖道、克己修身的結果，由此也達到了一種較高的道德修養境界，成就了一種「君子」人格。

康贊修一生娶妻妾二人，妻陳氏，溫良賢慧，勤儉持家，生長子達初，因患乳病死於一八五七年（咸豐七年），即其長孫康有爲出生的兩個月前，還在兒媳有身孕時，她就盼望自己能抱上孫子，無奈天不假年，沒等小孫子出生，她就帶著無限遺憾離開了人世。因此在康贊修〈聞長孫有欽生〉一詩中有「可憐大母含朝露，空話含飴慰九泉」的詩句，在康贊修還沒有從失去愛妻的痛苦中掙脫出來時，忽得長孫出生的喜訊，可謂是悲喜交加，他只能用孫子降生的喜訊去告慰九泉之下的妻子。妾崔氏，生次子達遷、三子達守，陪伴康贊修度過一個充實的晚年。在康有爲的回憶記述中，雖對她少有提及，但他非常敬愛祖父，對這位祖母也自然愛戴。

由於兒子康達初過早去世，而長孫康有爲聰敏可愛，康贊修對有爲似乎格外疼愛，他想用加倍的關愛補償有爲已經失去的父愛，更希望有爲能夠擔起「書香延世，光宗耀祖」的重任。「隔代相親」的傳統家庭親情在他們爺孫倆身上充分體現，在康有爲的記憶中，祖父是德行卓著、恩澤被遠的完人，是他的密友、良師、引路人，是學問的化身、道德的楷模，也是人生的羅盤。他對祖父的眷念、感激、敬仰無以言表，深深埋藏心裡，至老不忘。

從康有爲八歲時起，就跟隨祖父走南闖北，雲遊四方，直至祖父去世，十餘年間，侍從左右，聆聽教誨，授於庭訓，嬉戲遊樂，登臨賦詩，度過了一個美好的少年時代。在康贊修還受聘於廣州廣府學宮孝悌祠講經學時，八歲的有爲就開始跟隨祖父讀書誦經，接受庭訓。《尚書》、經文雖然玄奧，有爲每次卻能誦讀兩篇，讀數遍就能背記，一開始就顯示出學習的天賦，祖父隨時講解，精心指點，而他也欣然就教，樂此不輟。有爲九歲時，康贊修任《南海縣誌》修誌之事，他和有爲一同住進南海學宮的邑誌局中，平日裡有爲在學宮中就學，閒暇時刻，祖父攜有爲遊西樵，看山林之勝；登鎮海樓，觀山勢之雄；去五羊觀、蒲澗寺，得尋文物古蹟。日觀風景、夜讀詩書，從遊之樂，侍學之趣，使有爲如沐春風，如得春雨，茁壯成長起來。

康有爲十一歲時，父親康達初撒手人寰，給有爲幼小的心靈抹上一層厚厚的陰影，幸虧母親和祖父的加倍疼愛，才少許減輕他少年喪父的痛苦。守喪三月後，有爲開始了他第一次遠行，跟隨祖父來到連州。家遭變故的打擊使康有爲似乎突然間長大成人，世事漸明，知識日開。祖父也愛之更切，望之更切，教之更嚴，日夜教之先儒高義、文學條理，朝夕導以古聖先賢、英雄豪傑之事蹟。在祖父的教導下，有爲覽《綱鑒》，知古今，讀《大清會典》、《東華錄》而知掌故，觀《明史》、閱《三國》，孜孜好學，夜以繼日。康有爲回憶當時的讀書情況時說：「日昃室暗，挾卷依簷柱，就光而讀，夜或申旦，務盡卷帙。先祖聞之，戒令就寢，猶篝燈如豆於帳中，隱而讀書焉。頻閱邸報，覽知朝事，知曾文正、駱文忠、左文襄之業，而慷慨有遠志矣。」每日讀書數卷，尤愛歷史、地理與掌故之學。

連州官學近旁，有宋代著名學者張南軒的濯纓堂、敬一亭遺址。康贊修閒暇時，常帶有爲到這裡憑弔遺蹟，追思先賢，縱談聖賢之學、先正之風。凡兩廡之賢哲、寺觀之祖師、儒流之大賢，以及碑帖詩文中才名之士，都一一敘講，娓娓道來。有爲得以「日聞其古賢哲之大義微言，日德古豪傑之壯節高行」。康贊修的用心引導，封建正統教育的薰陶和賢聖豪傑的榜樣作用，以及有爲的較高天賦等因素的綜合作用，使康有爲在成童之時，就在內心深處萌發出一種蓬勃向上的強烈願望，常有雄心萬丈之感，大有霸視天下之氣。舉動遊戲，常自比古之人傑。做一事，則自認如張南軒所爲；寫一文，則自認如蘇東坡所作；有一念，則自比邱長春之所思，與州中諸生談文論事，則昂首高視，自以爲聖賢之學之可爲，儼然就要成爲聖賢豪傑一般。

連州官學學宮的後邊有兩個很大的樹園，裡面種有果樹雜木，桃、柚、葡萄、梧桐、桑椹、紫薇等，應有盡有，果子成熟的季節，香氣滿園，桃紅柚綠。有爲最喜歡到園中讀書，讀得累時，便掩卷而臥。坐觀經史子集，臥聽蟲叫蟬鳴，簡直就是一個讀書樂園。有時他也走出園中，跟隨祖父出遊名勝，去領略大千世界中的另一番景象。據康有爲說，在連州跟隨祖父讀書的這段時間裡，是他青少年時期讀書學習最感快樂的日子。

愛之深，責之切。康贊修可說對長孫百般疼愛，千般呵護，萬般關懷。但他並不只是想讓有爲讀讀聖賢之書，學做聖賢之人，他要替有爲的前途著想，讀書人的前途命運就在科舉考場上，只有金榜題名，才能得到朝廷重用，才能出人頭地，光宗耀祖，經邦濟世，才能實現自己的政治抱負。康家祖上最高是舉人出身，自己費盡九牛二虎之力四十歲才中了個舉人，兒子一代也都一個個從科舉場上敗下陣來，書香門第的招牌實在有些無光。光宗耀祖的全部希望只好寄託在長孫身上，這種心願在長孫剛剛出生時就流露出來，「書香再世汝應延」，康有爲一出生就被賦予了歷史重任。

康有爲也確實表現出與衆不同的聰敏和勤奮，但同時有天生不好八股文的傾向。這使康贊修又驚喜又焦慮。就在他奉調廣州的時候，開始計劃有爲學習八股制文的事情。他把有爲帶在身邊，以便隨時教導，又請陳䓁生先生做有爲的業師，專事八股。有爲對於祖父的安排只能服從，沒有任何理由反對祖父讓他學習八股制文的決定，他十分理解祖父用心良苦。但他遵從祖父的意見，是出於他對祖父的愛戴，而不是出於自己的志趣愛好。在他的朦朧意識中，學做八股文章能使人富貴顯達，平步青雲，同時也折斷了人們自由思考的翅膀，使人們的奇思妙想和橫溢才華在陳辭舊規中銷蝕殆盡。想讀的書不能讀，想說的話不能說，想做的學問不能做。但爲了祖父的心願，爲了康家的希望，也爲了自己將來立身立業，只好勉爲其難，但無論如何，努力不能只專注八股一事。

爲了讓有爲學八股制文，祖父一連給他請了數任老師。開始在廣州時投於陳菶生門下，因有爲終日與朋友交往，不暇於學，就把他送回蘇村，拜堂叔康達節爲師，專學爲文。可有爲又一頭栽進七檜園中的藏書樓，終日縱觀群書，飲酒賦詩，哪有功夫學做八股，第一次童子試自然難中。隨後有爲又從學於楊仁山，這年有爲十五歲，第二次童子試又是名落孫山。但他認爲，兩年的童子試和學做八股文耽誤了他不少時間，兩年中他的學問長進最慢。不久他又跟張賫臣學爲文。

有爲對兩次落榜沒有一點懊悔之意，反而益發唾棄八股，名爲學文，絕不一作，興趣愛好仍在經說、史學和考據之學上。叔伯們對有爲這種輕慢舉業的態度無法容忍，於是動用父權的力量對有爲進行嚴厲的懲罰，一頓狠狠的斥責向有爲劈頭蓋腦地襲來，罰跪自然免不掉，一向和藹的祖父也翻臉了，當場給有爲出了一道「君子有九思，至忿思難」的文題，命其立即寫出，否則，更大的懲罰等待著他。這時有爲心裡才眞正有點發慌，他犯了衆怒，第一次面對這麼多不友好的面孔。幸虧他才思敏捷，落筆成章，不一會兒就寫成十六講，每講各有警句，而且文采飛揚，氣勢不凡，祖父看後，轉怒爲喜，有爲這才逃過了更爲難堪的場面。這次懲戒果然有效，自此有爲再也不敢怠慢舉業了，後來在祖父的安排下又先後投了呂拔湖、朱次琦兩位老師。

在有爲二十歲時，康贊修去世，有爲失去最愛戴的祖父，失去心中的依靠，也失去最可信賴的朋友。年幼的有爲對失去父親的痛苦感受不深，而祖父的殉職使他悲痛欲絕，三日水漿不進，結苫廬於棺前守孝半年之久，孝衣終年不去，肉食終年不沾，一切舉動均按古禮。他想用自己的一片孝心回報祖父恩德於萬一，用自己的一點孝行告慰祖父的在天之靈。

有爲少孤，自八歲跟隨祖父，十餘年間少離左右，祖父教經文，講史實，耳提面命，飲食教誨，爲他費盡了心血。他清楚地記得常常和祖父對床而寢，有天夜晚，夜已很深，祖父叫他背誦經文，然後又講評古代奸凶貪慳之人的劣行，並對有爲說，「如果你是這樣，雖爲貴人，也不是我的子孫。古代的聖賢豪傑，忠臣孝子，義舉善行，你是否能學？」他立即回答說「能學。」祖父聽了很高興。祖父常這樣循循誘導，諄諄教告，砥礪品節，刺刺不休。其關愛至深，期望至篤，無以復加。祖父的言傳身教，打下了康有爲聖賢人格的基礎；祖父的淵博學識，開啓康有爲欲爲聖賢之學的大門；祖父的道德人生，爲康有爲樹立了一個「修己治人」的榜樣。祖父在思想人品、學問方面都給康有爲深刻的影響，以致在康有爲以後的生活事業中都可找到他祖父的影子。

一代教育大師／創辦萬木草堂、廣仁學堂、天游學院

廣州長興里內有一座前後三進的宅院，青磚灰瓦，綠樹掩映，門樓上懸掛著一塊寫有「邱氏書室」的石匾，幽靜雅致，一看就知是大戶人家的宅邸。

一八九一年（光緒十六年）春季的一天，這個一向清靜的院落頓時熱鬧起來，一群身著藍布長衫的年輕士子簇擁著他們的先生（老師的舊稱）來到院內，只見這位先生三十多歲，中等身材，微黑的面龐上一雙炯炯有神的眼睛顯得堅毅、執著、睿智，加上唇邊濃密的八字鬍使其更顯得有幾分武人英氣。原來他們把這裡變成了學舍。自那天起，這座昔日的書屋時而是朗朗書聲，時而是滔滔雄辯，時而是先生那如大海潮音、如獅子吼、如高山流水的學術演講，古老的小院散發出清新氣息，深深的小巷瀰漫著誘人的書香。這位先生就是剛執教不久的康有為，士子們是慕名來學的學生。康有為租下長興里邱氏書室，正式設館授徒，這裡便成了日後著名的長興學舍。

教師職業對康有為來說似乎再熟悉不過。他的高祖、曾祖都是聲名遠揚的儒學先生，祖父康贊修做儒官四十年，也算是嶺南名師，就連當兵出身的父親也幾度開館授徒，以教為生，其他叔伯兄弟做孩子王的也為數不少。康有為當上教書先生，可算是門里出師，祖傳事業。不過與先輩們相比，他的從教目的、為教目標、教學內容、教學方

法及教學對象都有質上面的不同。先輩們開館授徒，或供職官學，多是爲稻糧謀，致於宏揚儒學、化育萬民則在其次。而康有爲則是有感於「國民之愚，人才之乏」，要別造新國之才以救國，「以爲欲任天下之事，開中國之新世界，莫亟於教育」，故辦起學堂，志在培養變法人才，顯然有著明確的政治目的。

先輩們爲儒爲師，教導後進的目標無非是爲科舉服務，讓弟子跨過科考的門坎，進入富貴利祿的殿堂。而康有爲聚衆授徒的目標，則是要培養一大批維新變法的人才和自己事業的追隨者。先輩們多是拿程朱理學、訓詁考證、八股帖括之類的學問教育學生，而康有爲則教以救國之法，援引古今，證之中外，以中國傳統學科爲底蘊，融西方先進文化之新質。在教學方法上也不同於先輩們書院式的講解與灌輸，而是循循善誘、因材施教，既有引人入勝的課堂講授，又有誨人不倦的課後輔導，還有自由自主的學生自學。先輩們的弟子生員多是謙謙君子、朝廷順民或不敢越雷池一步的封建士子，而康有爲的弟子則敢做敢爲，思想活躍，傾慕變法，樂學好思，胸存愛國救世之志。因此，康有爲不是一般意義上的私塾先生，長興學舍也不是一般的私學。

來學者日衆，長興學舍不敷使用，於是又遷學舍至衛邊街鄺氏祠，後再遷至廣府學宮的仰高祠。在康有爲八歲的時候，他的祖父康贊修就任教於廣府學宮的孝悌祠，他也曾在這裡讀過書，如今又追尋祖父的足跡，成了廣府學宮的新一代教書先生。康有爲給學舍取名爲「萬木草堂」，以樹木喻樹人，含有要培養千千萬萬個國之棟樑的深意。萬木草堂是康有爲的新式學校的代名詞，康有爲的弟子稱爲「萬木草堂弟子」。

或許是世代爲師的緣故，教育教學技巧在康有爲這裡達到爐火純青的程度。他每天升堂授課，端坐堂上，歷時三至四小時之久，坐不改姿，音不改調。或講學術源流，或講沿革得失，每講一事，論一學，必上下古今，會通中外，因甲起乙，反覆說明，滔滔數萬言，毋需講稿。時而如春風化雨，循循善誘，娓娓講述；時而如大海潮音，振蕩腦氣，醒人心目；時而如雄獅之吼，廓淸舊說，當頭棒喝；時而如高山流水，聽者忘倦，見者折心。可謂是變化萬端，妙趣無窮。弟子們每每受教，恰似「旅人之得宿，盲者之睹明」，頓感豁然開朗，渙然冰釋。無不歡喜雀躍，心悅誠服。又如森林之探險，寶山之尋寶，佔盡無限風光，盡得知識珍寶。康有爲的授課內容相兼中西，貫通古今，以孔子學說、宋明理學、佛學爲體，以史學、西學爲用，凡道德、政治、宗教、歷史、文學、詞章、物理、地圖諸學科無所不有。他最愛從學術源流入手，每學每派，皆詳考本源，辨明過程，究其變化，並給予精闢評價。

他還愛講各國政治沿革得失，講孔子改制，講民生日艱、國勢日蹙、險象環生的現實政治，講他的改革變法理論。每講到國事窳敗、外患交迫、民生凋蔽的政治形勢時，常常慷慨唏噓，甚至痛哭流涕，給學生強烈的心靈震撼。使學生無不以發奮圖強、救國救民爲己任。當講至弊政已除、新政已行、國富民強、蒸蒸日上的改革前景時，則神采飛揚，意氣風發，弟子則熱血沸騰，躍躍欲試。除課堂講授外，還有細緻入微的課後輔導，每有學生功課簿交來，必仔細審閱，詳加批解，哪怕是學生一個簡短的提問，也常常給予長篇的批答。授課之後，還要分別召見弟子，解疑答難，個別指導。

康有爲所培養的是新國之才、救國之士、變法理論的積極鼓吹者，和維新運動的中堅分子，這需要有新觀念、新宗旨、新學綱、新教法、新內容去保證其教育目標的實現。爲此，他立於傳統而又超越傳統，參酌古今，詳考中外，綜約敎旨，道器兼包，本末並舉，創造性地建立了一套較完整的學校教育制度，這在近代教育史上具有開創性意義。根據萬木草堂的教學實踐和康有爲的《長興學記》，概括這一新的學校教育制度如下：

學綱：

一、志於道：格物、勵節、辨惑、慎獨。

二、據於德：主靜出倪、養心不動、變化氣質、檢攝威儀。

三、依於仁：敦行孝悌、崇尙任恤、廣宣教惠、同體饑溺。

四、游於藝：禮、樂、書、數、圖、槍。

學科：

一、義理之學：孔學、佛學、周秦諸子學、宋明理學、泰西哲學。

二、考據之學：中國經學史學、萬國史學、地理學、數學、格致學。
三、經世之學：政治原理學、中國政治沿革得失、萬國政治沿革得失、政治應用學、群學。
四、文字之學：中國詞章學、外國語言文字學。

科外學科：

一、校中：演說（每月朔望課之）、劄記（每日課之）。
二、校外：體操（每間一日課之）、遊歷（每年假時課之）。

當然，學科教育還包括科舉之學，教學活動也有周密詳盡的指導與安排，如講學、說經、讀書、習禮、論文、日課等。從形式看，似乎是傳統教育的東西，但實質內容卻融進了西方先進的文化精神，寓含康有爲的教育改革思想和培育新國之才的宏偉計劃。

康有爲教育弟子，最重德育，「激勵氣節，發揚精神」被看作是德育的要旨所在，也是教育的宗旨之一。突出德育是傳統教育的特點，但他卻賦予了新的內容。爲學之道，首在立志，就是要立救國之志，發奮圖強，爲救國而學習，積極參與維新運動，而不是向過去的學者那樣，「一無所志，一無所知，惟利祿之是慕，惟帖括之是學」，擋不住物欲、名位的誘惑。次重名節。爲人爲學，要有氣節，有血性，「臨大節而不奪」。大丈夫威武不能屈，貧賤不能移，富貴不能淫。心存浩然正氣，不屈志辱身，不爲五斗米而折腰，不爲黑暗勢力所屈服，不向守舊勢力妥協，「勁挺有立，剛毅近仁，勇者強矯，務在任道」。三重慎獨。道德修養貴在自覺，在無人覺察的閒居獨處時，能堅守道德信念，堅持道德自律。要完善道德人格，必須在隱蔽處下功夫。

至於「主靜出倪」、「養心不動」、「變化氣質」和「檢攝威儀」等道德教育內容，也是爲其培養變法人才服務的。從事變法維新的人才應是自我意識充分張揚的人，應具有傲視萬物的氣度和勇往直前的精神；能夠存養自己的浩然之氣，置個人生死患難於度外，視他人毀譽謗訕如蚊蟲之過耳，雖天下謗之而不顧，從而擔當起改革事業的大任。學習能改變人的生理和心理素質，學子有氣質之偏，亟當砥礪浸潤，克己修身底於純和，從而達到一種較高的修養境界。萬木草堂弟子還應當舉止溫文，進退有度，行爲端莊，注重儀表。以外在的舉止言行之美表現內在的高尚德性。

每當弟子來學，康有爲就「以嚴重迅厲之語，大棒大喝，打破其頑舊卑劣之根性」。既入學，則令弟子常讀宋、元、明先儒之學案，要求他們學習先儒豪傑、志士仁人以天下蒼生爲己任的宏大志向，與黑勢力相抗爭的不屈精神和剛勇正直的浩然之氣，以及德行卓著的人格風範。平時說經講學也始終貫穿著他的德育目標，加上本人「極博之學、至深之思、中正之行、威嚴之儀、寬裕之德、肫肫之仁、不倦之誨、大雄之辯」的人格魅力，浸潤既久，薰陶既深，草堂弟子無不傾心向化，服膺聖賢。他們追隨老師維新變法，救國救民，歷經艱難而不悔，每臨大變而不叛，表現出了極大的愛國熱情、可貴的改革精神和高尚的道德品格。

智育是爲了「廣求智慧」。其途徑就是要學習義理、經世、考據、詞章之學和「六藝」之學。看似傳統的科目卻融進新的思想內容，義理之學就包含有西方哲學、社會學和政治學等內容。經世之學則包括中外政治、法律、地理、歷史等方面的沿革得失。「六藝」之學也引進了現代數學、圖譜學及現代軍事技術等新的知識。智育的科目安排體現了博學通達、中西合璧、經世致用的目標追求。因爲改革者需要深通世變，博學多識，既有中學功底，又有西學精神，既有改革的理論，且能身體力行的人才素養。這一智育目標的落實，獲得極大的成功，一批草堂弟子脫穎而出就是很好的說明。

萬木草堂特重體育，開設音樂舞蹈、軍事體操、射擊等科目，並組織開展遊歷活動，目的是強身健體，寓武備於文事之中，以備將來緩急之用，進而擔當起救國救民的大任。

在康有爲的教育生涯中，兩次桂林講學，雖歷時甚短，但頗具特色，意蘊深長，可以說是萬木草堂辦學經驗的推廣和辦學思想的再實踐，對於培養維新人才，推動當時廣西的有識之士走上愛國維新的道路，都具有重要作用。兩次桂林之行，有被迫的意味，但更主要的是想培養更多的變法人才，散播更多的維新種子。當時康有爲在萬木草堂的講學著書活動，很令頑固勢力反感。有個叫余晉珊的京官彈劾康有爲「惑世誣民，非聖無法，同少正卯，聖世不容，請焚《新學僞經考》，而禁粵士從學」，又說康有爲「自號長素，以爲長於素王，而其徒亦遂各以超回、軼賜爲號」。康想凌駕於孔子之上，學生也以高於孔門弟子自居，豈不是非聖無法？多虧梁啓超在京四處奔走，託人說情，加上兩廣總督李瀚章有意庇護，康有爲才躲過一劫。然而，廣州城裡謗言四起，不堪入耳，康有爲很想換換空氣，恰遇拜門弟子龍澤厚是桂林人，懇邀康赴桂講學，正合康的心意。於是，康於一八九四年十二月輕舟北上。

康有爲認爲辦教育是維新事業的切入點，若能在毗鄰粵境的廣西開闢新的教育陣地，繼續宣傳維新思想，也不枉虛此行。正如他寫贈學生的詩中所說：「誓將手植萬樹桂，巍巍玉立蒼梧邊」。「手植萬樹桂」，含有培育衆多的天下英才或廣西英才的意思。蒼梧是廣西的代稱。次年一月康有爲到桂林，住在疊彩山景風閣。疊彩山是桂林內風景薈萃之地。到景風閣拜門受業的弟子，除發起籌備者龍澤厚、龍應中、況仕任外，還有汪風翔、王睿中等二十餘人，都是廣西名士。另有龍潛和龔壽昌兩個少年，年僅十四歲，也列於門庭，參加聽講。這次講學的時間約四十天。教學內容與萬木草堂大致相同，主要是講《春秋公羊傳》，講孔子改制、劉歆僞經、通三統、張三世等微言大義，尤重中國學術源流和政治改革得失。講學之餘，康有爲也往來於山水洞窟之間，搜岩探壑，題名賦詩。

一八九七年一月，康有爲在門生曹泰、劉德宜陪同下，再來桂林，仍住景風閣，不過這次來桂的形勢好於上次。上次來時風氣未開，且他僅有舉人身份，總有人瞧著不順眼，不與之合作。這次來桂他是己未進士，又官授工部主事，爲朝廷命官。廣西按察使蔡希彬主政廣西，他對康極爲推崇，地方名流如周璜、唐景崧、岑春煊等也都競相和康往還。一時間康有爲成了桂省的上賓。不僅講學局面迅速打開，又新增弟子陳太龍、湯銘三、林澤宗等十數人。這次來桂達半年之久，在這裡他開辦了廣西的第一所新式學校，還組織了廣西的第一個學會，創辦了第一份報紙，收穫頗豐。聚徒授業，講外國致強之故，求中國救助之法，是康有爲培養維新人才的主要途徑。

由他創辦的廣仁學堂雖還有些舊書院的影子，但它不做八股文和試帖，著重經世致用，講究西學，這是它與舊式書院的根本區別，因此說它是廣西的第一所新式學校。學堂的教育宗旨和方法一如萬木草堂，由康的高足曹碩主持教務，另有其他幾個弟子做教員。入學者都是有志新學的青年。其開設的課程主要有經學、中西史地、宋元學案及朱子語錄等。

爲了指導學生閱讀中西書籍，康有爲還專門撰寫了有關閱讀門徑問題的著作，即《桂學答問》。康有爲在書中強調孔子的改制思想，說孔子是天下的宗師，義理制度皆出於孔子，「故學者學孔子而已」，而孔子之道則萃於《春秋》，故讀《春秋》是爲學之始。《春秋》則有左傳、公羊、穀梁三家，而《春秋》之微言大義多在《公羊》，因此應先讀《春秋公羊傳》、《孟子》、《荀子》和《春秋繁露》等。又說如果明白了孔子的微言大義，諸子之道的是非曲直，兩千年來義理制度的從違得失，以及外夷的治亂強弱等，都會看得明明白白。孔子之道是個綱，綱舉才能目張。康有爲在書中又分條敘述了研讀經、史、子、宋學、小學、職官、天文、地理、詞章及西書等的方法，並開列了參考書目，還制定了《分月讀書課程表》，以便掌握進度，督促學習。康有爲還強調多育並舉，全面發展。認爲學生光有文化還不足以救國，須兼習武事，方能抵禦外侮，因此在教學中注重兵操和體育鍛鍊。他還採用生動活潑的方法對學生進行教育，常在授課之餘，率弟子出遊，或習禮，有時也講詩文、書法。並且，他抓住一切機會對學生進行現場教學。

一八九七年初夏的一個晚上，龍澤厚、龍應中等十數人往康有爲景風閣住處求教。不一會兒，雷電交加，風雨驟至。康有爲立即率學生登上望江亭，觀賞雨景，並現場講授聲浪、光浪、電浪之原理，說：「此種宇宙之自然現象，西人悉心研究，成爲聲學、光學、電學之原理原則，應用於人間，是以西國日進於文明，我等亦須精心研究。」

梁啓超在《南海康先生傳》中說：「先生能爲大政治家與否，吾不敢知；雖然，其爲大教育家，則昭昭明甚矣。」說康有爲是大教育家，並非過誤之詞。這只要從他教育實踐的創新意義、教育活動的實際效果和康門弟子在近代史上的影響就能得出結論。可以說康有爲的教育思想，走在同時代人的前面；他的教學內容也融進了西方的自然科學和社會科學知識；他的教學方法更是別開生面，因此能夠吸引很多有志青年投其門下，以至各省學子千里負笈，聞風相從，前後達千餘人，桃李不言，下自成溪。

從一八九〇年陳千秋來執弟子禮，到一八九七年桂林廣仁學堂的開班，八年的教育實踐結出豐碩的果實。精思妙悟的曹泰，艱苦強毅的徐勤，天才特亮的陳千秋，少年早成的梁啓超，過目成誦的梁朝杰，思想激進的韓文舉，神視高遠的麥孟華等一大批草堂弟子脫穎而出，其他如王覺任、林圭、陳和澤、潘若海、龍澤厚等皆爲康門高足。一個人的周圍集聚了那麼多優秀青年，本身就說明他的影響力和感召力。正是康有爲淵博的學識、超時的思想、嫺熟的技巧和誨人不倦的精神，才使他的教育活動取得巨大成功，培養出一大批優秀人才，從而爲他的維新變法活動奠定人才基礎，進而實現他最初的「萬木森森萬玉鳴，隻鱗片羽萬人驚。更將散佈人間世，化身億萬發光明」的人才目標。他的變法活動得力於草堂弟子的鼎力相助。尤其是梁啓超天才的宣傳鼓動，在古老的神州大地颳起了一股「康梁旋風」，於是才有「康梁維新」的美譽。康有爲的事業永遠與他的弟子聯繫在一起。在康有爲的影響下，多數門生弟子活動於文化學術領域，且多有建樹，其思想和學風對後世影響頗大，推動了近代中國學術文化和教育事業的發展。

康有爲一生三次興學：一次在廣州，一次在桂林，第三次在上海。前兩次興學，是他的事業的開始，第三次興學，爲他的事業畫上了句號。他流亡歸來，開始住在上海新閘路辛家花園，後遷到愚園路一九二號。這是一幢花園式建築，廣約十畝。康有爲名其居所「游存廬」，名其堂「天游堂」。其園桃紅柳綠，繁花似錦，溪壑縈迴，頗有園林之盛。康有爲一生以辦學爲樂，很早就想辦一所大學，以期薪盡火傳，可惜總是不能如願。於是把自家的臨街兩層小樓用作學舍，收徒講學，重新開始他的教育事業。學校的名字就叫「天游學院」。

學院的宗旨就是「研究天地人物之理，爲天下國家之用」。學院的管理採用書院制，兼用學校制，分科教授。有預科本科，本科中又分義理、考據、經世、文學四門。入學資格規定凡大學或中學畢業及舊學有相當學力而有志向道者，均可就學。如有好學之士，不能按規定修業者，也可隨意旁聽，這樣的學生叫「特別生」。預科一年，修業期滿考試及格者，升入本科，不及格者留院，特別生不限，天才特亮者不限。教學內容很廣泛，主要有孔學、周秦諸子、宋明理學、經學、史學、哲學論理、政治原理、憲法、理財、教育、散文、詩、詞、書、畫、日文、英文等等。從這些教學內容上看，有通才教育的意蘊。學院以敦化孝悌、崇尚名節、變化氣質、檢攝威儀四者爲學規。康自兼院長，龍澤厚爲教務長兼授經學，並聘任了各科教授數人。

教室內懸有康有爲手書的對聯：「天下爲一家，中國爲一人，知周乎萬物，仁育乎群生」，以此表明他的大同理想和辦學精神。天游學院發揚萬木草堂的優良傳統，承續萬木草堂的餘韻，在很多方面都可以看出它對萬木草堂的繼承和創新。學院採用講授與討論相結合、聽講與自學相結合的教學方法，重在自修，提供參考書目，讓學生寫讀書筆記。每半月作論文一篇，力求條理貫通，文筆銳達，不必求工，由康批閱後發還。他還分班召見，考問所學，循循善誘，誨人不倦。他教育學生樹立爲國家擔當重任的大志，說「凡百學問皆由志趣而出，志大則器大。若僅志於富貴祿位，所謂器小也。志小則器小，語以天下之大，豈能受哉？立大志則必砥礪名節，涵養德行，通古今中外之故，聖道王制之精，達天人之奧，任天下之重」。

康有爲每週講授二次，每次二、三小時。雖已是六十九歲高齡，卻聲如洪鐘，神采奕奕，氣壯如牛。他講課不帶講稿，講台上除了茶壺、茶杯外，別無他物，於經史典籍多能背誦如流。每次講授必先將題目寫於堂上，著重啓發思考，興之所至，廣爲發揮，凡孔學、周秦諸子、宋明理學、西洋哲學、政治原理及中外史學，以至國際形勢，國內變化無所不講，其內容貫穿經傳，融會佛道，旁探西學，任思想自由馳騁於上下古今之間。這次興學時間也很短，就在開班當年的冬天放寒假時，康宣佈學院暫時停辦，隨著第二年春天他的去世，學院就無形解散了。這次興學的成就不是很大，但也足以表現出他的拳拳報國之心，和得天下英才而育之的教育理想。

4 走出故鄉的路

同人團練局

每年二月南海縣銀塘鄉一帶的鄉民祭祀鄉中先賢，也叫春祭。這是一個隆重而嚴肅的鄉中大事，大概是想追思先賢的盛德懿行，以勉勵後人，含有教育沐化的作用，想藉此達到勸學講文、崇尚禮讓、純化風俗的目的。也許想祈求先賢保佑一方平安，保佑一年中風調雨順，五穀豐收。

一八九四年（光緒十九年）的春祭這一天，竹徑墟景賢祠裡人頭鑽動，禮樂齊鳴，各方鄉賢士紳濟濟一堂，剛剛行過祭禮，忽見遠方一支隊伍直奔而來，約有四、五百人，手持大刀長矛或土槍，一看便知是一群農民漢子。他們迅速地在景賢祠前擺開陣勢，似乎要打一場惡仗，只見一個個威風凜凜，嚴陣以待。刹那間，從景賢祠內及其周圍猛然竄出數百名手持利刃的武人，如神兵天降，在農民隊伍前擺開了陣勢，立即成了兩軍對壘，一場血戰就要開始。這時，從祠內從容走出一位器宇不凡、學者打扮的鄉賢，只見他推開圍觀的衆人，逕直走到遠道開來的隊伍中，此人正是康有爲，這支隊伍是由銀塘鄉專程派來保護康有爲的，若不是他們及時趕到，恐怕康有爲早已死於亂刀之下。另一隊人馬是張蒿芬的族人，他們已佈好天羅地網，正準備對康有爲及其隨從下手。身爲一方鄉賢、地方名士的康有爲何以招此忌恨，必欲置之死地而後快？又何以興師動衆，險些招致重大流血事件？其緣由還得從同人團練局的權利之爭說起。

「同人團練局」是康有爲的伯祖康懿修一手創辦的地方自治組織。康懿修，字種芝，又名國熺，與康國器是一母同胞，名望雖不及國器，但其敢做敢爲的個性卻與國器相似。國器以巡檢小吏毀家募勇，開始其一生的軍事政治生涯，國熺以一布衣深夜屠牛沽酒，募壯勇，創立「同人團練局」，在一方百姓中出盡風頭。其事業雖不如國器轟轟烈烈，但「同人團練局」儼然成了一地方自治機關。據說康國熺帶著局中的兵勇打敗了南海、三水、高明、高要四縣的「紅巾起義軍」。「紅巾軍」是太平天國起義時活動於廣東一帶天地會的一支，力量分散，不敵官軍與地方團練的聯合進攻。康國器進軍藍山時，國熺千里馳援，助攻藍山太平軍。因平藍山有功，贈「鑾儀衛經歷」稱號，算是一種很高的榮譽。但始終沒有被朝廷授予實際的職務。儘管如此，他在地方上的影響絕非一般士紳所能比，方圓十里左右，三十二鄉，數萬人丁的社會治安，訴訟刑偵都由他一人負責，實際上是不授官銜的地方官。

國熺性格豪放，威嚴勇猛，雷厲風行，說話做事乾脆果斷，頗有大將風度，但他對人嚴厲有餘，溫和不足。邑誌評論說他對人如夏日之陽，威嚴可畏。由於他兼通文武，才氣天授，加上顯赫的家族，不免有些自負自傲，常以諸葛孔明自命，一點也不感到難爲情。自認胸藏雄兵百萬，能運籌於帷幄之中，決勝於千里之外，治一小小團練局絕非他的志向。經國器的推薦介紹，其才名果然爲封疆大吏左宗棠所知，左對其「奇特超群」之才頗爲讚賞，欲委以重任，可惜國熺未及赴任，即因病而卒。

國熺雄才博學，看似武人，卻喜覽群書，尤見長於史學與兵學，並有著述傳世，其詩文也意境不凡。康有爲對這位伯祖欽佩備至，也萬分惋惜，認爲他伯祖「才氣天授，而不竟其用，若得時而駕，當與胡左驂靳矣」。即是說國熺之才與胡翼林、左宗棠不相上下，若不是埋沒鄉里，康家肯定會又出一個朝廷重臣。

國熺治局事以嚴著稱，有點像鐵面包公，若罪犯在他手裡，必嚴懲不貸，賊人都怕他，紛紛遠走他地，因此，三十二鄉盜賊絕跡，風化肅然。鄉民對他眞有些敬仰，一八六一年康國熺去世時，送葬者萬餘人，葬禮空前，身後享祀於竹徑墟景賢祠，這也算是對他一生的最好評價。康有爲說他四歲時，伯祖就教他知識，還常抱著他觀洋人鏡畫，而他也常陪伯祖吃飯，甚得伯祖喜愛。「有爲」這個名字還是伯祖給起的。他甚至記得伯祖去世的場景，前來送葬的隊伍盈衢塞巷，望不到盡頭，輓仗蔽野，哀慟震天。最令有爲感激的是伯祖爲後代留下了萬卷藏書，使其從小得以涉獵，可說這是國熺對康氏家族的莫大貢獻，康有爲能夠成爲一代學人，就與其家學淵源和豐富藏書有關。還令康有爲引以自豪的是，伯祖創辦的同人團練局，開創了中國鄉村自治的先河。當然，這是康有爲的一家之言，是否眞的有首創之功，無從考證。不過康國熺的鄉村自治確實有些成就，這是應當記一筆的。

康國熺去世後，同人團練局無人管理，局事逐漸廢壞。恰遇大潙鄉知府張嵩芬罷職還鄉後無事可做，被衆人委以局事，可張非但不能保證一方平安，反而與賊爲伍，坐地分贓，搞得地方盜賊四起，民怨沸騰。由於張爲巨紳大戶，鄉民們對其只能側目而視，奈何不得。在張的庇護下，其族人中多人爲盜，囂張至極，竟將劫物帶入局中，分賞局中壯丁，還常有幾盅美酒下肚，好不逍遙自在。更有甚者，賊人在局門口公然向衆人示威，當衆高喊：「我就是某盜，你們何不來抓我？」鄉鄰被盜者夜夜不絕，就連康家也沒放過，康有爲的叔、伯、姪、婿家多次被盜，有的甚至被洗劫一空。

按理說康家是大戶，國熺又是同人團練局的創始人，賊人總該有所顧忌，但紅了眼的賊人哪管這些，據說張嵩芬和康有爲還有點交情，但他利欲熏心，庇護盜賊，也不管是康家還是李家了。連續失竊的事激怒了康家，他們決心扳倒張嵩芬，挖掉賊人的後台，於是一致要求在廣州講學的康有爲回鄉治盜。有爲當時是新科舉人，正春風得意，學問著述早已名噪嶺南，尤其是一八八八年以布衣身份上書皇帝，倡言變法，成了轟動一時的人物。在廣州辦學也成績斐然，引人注目。對康氏家族而言，有爲顯然成了核心人物。是時，他正忙於著述講學，無暇顧及鄉中俗事。但有爲的得意門生陳千秋卻躍躍欲試，鼓動他說：我們日讀經書，窮天人之理，究古今之治，已經達到很高的境界，現在已無書可讀，還不曾運用知識於實際。我們天天講「仁」言「義」，何不假同人局而試之。一國之中，行仁施愛必先由近處開始，我們開學校以教民，闢蠶桑以富民，修道路以利民，一年就見成效，然後委以可靠之人管理，我們仍可繼續做我們的學問。陳千秋的話句句有理，又是一個很好的社會改良方案，正符合老師的志趣，很容易就打動了老師，弟子的鼓動加上族人的籲請，把有爲推到了台前。

康有爲聯合三十二鄉士紳起而攻張，迫使張交出團練局的大印。張因此對康有爲懷恨在心，必欲除掉康才能解去心中之恨。終於有機會了，康有爲一定會參加春祭先賢的活動，屆時，廣布親信，暗藏利器，於人多混亂時刺康於景賢祠中。一切佈置妥當，到了春祭這天，康有爲果然到場，張嵩芬及衆多鄉賢士紳也應邀出席。康與張相去數步，康見張面色大變，袍褲顫抖，可能是因爲張做賊心虛，缺少殺人經驗的緣故，有爲心中驚異，但仍故作鎮靜，從容行完祭禮，連忙進入室中，而室中早埋伏有張的親信，祠堂四周也佈滿了張的族人。康時刻有生命之危。幸好張氏的刺殺陰謀被康的姪兒康同和及鄉人發現，飛奔還鄉，率數百名武裝鄉民來救，於是出現了文章開頭的一幕。雙方對壘，場面頗爲壯觀，很像是兩國會盟，交換人質。張見衆人來救康，只好罷手，兩人各率其隊伍還鄉。

張不甘失敗，仍伺機行刺。當他偵知康有爲要乘船外出時，便計劃派人截殺康於船中。當時有爲確實要乘船到九江鄉去謁朱次琦先生廟。船行至吉利鄉時，靠了岸，有爲改乘小舟前行，剛走不久，張的打手就持刀衝到已泊岸的船上，搜遍全船，不見康的蹤影，只得悻悻而去。

康有爲兩次遇險，幾乎喪命，這對他刺激很深，每想起這些險事，不免有些害怕，他深感去惡之難，行仁之艱，但他是個不輕易退讓妥協的人。在掌握了同人團練局的權力後，他和陳千秋開始著手實施他們的社會改良計劃。由陳千秋主管局務，康有爲策劃指導。他們首先進行鄉村文化建設，以一千兩百兩銀子大購群書，籌建書院，延聘教師，欲以中西之學教授鄉民，以文教化，移風易俗；其次是採取強硬措施，整頓社會治安，請官兵協助剿捕盜賊，殺賊首數人，這當然不合法律程序，也免不了冤假錯案。同時在鄉間嚴禁賭博，社會秩序頓然大治。還沒等他們實施其他改良措施，形勢就逆轉了。由於禁賭方法過激，難免與鄉民發生衝突，正巧鄉中發生一件兇殺疑案，有人指控陳千秋所爲，因而激起衆怒，張嵩芬也乘機託言官參劾康有爲，一時謗言四起，多面受敵，同人團練局局戳被追繳。康有爲被迫出走桂林，陳千秋悲憤難平，鬱結於心，遂因肺病發作，吐血而死。

陳是康有爲的第一位拜門弟子，也是得意門生之一。陳千秋，字通甫，又字禮吉，號隨生，南海西樵鄉人。康有爲評價說：千秋「天才特亮，聞一知二，志宏而思深，氣剛而力毅，學者之所未見也」。他熟諳歷朝掌故，善寫駢散體文和詩詞，十八歲時就有著述問世。他關心時事，素有愛國救民之志，當他聽說康有爲上書皇帝，請求變法的事跡後，欽佩之至，遂登門拜訪，一見如故，正式拜康爲師。萬木草堂求學期間，陳是老師的得力助手之一，他和梁啓超一起充任學長，講疑答難，組織教學，協助老師編纂《新學僞經考》、《孔子改制考》等重要著作。他本想藉同人團練局這一自治機關，行仁施愛，敎而化之，扶而富之，治而安之，改良社會，開發民智，造福鄉里，實現他的濟世救民理想，可惜諸功未竟，壯志難酬，而命歸黃泉，給人一種「出師未捷身先死，長使英雄淚沾襟」的悲壯蒼涼之感。

有爲第一次上皇帝書，雖冒有殺頭的危險，但結果是有驚無險，而這次治理同人團練局卻一敗塗地，陳千秋之死和自己兩次遇險，是對他的主張的沈重打擊。對此他感慨萬千，痛心切膚。在自編年譜中就強烈地流露出這種感受。他歎道：「治一小小團練局，自己幾死於是，而千秋爲之殉難。十里之地，與萬里之地，五萬之民與四萬萬之民，相去萬倍，而欲行革新，救而治之，其謗議同，其險難同，其幾死同，爲之殉難同，小有成就既而傾覆同。嗚呼！任事之難如此，難怪人們爭講老莊之學，但保身家性命，坐視民生困苦而不恤。自己爲同人團練局費盡心血，耗去金錢，老去歲月，遭盡疑謗，幾經危殆，愴惶避地，與戊戌政變時的遭遇是何等相似！治同人局與治中國，雖大小殊異，但其乍成乍敗之理又是何等相似！悲哉悲哉！破舊何難！維新何艱！」

康國熺與康有爲祖孫兩代治理同人局也有相似的經歷。國熺在主持局務期間，曾遭陷下獄，幸得一鄉士紳保釋而獲救，有爲治同人局幾經遇險，遭盡謗議，被迫遠走他鄉；國熺治同人局得心應手，不以局事爲旨趣，常有懷才不遇之感慨，有爲牛刀初試即折其鋒，愈挫愈勇，終於幹起了驚天動地的大事業。但伯祖比有爲幸運得多，他治局事有始有終，生前威風，死後享祀，而有爲半途而廢，遭人誹謗，不爲世容。小小同人局凝聚了兩代人的心血，記載了兩代人的曲折經歷，是我們透視康家歷史的一個端倪。

提倡婦女解放，成立不纏足會

有爲十歲那年，一天下午他從澹如樓讀書歸家，剛走近大門，就聽見延香老屋內傳出陣陣撕心裂腑的哭喊，「求求你啊！娘，別纏了，我疼啊！我疼啊！」這是一個稚嫩的童聲，從那淒慘的哭喊聲中，能夠強烈地感受到哭喊人苦不堪言的情狀和求助無門的窘境。康有爲急忙衝進屋裡，看見母親正用長長的白布緊纏在五歲的妹妹順介雙足上，妹妹涕淚滿面，汗珠也直往下掉，有爲明白這是在給妹妹纏足，因爲他知道三妹瓊琚和二姊逸紅足上也經常纏著布帶。不過她們開始纏足時有爲還不懂事，不知道折骨傷筋多麼痛苦，妹妹的哀號呻吟和痛苦表情在有爲幼小的心靈上刻下深深的痕跡，他對妹妹的痛苦無限同情，但他不能阻止母親，因爲這是千年習俗，是一種巨大的傳統勢力。

他感到憤怒，不理解女子何罪之有，要從幼年起遭受如此虐待。可憐弱女髫髮未燥，筋肉未長，骨節未堅，天足生成，自然造化，本當愛之護之，可偏遭三尺之布、整丈之帶的強行裹束，屈曲以求纖小，足骨穹窿，拗骨使折，窄襪小鞋，日夕迫脅，若縛盜賊，童女苦之，痛徹心骨，旦旦號哭，夜不能寐，務令天足屈而不伸，纖而不壯，只能扶床乃起，依壁而行，這算哪家規矩？何家王法？這種上悖天理、下違人道的陳規陋習爲何不能改變？爲什麼素重教化、聖賢輩出的中國，無人對這「無道的敝俗」加以痛斥和禁止呢？

及有爲長大成年，耳聞目睹身邊女性的痛苦經歷，對中國女性所遭受的野蠻摧殘有了更深切的瞭解，對纏足的危害有了更深刻的認識。長長的纏足布浸透了無數女性的血淚，不僅使女性慘遭傷筋折骨畸形變態的肉體痛苦和精神折磨，也使她們失去行動的自由，從人格上加強女性對男性的順從與依附，從肉體上爲女性對男性的依附提供了保證，從而失去獨立的人格，完全淪爲丈夫的奴隸和家庭的附庸。

纏足之害首在害人生理，「天之生人，指趺完美」，纏足「傷人之肌」，「以致皮肉潰爛，疼痛號泣，步履維艱，終身疼楚。無疑於古之刖刑」；次在違背人性，纏足之時，痛楚難忍，旁觀之人爲之傷心，無不憐其無辜，而其父母則絕無惻隱之心，反而「專傷生人之肌，壞骨肉之恩，損天性之親」，悖天理，違人性；再則嚴重影響婦女生活，「其在富貴之家，婢扶嫗擁尙有扶壁蹐蹩之苦，若貧賤者，十有八九親井臼，躬烹炊，上事舅姑下扶子女，跋來報往應接靡息，吞聲飲泣竭力強承……若猝然遭非常之變，踐不測之故，委頓蹩躄，一步不行，以致毀筋絕骨，失身喪命者不可勝數。其他尙不忍言也。豈不痛哉！」最後纏足有損民族尊嚴、國家形象，妨礙種族進化、國家強盛。既然纏足有違生理和人道，束縛思想，摧殘人格，是造成國家積弱積貧的原因之一，何不一改千年陋習，把婦女從形體的禁錮和陋習的束縛下解放出來呢？

一八八三年，康有爲的長女同薇年滿五歲，到了該纏足的年齡。康有爲的家鄉還沒有不纏足的女性，不纏足者被人賤視，連婚嫁之事都會受到影響。康有爲決定從自己做起，從家庭開始，不給女兒纏足，不讓悲劇在女兒身上重演，也想以此碰一碰傳統勢力，在固閉千年的惡習上打開一個缺口，讓婦女解放的曙光照射進來；更想在痲木已久的國民大腦上澆一盆清新之水，使其認清世界文明的潮流、種族進化的道理。果然，康有爲不爲女兒裹足的做法在族人和鄉民中間激起強烈反應，他們無不驚愕詫異，認爲這是不可思議的事情。

長輩們包括有爲最愛戴的母親在內，紛紛勸說有爲要隨俗，爲女兒的未來著想，如果長大後嫁不出去，豈不害了女兒。有爲不爲所動，反而耐心地說服長輩，大談天足的好處和裹足的危害，他們暫時默然，但要說服他們談何容易。等到康有爲北上京師，參加鄉試時，長輩們看準了機會，立即決定爲同薇纏足，就在他們準備下手的時候，有爲的妻子張雲珠站出來表示反對，她聲明要維護有爲的決定，有爲不在家更不宜勉爲其難。孩子的母親最有發言權，她不同意，其他人只好作罷。事後有爲對妻子的明智、通達之舉甚爲讚賞，如果不是她的支援，恐怕不纏足之事很難持久。

不纏足看似簡單，但在當時的背景下要這樣做並堅持下去，確實是一件無法想像的事情，沒有巨大的勇氣、非凡的毅力、強烈的使命感及標新立異的精神，怎能邁出婦女解放的第一步？康有爲不給女兒纏足，無疑是向傳統勢力挑戰，向千年惡習挑戰，向男尊女卑的封建文化挑戰，纏足與放足代表著愚昧與文明、專制與自由、依附與獨立、孱弱與健康、痛苦與幸福等兩種生活方式、兩種價值觀念，纏足之爭也是兩種生活方式、兩種價值觀念之間的抗爭。不纏足的意義就在於它摒棄了前者，而歡呼擁抱後者，並把女性從陋習的桎梏中解放出來，開始過一種文明而非愚昧、自由而非專制、獨立而非依附、健康而非孱弱、幸福而非痛苦的生活；就是要「順天理，依人性，全生人之體，完父子之恩」，「出千萬女子於殘傷中」，「使千年之惡俗，一旦滌蕩」。因此可說有爲不給女兒纏足的做法是一個偉大的創舉，在某種意義上也是一次革新。

康同薇的天足終於踏破了傳統陋習的硬殼，踩出了一條婦女解放的血路。二妹同璧及其他堂姊妹緊隨其後，開始擁有一種不同於傳統女性、不同於她們前輩、不同於同代其他女性的新生活，康家的新一代女性完成一種歷史性跨越。然而，一花獨放難爲春，康家畢竟被傳統習慣勢力的汪洋大海包圍，要堅持下去很難。

康有爲很快找到了知音和同盟者，鄰鄉有位叫區諤良的人，曾是同治進士，做過工部主事，當過外交官員，遊歷過美洲，受西方文明影響，他家的女孩也不纏足。康有爲與他一見如故，互相引爲知己，遂商定創設「不纏足會」，並草擬章程，詳作序文規定：「凡入會者，皆注姓名、籍貫、家世、年歲、妻妾子女、已婚未婚，約以凡入會者，皆不纏足，其已裹者聽便，已裹而復放者，同人賀而表彰之。」不纏足會的成立在南海乃至全國都是一件新鮮事。康有爲說它是中國首創，雖缺乏足夠的根據，但它的作用、意義及開創之功，怎麼讚揚也不過分。在康有爲的宣傳鼓動下，許多鄉民一改過去的冷漠和敵視，紛紛入會，不纏足會聲勢漸大。後有爲外出，區諤良因懼怕守舊勢力，藉口「會名犯禁」而退出。群龍無首，其他會員便漸漸散去。

一八九五年（光緒二十一年），康有爲、康廣仁兄弟二人再度發起不纏足運動，在廣州創辦粵中不纏足運動，並力圖把它推向廣東全省。他們仿效以前的條例制定細則，由其兩個女兒同薇、同璧現身說法，大談天足的好處，效果甚好。不纏足會發展迅速，粵風爲之大變。一八九七年六月間，康廣仁、梁啓超、譚嗣同、汪康年等在上海成立不纏足總會，會址就設在《時務報》館內，章程規定：入會女子不得纏足，其所生男子也不得要纏足之女。如已纏足的在八歲以後者須一律放足。隨後，京、滬、閩、粵、湘等地也先後成立不纏足會，一些地方設立了分會，至此，不纏足運動遍走全國。

戊戌變法時期，康有爲上《請禁婦女裹足摺》，奏請光緒帝下詔禁止纏足，光緒帝批准了這一奏請，並發出上諭，命令各省督撫勸誘禁止婦女纏足，雖因變法失敗，禁纏足一事中途而止，但它由民間自發行爲變成全國性官方推動，並且成爲維新變法運動的一個部分，的確是康有爲努力奮鬥的結果。

從一八八三年康家女性邁出堅定的婦女解放第一步起，近代中國婦女不纏足運動（即婦女解放運動）就開始走上艱難的歷程，由南海而廣東，由廣東而上海，由上海而全國。中間有失敗有反覆，有新與舊的激烈抗爭，但康有爲及其追隨者鍥而不捨，百折不撓，不斷地開闢前進的道路，使不纏足運動達到他那個時代所能達到的最高成就。經由辛亥革命的洗禮，禁止纏足才以法令形式確定下來，直到完全推翻了封建專制主義統治，纏足運動才完成它的歷史使命。這樣，由南唐後主李煜開始的纏足惡俗，在摧殘、折磨和束縛無數女性，給她們造成無盡身心痛苦和災難的千年之後，終於成爲歷史陳跡，成爲我們民族苦難的辛酸記憶。當中國女性邁開雙足自由地奔走華夏故土或世界五洲時，請不要忘記說一聲：謝謝你！康南海，康先生！

放棄祖輩致仕的門徑

南國的金秋時節，田野裡一片忙碌，蘇村的鄉民們正沈浸在收穫的喜悅中，突然從東北方向傳來一陣達達的馬蹄聲，接著看見一溜塵煙由遠處飄來，三匹快馬直奔蘇村，在村北頭一座大宅院門前，三人翻身下馬，高聲叩門道：「恭喜！恭喜！康先生高中了！」原來他們是報錄人，專程由廣州府趕來，向這座大院的主人報告一個驚人的喜訊，順便討些賞錢。朱漆大門開了，一家老小蜂擁而出，迎接這些天使般的報錄人。他們驚喜得有些不知所措，怔了好一會兒才把報錄人迎進客廳以酒水招待，賞了喜錢，報錄人才喜孜孜地離去。

剛剛得喜的一群老小正是康有爲一家。康有爲「秋闈」高中，得光緒十九年（一八九三年）癸巳科順天鄉試第八名舉人身份。這是多少讀書人夢寐以求的事情。這對康家來說，無疑是天降大喜，上對得起列祖列宗，中可以誇耀鄉里，下可以蔭庇妻子兒女。總算沒有辜負祖父、父親等前輩的殷殷厚望，給他們爭了氣，增了光，若他們地下有知，一定欣慰萬分；最感快慰的還是母親和幾位叔伯。有爲是他們的希望和寄託，但他總是不把精力集中在舉業上，若非軟硬兼施，威逼利誘，恐怕他們的美好願望早成了鏡花水月。特別是半生寡居的母親含辛茹苦把幾個孩子撫養成人，她一生的歡樂和希望都放在孩子身上，作夢都在盼望愛子能有出息、做大事，撐起康家的門面。現在終於好夢成眞，老太太激動得熱淚直流。還有賢慧的妻子張雲珠與有爲榮辱與共，把丈夫的功名事業看成自己的生命，上侍婆婆，下育幼孩，從不讓有爲操心家事，自己的默默奉獻終於換來了厚報，怎不喜上眉梢？同薇、同璧聽說父親中了舉，直樂得手舞足蹈。族人鄰里及全村父老聞訊後齊來賀喜，把康家大院擠得水泄不通。其熱鬧場面比《儒林外史》中所描寫的范進中舉後家裡的景象，有過之而無不及。據說范進也是南海人，與康有爲也算是同鄉，不同的是范進乃小說中虛構人物。

康有爲從十四歲起就開始參加科舉考試，以他的天資、學識和治學精神，榜上有名並不是什麼難事，要考進士也不費什麼周折，但直到三十六歲才有舉人身份，三十八歲才得了個「進士出身」。他走過一條漫長的科舉之路，不免讓人費解。當我們瞭解了他的興趣、愛好、志向、抱負、對八股取士科舉制度的看法及家庭的影響後，才知其中緣由。

從科舉制度誕生之日起，它就與無數讀書人的命運連在一起。人們青燈苦讀，皓首窮經，無非是爲了金榜題名。因爲只有取得資格，成了舉人，考上進士，才能爲官爲宦，才能光宗耀祖，享受榮華。科舉能使衆多的田舍郎成爲天子的座上客，盡享輝煌與光榮，也能使無數的莘莘士子一輩子狼狽不堪，窮困潦倒，它在給讀書人提供機會的同時也在磨滅其才華，銷蝕他們的生命。讀書爲學失去了它的本眞意義，完全成了升官發財的敲門磚。到了明、清兩代，科舉制度發展到了它的頂峰，其制度之完備、組織之嚴密、手續之繁瑣爲前代所不及，同時也走到了它的歷史盡頭，日益成爲扼殺人才、禁錮思想、阻礙社會進步的東西。它以《四書》、《五經》爲內容，以朱熹《四書集注》爲準繩，以八股文章爲形式，使舉國之人盡爲無用之學，滿朝文武竟無可用之才。科舉制度發展到這個地步，豈不是國家和民族的悲哀？

康有爲從七歲時開始讀四書五經，十三歲時開始專門學習八股制文。長輩們早已給他設計好人生道路，那就是寒窗苦讀——科舉致仕——飛黃騰達，最好是連中三元，即在鄉試、會試、殿試中都取得第一，集解元、會元、狀元於一身。那該是康家多麼大的榮耀啊！屆時，有爲成了朝廷重臣，一能建功立業，青史留名；二能享受富貴尊榮，做個上等之人；三可光宗耀祖，顯現祖宗的造化之功；還可了卻先輩的未竟之願。康家雖是名門望族，但最高是舉人出身，要是有個「進士及第」或「狀元」稱號也不枉康家的幾世修行，先輩們的未竟之願常寄託在後代人身上，祖父康贊修就有這種心理。他們的願望並非沒有根據，從有爲幼時的驚人之語和過人的智慧裡，他們看到了希望和未來。如果有爲按照他們預計好的路徑和目標發展，摘取「三元」桂冠極有可能。

但有爲一開始就對八股文不感興趣，他那富於遐想的思想翅膀受不了呆頭呆腦的八股文束縛，奔湧如潮的思想活力容不得死氣沈沈的八股格式箍制。他常常放鬆自己思想的準繩，讓遊思盡情地馳騁在書籍的田野裡，而不願獨守一處，啃嚼一些毫無思想養分的枯枝敗葉。他甚至敢於和最疼愛他的祖父及嚴厲管束他的叔伯耍些小陰謀，做些小動作。「名爲學文，絕不一作」，打著學八股制文的招牌，暗地裡卻喜歡博覽群書，經史子集，詩詞歌賦，天文地理都是他的閱讀範圍，根本沒把八股文放在心裡。這當然瞞不過祖父和叔伯的眼睛，對於這種違背長輩意願、背離科舉正途的做法，他們自然不能接受，而能夠採取的措施都一一試過。走馬燈似地更換業師，苦口婆心的勸誘，言辭激烈的斥責，怒氣沖沖的威脅仍不能使有爲「迷途知返」。

文的不行，就動武，罰跪罰站，「大詰之先祖前」，甚至以斷糧斷炊要挾。武的招數果然有些作用，白面書生見不得皮肉之苦，有爲只得乖乖就範。從十四歲開始連續兩年參加科舉的初級考試——童子試，雖沒有如願，但總算踏上了科舉的正途。在祖父和叔伯們的高壓下，有爲不得不稍稍留心八股，而且居然進步很快。鄉里社學連續兩年舉行文學考試，有爲的文章篇篇入選，文章和詩詞連連奪冠，一時間有爲名振鄉里。祖父大喜，暗暗吹噓自已教導有方，叔伯們也只顧陶醉，暫時放鬆了管束。一不留神，有爲就溜進了萬卷書樓，這裡成了他思想的自由王國，一切書籍都爲他所用。書海尋寶時，猛然冒出了魏源的《海國圖志》、徐繼畬的《瀛環志略》、地球圖，以及利瑪竇、徐光啓等人所譯的西書，頓時抓住了有爲的心，並在他的心靈上打開一扇開眼看世界的窗口。這對有爲的思想是一個不小的觸動，由此他才「知萬國之故，地球之理」。就這樣，他原本不安的思想更加無法控制。

一八七六年有爲十九歲，在科舉的正途上又跨了一大步。這年他參加了博取舉人身份的鄉試。按規定參加鄉試者必須是秀才身份，包括貢生、廩生、增生、監生等。據說有爲以蔭監生的資格，用康祖詒的名字第一次參加鄉試。清代制度規定：品官的嫡子孫可免試獲得一名監生資格，叫「蔭監生」，算是一種照顧和優待。有爲的祖父是連州訓導，按例蔭一子爲監生。爲了表示感謝祖父給予他的封蔭，永遠不忘祖父的恩德，特取「祖詒」一名爲參加科舉考試時的名號。如果說有爲一開始就是以蔭監生資格參加鄉試，就會出現一個問題：蔭監生資格的獲得是在其祖父生前呢？還是在他祖父死後呢？根據有爲的記述，康贊修在連州訓導任上因遇水災而殉職，因而「蒙優恤，贈教諭銜，蔭一子監生」。如果這是事實，有爲獲蔭監生資格一定是在祖父死後。但同時有爲又說他十九歲時參加鄉試，二十歲時祖父「以連州水災，及於難」。顯然是鄉試在前，蔭監生資格在後，這豈不是與「以蔭監生資格參加鄉試」的說法相矛盾？要麼是有爲記錯了第一次的鄉試時間，要麼是他另有資格參加第一次鄉試，但有一點是確定的，有爲確實沾了祖父的光，靠祖父的蔭庇才免去不少科場的折磨和學八股文的苦惱。祖父生前對有爲最疼愛，死後又做了有爲的墊腳石，這或許就是「巨人的出現需經幾代人的努力」的例證吧！

在康贊修去世的前一年，他親自安排有爲拜朱次琦爲師，這是一個重大決策，對有爲的一生產生重要影響。朱次琦，字稚圭，號子襄，南海縣九江堡（鄉）人，道光進士，做過知縣，辭官歸鄉後開館授徒，人稱九江先生或朱九江。其學問道德在嶺南學術界、教育界享有盛名，堪稱理學大師、嶺南師表。朱次琦不與時俗同流合污，僅這一點就足見他的高風亮節和碩德高行，也足以讓士子們讚仰和佩服。而且他博覽群書，造詣深宏；志存高遠，壁立萬仞；其學問平實敦大，最重歷代政治沿革得失，主張經世致用和實際的學問，從不爲無用之空談。其學術思想以程朱理學爲根柢，兼採陸、王心學之主張，綜合古今，損益漢宋，上溯孔子，有自己的獨特學術風格，被公認爲理學大師；其教學宗旨爲「四行五學」。四行即敦行孝悌、崇尚名節、變化氣質、檢攝威儀；五學則爲經學、文學、掌故之學、性理之學、詞章之學。其教學方法動止有法，進退有度，博聞強記，每議一事、論一學常貫穿今古，旨在發揚聖賢大道的本原，探尋修己愛人的奧義，而盡掃漢宋學派之門戶，以歸宗孔子眞義爲目標，不愧爲粵中碩儒。朱次琦與康家算是有緣，他和康贊修是莫逆之交，學術上相互砥礪。贊修的兒子達初、姪兒達棻、達節又做了他的學生，如今又成了有爲、有霈的老師，他與康家三代人不是朋友之誼，便是師生之情。有爲對這位祖父的畏友、父親的嚴師、自己的恩師充滿無限敬意，對他的品學也佩服得五體投地。聆聽先生的教誨，他常有如沐春風、如得春雨、如「旅人之得宿，如盲者之睹明」的感覺。先生的高視宏論也常激起有爲的無限遐想和萬丈雄心，激起他強烈的時代使命感和歷史責任心，先生的學問人品成了有爲效法的榜樣，以致在有爲後來的教育實踐中和學術思想裡都打下九江先生影響的烙印，可以說有爲的成就是靠在這位大師的肩膀上不斷攀登的結果。

康贊修去世，對有爲來說，既痛苦萬分，又感到某種程度的解脫。因爲再也沒有像祖父那樣的權威能阻止他自由閱讀和迫使他專事科舉。如他所說「先祖棄養，頗能自主」，於是他謝絕時文，並不就試，入西樵山，居白雲洞，專講道佛之書，靜養神明，東探西扯、上下求索。看來，沒有了監督和權威，有爲在科舉的正途上愈滑愈遠。叔父們自然不會袖手旁觀，從康家的大局出發，也爲後代的前途著想，理所當然地認爲把有爲拉回到科舉的正途，是他們神聖而嚴肅的責任。兩位叔父在西樵山白雲洞裡找到了有爲，一頓臭罵之後又少不了幾句勸勉，並打出祖先遺願的王牌，最後勒令有爲回家準備鄉試，若再裝神弄鬼，學什麼佛、參什麼禪而不務正業，對不起，以後不再供應資糧，就學神仙的樣子喝西北風好了。有爲到底不是神仙，哪能經得起饑餓的考驗，只好老老實實地跟叔父一塊回家。

但他並沒有遵照叔父的意願重拾科舉的行當，而是一頭栽進萬卷書樓及澹如樓中，「或養心，或讀書，超然物表」，盡棄括帖考據之學，他執意不參加這年（一八七九年）的鄉試，叔父們也束手無策，總不能縛他進考場吧！家裡的人哪裡知道剛過弱冠之年的有爲，那顆躁動不安的心是怎樣劇烈地跳動，哪裡知道他正處在人生的十字路口，面臨著人生的大考驗、大抉擇，哪裡理解他內心世界正經受煉獄般的折磨。講佛論道、面壁參禪、靜養心性，不都是在探尋人生的眞諦，尋找濟世的藥方嗎？長時間的苦思冥想，終於有所感悟。既然民生艱難，如處水火，上天賦予他聰明才智，不就是要他肩負起拯救天下蒼生的重任嗎？他似乎找到了人生目標，即「以經營天下爲矢志」，雖然他早有鴻鵠大志，但直到這時才算明朗。

於是他找來《周禮王制》、《太平經國書》、《文獻通考》、《經世文編》、《天下郡國利病全書》、《讀史方輿紀要》等經邦濟世的典籍，俯讀仰思，經天緯地，開始構思他濟世救危的大文章。不過，這時的有爲仍然在其所學的理路中打轉。一個偶然的機會，他得到《西國近事彙編》、《環遊地球新錄》等數本西學著作，書中西方國家的風土人情和制度文物大大吸引了有爲的注意力，他開始把眼光投向西方文化，並漸漸萌生出向西方尋求救國出路的思想。

不久，他有機會去了一趟香港，「覽西人宮室之瑰麗，道路之整潔，巡捕之嚴密，乃始知西人治國有法度，不得以古舊之夷狄視之。」這個被英國侵略者憑藉不平等條約強行割佔的香港，完全移植了資本主義模式，建立起一種與中國內地小農社會截然不同的社會。這裡工商繁榮，交通發達，道路整潔，建築華麗，管理有方，秩序井然，顯然不是一般的夷狄所能爲，不能再以天朝上國的眼光和自我中心主義對待之。有爲朦朧地意識到西方資本主義制度之先進，並產生了進一步瞭解西方、學習西方的想法，於是他在香港購買世界地圖和一些西書譯本，以便回去認眞研讀。香港之行，是有爲思想發展的一個重要轉捩點。

轉眼有爲到了二十五歲，終日讀書於鄉園，跬步不出，看不出有什麼文曲星下凡的跡象。這時有爲捨棄八股之學已經有六年之久了，母親和叔伯們再也無法保持沈默，結果是家族總動員，對有爲發動一次最猛烈的心理攻勢。懇說內容和原來的差不多，但在規模、頻率和效果上加強了許多，依然是正面教育爲主，大講科舉的光明前途和放棄科舉致仕的可怕後果，講全家人的殷殷希望和本應肩負的家庭重託，最後以父親、祖父和祖先的名義要求有爲重返試場。

有爲長期接受儒家倫理的薰陶，懂得孝悌爲本的含義，看著一雙雙渴望、懇求而又有幾分哀傷的眼睛，聽著母親如泣如訴的勸說，望著叔伯們悵然若失的神情，一向能言善辯的有爲，頓時語塞，無法反駁親人們所說的理由，他無法反駁，也不忍反駁。家庭動員宣告成功，有爲答應參加鄉試，同時提出了一個附加條件，就是要到天子腳下的京城參加順天鄉試。藉此機會他想開闊一下眼界，廣交朋友。只要參加鄉試，就是到天邊去，母親和叔伯們也是一百個同意。於是有爲出發北上，直奔京師。

這是有爲第一次出遊京師。那巍峨的城樓、輝煌的宮殿、精美的造景和非凡的京城氣象，使這位南國青年著實感歎了一陣。鄉試中試與否，他好像不怎麼在意，而謁太學、叩石鼓、瞻宮闕、購碑刻、講金石之學、結識京華名流倒是很積極。

由於長期疏於八股，自然是榜上無名，但也不是一無所獲，譬如結識京華名流，得聞朝中風氣，知曉近世人物，博覽中原文獻等都是京師之行所得，最大的收穫是他眞正認識到了西學的價值。在由京返粵的途中，路經上海，他到租界兜了一圈，「見彼族宮室橋樑之整，巡役獄囚之肅，舟車器藝之精」，自然又是一陣感慨。目睹上海的繁華，聯想三年前的香港之行，除了痛感國家主權淪喪外，也「益知西人治術之有本」，因而更加堅定他向西方尋找眞理的決心。於是「大購西書以歸講求焉」，不惜重金在上海購買江南製造局翻譯館的西書，據說有爲買了三千餘册，相當於江南製造局翻譯館三十年間所出新書的四分之一，這一數字的準確性雖有待考證，但足以說明有爲向西方尋找眞理的急切心情。此後他開始「大講西學，大攻西書」，「絕意試事，專精問學，新識深思，妙悟精理，俯讀仰思，日新大進。」京師之行，舉人沒當上，對西學著了迷，種瓜卻得豆，這是康家始料不及的事情。

又到了三年一度的鄉試時間。一八八五年（光緒十一年），康有爲受京城好友翰林院編修張鼎華之邀，準備再遊京師，順便參加順天鄉試。這次準備鄉試，沒讓親友費什麼口舌，一是友人邀請，再者可能是隨著視野的開闊、思想的成熟，開始認識到科舉考試對於實現他的政治抱負十分重要。通過科舉取得一定的功名，躋身上層社會，接近權力中心，更有利於施展政治抱負，實現他的濟世救民理想。

但有爲的運氣不是很好，關鍵的時候總是出問題。就在他將要成行的時候，突然頭痛大作，而且痛得死去活來，請來的醫生束手無策，自己想看看醫書，找些驗方，連眼睛也無法睜開，只好聽天由命，以毛巾裹頭，在屋子裡哼哼嗐嗐。有爲眞的有些絕望，他開始準備自己的後事，整理書稿，手定大同之制，命名曰《人類公理》，心想自己既得聞聖賢大道，聖人說朝聞道夕死可矣，何況自己又規畫了大同藍圖，爲後人開創了萬世太平，雖死而無憾。這樣一想，心裡平靜許多，從容等死也不覺得痛苦。在等死的過程中，有爲從沒放過生的希望。他從書堆裡翻出一本西醫著作，從中找到一帖治頭痛的藥方，試著製出一些藥，服用後也居然有效，過了一段時間，頭痛奇蹟般地痊癒，但已耽擱了京師行期，遂改在廣州鄉試，久病初癒，哪還顧得了八股文，再次鄉試不中，想必也是意料中的事情。

一八八八年又是鄉試之年，也是有爲的而立之年。好友張鼎華頻頻邀請有爲再遊京師，上次沒有成行，這次欣然應允。他感到京城裡有一種神奇的力量在召喚他，那裡才有他的事業、抱負和理想，他想碰碰運氣，準備參加順天府鄉試，看一看自己到底和文曲星有沒有緣分。當有爲風塵僕僕來到京師時，他的好友張鼎華已經奄奄一息。張是有爲的政治啓蒙導師，對有爲的成長影響很大，是有爲最敬重的師友之一。眼看摯友就要西歸，哪有心思準備試事，奉藥侍湯，細心照料，既死，又親營其喪，也算是有爲對摯友知遇之恩的一點回報。這年的鄉試，按成績有爲本應排名第三，但大學士徐桐因不滿有為上書言事的行為，認為「如此狂生不可中」，特命考官將有為的名字從榜上去掉。於是，有為再次與功名失之交臂。這可能是有為倡言變法所付出的第一個代價。看來不是有為沒有中試的本領，而是他那濟時救危、針砭時弊的新奇之說論難為世容。

在京城有為目睹朝政日弊、國勢日蹙、外患日逼的現實，又時值皇陵山崩，時事之危與天象奇變，使有為再也按捺不住熾熱的愛國之心，強烈的使命感驅使他第一次喊出自己的聲音：救亡圖存，變法維新。他決意不顧士人不得上書言事的禁令，甘冒斧鉞之誅，披瀝血誠，忘其僭越，發奮上書《為國勢危蹙祖陵奇變請下詔罪己及時圖變摺》，即《上清帝第一書》，極言時危，請及時變法，要求「釐革積弊，修明內政，取法泰西，實行改革」。上書雖未能上達皇太后和皇帝手中，但卻不脛而走。一石擊起千重浪，布衣上書，驚世駭俗，「舉京之人，咸以有為病狂」，以致謠言四起，「朝士大攻之」。

有為這次在京逗留時間較長，看透了朝中局勢，感到它的滅亡為期不遠，自己有心報效朝廷，但一腔熱血卻換來敵視和斥責。他傷心到極點，還是回自己的家鄉專心著述吧！不再想那些不能兌現的抱負。但轉念又想中國將亡，既救之不得，又不忍其亡，那就到國外去吧！眼不見，心不煩。可到哪兒弄那麼多的旅費，且又有高堂老母，唉！看來只有歸鄉一途了。有為這次進京遇到了一連串的打擊，好友去世，鄉試落榜，上書不達，確實有點讓人心灰意冷，不然以有為的倔強個性，何以會有「將教授著書以終焉」

的念頭？

雖然有爲不在意功名，屢試不中確也傷心，他多次發誓「絕意試事」，但總是難以平心中的塊壘。本來他的萬木草堂正辦得有聲有色，可一到鄉試之時，他又經不住母親和叔伯們的勸說，儘管有些遲疑，但還是走進了試場。

一八九三年，又到了母親和叔伯們著急的時候，他們總不甘心有爲屈居鄉里，無論如何也得讓有爲再試一次，於是叔伯們免不了一陣唇焦口渴，母親的願望最爲迫切，她的勸說起了關鍵作用。有爲對母親最爲孝順，即使自己有千般委屈，也不願讓母親生氣。母親堅持試事，他也只能屈從，不過他答應最後一次鄉試「盡於是科，不第亦終身棄矣」。蒼天保佑，有爲最後一試居然得中第八名，據說本應第二名，因文中自用孔子改制之義，不合朱熹注四書的意思，才由第二降至第八。不管怎樣，能中就好，捷報傳至家中，全族人欣喜萬分。這年十二月，時逢母親大壽，幼溥弟也由浙江辭官歸家，算是三喜臨門，全家人其樂融融，其喜洋洋，度過了一個少有的美好時光。

從一八七六年開始鄉試，有爲用了十七年的時間，才得到一個舉人身份，這個代價著實不小。原因是他厭惡八股、淡泊功名，對科舉試事總提不起勁；再來就是鋒芒畢露，喜標新立異，總是遭守舊勢力忌恨。

有了舉人身份，頓時來了精神，何不乘勢而下，弄個進士功名，說不定還能當上狀元，於是他一改過去的被動和無奈，一八九四年春，康有爲與弟子梁啓超興致勃勃地入京參加會試。遺憾的是在京師，有爲下車時傷了腳，行動不便，只好南下還粵。一八九五年初，康有爲又偕梁啓超、梁小山再赴京師，參加會試。就在這次入京會試期間，康有爲領導發動了驚天動地的「公車上書」，拉開了維新變法運動的序幕。

時值甲午戰敗，清廷求和，命大學士李鴻章爲議和全權代表，與日本簽訂喪權辱國的《馬關條約》，割讓台灣、澎湖和遼東半島，賠款二億兩白銀。消息傳來，輿論譁然，群情激憤，康有爲在震驚、悲憤之餘，立即意識到該如何將愛國義憤化爲實際行動。會試期間各省舉人雲集京師，他馬上吩咐弟子梁啓超等人，分頭發動各省舉人，上書拒和。廣東舉人率先行動，各省公車（舉人的代稱）群起回應。人人發奮，個個請命，聯袂上書，涕泣陳辭，迅速掀起了一個反議和的愛國運動，康有爲乘勢把這一運動推向高潮。他與弟子們一起聯合十八省舉人，於宣武門外松筠庵召開會議，共商拒和上書大計。松筠庵是明代忠臣楊繼盛的故居。楊當年因上書彈劾權奸嚴嵩而慘遭迫害，選此會址，或許有它的特殊含義。康有爲的叔祖康國器臨死時吟著楊繼盛的絕命詩而歸西，康有爲也把商討愛國大計的事情與楊繼盛聯繫起來，可見忠直愛國的楊繼盛在祖孫兩代人心中的位置。

在松筠庵裡，康有爲以當年楊繼盛撰寫上皇帝書時的激憤心情，用一天兩夜時間代衆舉人起草了一萬八千餘言的上皇帝書，提出拒和、遷都、變法三大國策，這是一篇愛國宣言，也是一個變法綱領，第一次提出了全面學習西方、實行變法維新的詳盡方案。與會的十八省舉人紛紛簽名，多至一千三百餘人。在會上，康有爲慷慨陳辭，痛言國勢危迫的現實，極陳變法自強的主張，激起十八省舉人的強烈共鳴，以至士氣憤湧，群情激昂，由此掀起了大規模的上書請願運動。公車上書的目的雖未能實現，它卻無疑是一次愛國熱情的迸發，是一聲救亡心聲的吶喊，是一種變法意識的宣傳，它標誌著民族意識的覺醒，標誌著新興階級的登台，變法運動由此開始，歷史大劇拉開序幕。

康有爲這次來京的主要目的是參加會試，卻不意甩出了愛國大手筆。不過這次會試、殿試、朝考也都超常發揮，很有信心拿下「三元」，但現實給康有爲開了個苦澀的玩笑。會試發榜時，康有爲中進士第五名。事後得知，他本應列名第一，高中會元。但由於會試總裁徐桐、閱卷大臣李文田等頑固派官員看不慣有維新思想的康有爲，對其人其文總是百般挑剔、橫加指責，遂把有爲降至第五名。據說，徐桐事先就告誡考官：「粵省卷有才氣者必爲康祖詒，即勿取。」因爲試卷上的考生姓名被密封，只能憑試卷內容去判斷是何人所作，一考官正好發現一粵省試卷很有才氣，而且充滿異義可怪之論，疑爲康有爲的卷子，徐桐立刻發出指令，說此卷「文字皆背繩尺，必非佳士，不可取」。李文田便在卷末批上：「還君明珠雙淚垂，恨不相逢未嫁時，惜哉，惜哉！」很有些滑稽調侃的味道。

放榜時，依名次順序由後向前依次塡寫，當塡至前五名時，不見康的名字，想必已被淘汰出局，徐桐等不免有些洋洋得意。一旁的翁同龢笑著說：「怎保前五名中沒有康祖詒的名字呢？」前五名登塡完畢，果然冒出康的大名，而且還擬會元，直把徐桐氣得吹鬍子瞪眼睛，不行！其文太奇，會元不能中，結果有爲坐上了第五把交椅。而那份替康有爲墊背、被打入冷宮的卷子正是弟子梁啓超所作。他替老師挨了狠狠的一刀，終生都與進士無緣，才子反被才情誤。但還算値得，誰教他們有師生緣分呢？康有爲靠著梁啓超的犧牲，躲過了明槍暗箭，殺出重圍，走上殿試朝考的大堂。

殿試朝考兩場，有爲直言時事，只因閱卷大臣李文田從中作梗，致使康有爲痛失兩元。李是廣東人，與有爲的叔祖康國器有宿怨，有爲落在他的手下，自然成了報復的對象，而且有爲居然不認座主（奉主考官爲師），還好有奇思怪想，如此「狂生」，哪能相容？殿試閱卷大臣徐樹銘把有爲置名第一，各閱卷大臣也都畫圈贊同，唯有李文田不圈，並加黃簽，把有爲降至二甲四十六名。朝考時翁同龢本欲置有爲第一，又是李文田雞蛋裡面挑骨頭，硬說悶、煉等字爲誤筆，加上黃簽，降爲二等。有爲與三元擦肩而過，最可惜的是沒有當上狀元郎，可謂一生的遺憾。表面上有爲很豁達，說三元皆失「區區者不足道」，這只是自我解嘲和安慰，事實上他何嘗不想連中三元，顯示一下自己的超常智慧，對自己的漫長科舉路做一個精采的總結，也好對家鄉父老有個滿意的交代，但這一切已非自己所能爲，只能聽命於天，「死生有命，富貴在天」啊！

比起梁啓超來，康有爲已很幸運，總算有個進士出身的功名，並被授予工部主事，雖是個微職，不曾到任，但也是堂堂的朝廷命官，是一種政治資本。總之，沒有枉虛此行，了卻了母親和叔伯們的心願，自己臉上也光彩，可以堂而皇之地出入上層社會，不再是受人冷落的布衣百姓。接近皇上，上書言事，變法維新，總也有個來頭。一想到這些，康有爲信心百倍，躊躇滿志，立即把這一傲人的榮譽刻寫在故鄉蘇村康家祠堂前的旗杆夾上。按祖制，中了進士，可以立牌坊，樹旗杆，官府還撥給銀兩，足見中進士的榮耀。他這樣寫道：「光緒二十一年乙未科會試中試第五名貢士，保和殿殿試二甲第四十六名，賜進士出身，朝考二等，欽點工部主事。臣康有爲恭承。」文字雖沒有誇飾，但也顯示出足夠的自豪與榮耀。

領教過八股文之害的康有爲對科舉之弊有深切的體會，百日維新時他居然敢向科舉制度發難，一舉把八股文打翻在地，眞有些膽大妄爲。一八九八年六月十一日，在維新派的推動下，光緒皇帝頒佈《明定國是詔》，決心變法，由此拉開新政序幕。六月十六日光緒皇帝召見康有爲，面商變法大計，其中一段的君臣對話討論到了八股文的命運。

> 康有為說：「今日之患，在我民智不開，故民雖多而不能用，而民智不開的原因，全在於八股取士的科舉制度。學八股者，不讀秦漢以後之書，更不考地球各國之事，僅憑八股制藝就可以累致大官，今群臣濟濟，卻沒有堪任大事之

人，因此說，台遼之割，不割於朝廷，而割於八股；二萬萬之款，不賠於朝廷，而賠於八股；膠州、旅大、威海、廣州灣之割，不割於朝廷，而割於八股。」

光緒說：「是啊！西洋各國所學的都是有用的知識，而我中國皆為無用之學，所以才造成今天貧弱的局面。」

康有為說：「皇上既知道八股的危害，能不能把它廢除呢？」

光緒帝回答說：「可以。」

康有為又說：「皇上既認為可以廢除，就請直接下明詔廢除，不必交禮部再議，徒生阻撓。」

光緒帝說：「可以。」

一個大膽臣子遇到了一個冒失的皇帝，很快就達成共識。爲了加深皇帝的印象，康有爲又馬不停蹄地連上奏摺，自己奏或找別人代奏，都痛言八股的罪狀，極陳廢除八股以育人才的急迫。年輕的皇帝倒也爽快，立刻就拿出改革方案，在報請太后批准後，六月二十三日正式下詔廢除八股，宣佈自下科爲始，鄉會試及童生歲科試一律停止八股而改試策論，緊接著改革科舉制度的其他措施和興辦新式教育的詔書也雪片般飛向全國。

對維新派來說，形勢喜人，歡聲雷動；對守舊派而言，十分憤怒絕望，心理上很難適應。那些指望八股升遷和吃飯的士人，一下子給斷了生路，他們不敢對皇帝怎樣，康有爲卻成了衆矢之的。據說直隸的八股先生準備對康有爲下手，朋友們勸有爲要養壯士、住深室、簡出遊以保全性命。不但士人想不通，守舊大臣們簡直就要翻國是，復八股，對康有爲恨得咬牙切齒。雖然康有爲和皇帝栽在這些人的手裡，但八股文連同整個科舉制度從此一蹶不振，最終還是被整倒維新派的那幫人判了死刑。

康有爲從小就與八股文打交道，似乎從來沒有喜歡過它，但總不能擺脫它的糾纏。長大後，他與八股若即若離，時不時還被它牽著鼻子走，因爲這是一個科舉的時代，誰也無法擺脫它的影響，祖先輩都是靠它致仕做官，光宗耀祖。這是千年祖制，是歷史傳統。個人命運，社會風尚，精神生活，文化傾向乃至政治運作都受它擺佈，誰若想從這個傳統裡游離出去，準碰得頭破血流。康有爲的科舉之路，是一個漫長的探索過程，他要探尋救國救民的眞理、濟世救危的藥方和經世致用的實學，他的變法維新思想、變法理論都在這一過程中完成。他對科舉的態度有過討厭、痛恨、傷心，也有過爭取和利用，雖然他時時想飛離出科舉的天網，最終還是成了天子的門生，一旦他走完科舉的路程，他的精神修練也宣告成功。他的敏銳目光看準中國貧弱的根本原因，他的高瞻遠矚把握住時代跳動的脈搏，然後是藉助戊戌新政的鐵拳，給科舉制度致命的一擊，由此撕破了科舉的天網，丟掉先輩致仕的門徑，同時也送走一個時代，迎來歷史進步的一大跨越。

5 康家的女人

勞太夫人

一九一一年（宣統三年）五月十一日晨，太陽剛剛爬出東邊海面，就把它的第一縷清暉灑在香港亞賓律道三號一座私人兩層小樓的窗前。這天的第一縷陽光似乎沒有給這座樓房的主人帶來歡樂和幸運，反倒給一家老小增添幾分哀傷。二樓的客廳裡，一位衣著整潔、滿頭銀絲的老太太正坐在椅子上，眼裡噙著淚水，雙唇顫抖，面前跪著一位身著長衫、面龐清瘦的中年男子，只見他們的雙拳相握，四目對視，似有千言萬語，卻欲言又止。中年男子起身，鬆開雙手，徐徐下樓，老太太也顫顫巍巍地扶欄而下，以手拭淚，憑欄目送將要出門遠行的親人。這位老太太正是康有爲的生母勞蓮枝，她送別的中年男子就是長子康有爲。這時康有爲已在海外飄泊了十四個年頭，其間雖也數次回港侍母，但都是來去匆匆，其來也歡欣，其去也悲淒，他似乎已經習慣這樣的聚散離合。就在一個月前，即四月十日他由新加坡回到香港，探望八十一歲的高堂老母，這是他第五次飄洋過海來港省親，但這次歸來，他的心情格外沈重，看到母親愈加彎曲的背影、愈加遲緩的動作和每況愈下的身體，一絲恐懼掠過心頭。下次來港能不能再見到母親？一個長長的問號不禁懸在心裡。

自己因戊戌變法而獲罪當朝，不得不亡命天涯，飄泊海外，終日思母而不得見，辭母而不得事，母恩而不得報，爲人子者不孝，罪莫大焉。每想起這些，不免肝膽俱痛，無限愧疚。勞蓮枝這次見了兒子，似乎也有異樣的表現，她顯得格外親切、格外嘮叨，有些時候也格外茫然。她天天讓兒子坐在她的身邊，問這問那，總是說個沒完，好像害怕兒子離她而去，再也不能見到兒子。她似乎預感到自己來日不多，能多看一眼自己的兒子，也是一種慰藉。她多麼想讓兒子留在身邊，但又不忍心，兒子做的是大事業，需要到外面去，再說留在香港也不安全，隨時都有被捕的可能，每想至此，她又有些茫然不知所措。

這次康有爲在港剛及一月，就要遠遊日本。人間自古傷別離，清晨匆匆吃過早餐，有爲跪別老母，母親憑欄相送。康有爲轉過身來，再次深情地看一眼涕淚滿面的母親，頓時心如刀割，他也急趨向前，再次給母親跪下，深吻母親的雙手，仰視母面，不禁淚如雨下。母親回到屋裡，倚窗目送有為登車，門前的車子慢慢地消失在她的視域之外，車子好像拽走了她的心，也拽走了她的希望。

康有為在車上看著母親的身影漸漸模糊，最終從他的視野中離去。他在心裡默默祈禱：母親啊！保重！保重！等兒子回來看您！可哪裡知道，這一別竟成了永訣，他永生永世再也見不到那苦命多難的母親。時隔兩年，母親在香港病逝，享年八十三歲，她生前的最大願望是臨終前能與兩個兒子見上一面，最終也沒能如願，帶著她對兒子的無限思念，帶著她的無限遺恨，離開了這個世界。

一八三一年（道光十一年），勞蓮枝生於南海縣勞邊村一個「七世素封、家法謹於禮」的封建士大夫家庭，父親勞以迪，字德芳，曾做過候選知府，擅長工程建築，組織過大型河堤修築工程，還領導建造登雲書院、廣東貢院等有名的建築物，頗得好評，尤以幹練嚴毅而見聞於鄉里，人緣不錯，仕途還算順利，由小吏一路上升來，做到候選知府。母親徐氏也是一個很有愛心的人，康有為回憶童年時，常到外祖母家玩耍，記得一天早晨和外祖母一塊提著籃子到市集買糕點之類的食品，滿載而歸，累得有為氣喘吁吁。外祖母對他疼愛之至，每次來必有很多好吃的東西招待。外祖父也把他視為掌上寶，誇獎他聰明，相信這個外孫將來必有一番大作為。勞蓮枝生在這樣的家庭環境裡，算得上是大家閨秀。家庭文化的薰染，封建禮教的浸潤，對她的人格形成重要的影響，尤其是她的嚴毅之德和慈愛之質直接承自父母。

十九歲時，勞蓮枝嫁到康家，夫婿就是康達初。這門親事也算是門當戶對，一方是官宦之家，一方是書香門第，未來知府的千金配上未來知縣的女婿，可謂美滿姻緣。婚後二人琴瑟和鳴，相親相愛，日子還算甜蜜。

勞蓮枝是個孝順的媳婦，對公婆畢恭畢敬，小心伺候，從無怨言、怒色。婆婆陳氏生性儉樸，喜歡吃薯芋之類的粗糧，這對出生富貴之家的勞蓮枝來說，確實是個難題。爲了讓婆婆滿意，她也只好降低生活標準，一切依婆婆所好。婆婆患乳病，臥床三年，她與康達初朝夕伺候於床前，遞飯餵藥、洗濕曬乾、噓寒問暖，當時她又身懷有爲，還要照看兩個不懂事的孩子，很是辛苦。

康贊修去世後，其遺產本應由三個兒子繼承，但勞蓮枝從不過問這事，更不用說去和誰爭分家產。對於衆姪兒姪女，她也和別的女性非要分個遠近厚薄不一樣，一律把他們當成自己的孩子看待，衆子姪也都樂於有事找她。有爲小時候經常生病，有一次病得很重，她抱著有爲十八天不得歇息，可謂慈愛至極。平日裡一天見不到有爲，就不高興。如果有什麼好吃好用的東西，必留下來分與衆子孫。

她對孩子的愛可算是至眞至性，但不是溺愛和嬌慣，眞愛中又體現出智慧和卓視。孩子們的坐行起臥、言談舉止，必有章法，絕不含糊。她常對孩子們進行樸素的傳統道德教育，大講忠孝慈惠、信睦報應等道德信條，也常用祖父母的嘉言懿行和美德善舉激勵他們，用康達初的臨終遺言警示他們，提醒孩子不要辱沒了先輩們的名聲。她對孩子教責極嚴，不管是誰犯了錯，都絕不姑息。即使年逾五十的康有為，若起居言行稍有失誤，也必面責不貸。

丈夫去世後，家道中落，五個孩子尚小，若沒有堅強的個性和理財治家的本領，很難撐起這個家。當時第四個孩子順貞才四歲，最小的幼博只有半歲，勞蓮枝左提右攜，還要治井灶，忙生計，少不了操勺下廚，縫補漿洗，吃了不少苦頭。幸虧娘家家底殷實，出嫁女兒時陪嫁了不少東西，勞蓮枝拿出奩資，清理外面的欠債，對每月支出精打細算，節省下來的錢供有為買書。日子過得雖不比從前，但也衣食無憂，而且招待應酬一如既往，像禮祭宗廟的事情不但不廢，而且益加隆盛，十餘年間從無間斷。其他如撫孤救弱、睦鄉恤族的事情也樂於參與。尤其是出嫁三個女兒和給兩個兒子完婚，花了勞蓮枝不少心血，身為一個柔弱女子，操辦這些事情確屬不易。康有為少年喪父，能夠在二十七歲之前閉戶讀書，學有所成，全仗母親善於持家理財，不然，以有為既孤且貧的家境，怎能安心坐下來讀書？

勞蓮枝是個嚴守禮法的人，凡舉手投足，儀表、儀態、待人接物都講究個「禮」字，很有「非禮勿動，非禮勿言，非禮勿聞，非禮勿履」的味道。康有為認為母親一切由「禮」的做法不是外界強加或影響的結果，而是出於自覺自願的行為。他在總結母親的高尚德行時說：「吾母無遊言，無戲動，無狎色；坐必莊，容必恪，行必確；知分而自足，節用而寡欲，不假貸於人；嚴事廟至敬，部署家人至肅，防閑內外至峻；鼎鼎宇宇，臨事至慎；不取分毫非義之財；不可幹以分毫非義之事，峻拒見顏色。樂於從善，而嚴於嫉惡，不笑不謔，不弄不遊，不好觀百戲。自笄至易簀，自髫至履，內而髮膚指爪，外而衣服什器，幾席床榻，懷盤卮洗，必整必潔，十年不亂也。不尙華而尙齋；終日治家，跬步不逾；笑不至矧，怒不至詈；諄諄申申，唯言孝慈忠信廉恥睦讓之道。」康的這段話雖不免有過譽之辭，但也大體上反映出勞氏的人格特點。由此也可以看出一個嚴毅、謹愼、自強、自尊、勤勞、節儉、有條理的女性形象。

但勞蓮枝爲了一個「禮」字，卻也付出巨大的代價。丈夫死時，她只有三十八歲，正值人生的黃金歲月。中年喪偶本是人生的大不幸，但她只能默默地忍受寡居的痛苦。除了爲丈夫守節終其一生外，似乎別無選擇。因爲封建禮法早已剝奪女性的選擇自由，三從四德等綱常名教早已規定好女性的人生歸宿。「在家從父，適人從夫，夫死從子」是天經地義的事情，誰能說個「不」字？「餓死事小，失節事大」，「烈女不事二夫」是社會「美俗」，人人爭相稱頌，誰敢有非份的嚮往？婦女身上的鎖鏈太多太重也太長，不但勞蓮枝掙脫不掉，其他無數女性也在這鎖鏈的束縛下成了冤魂屈鬼。所幸，勞蓮枝的幾個孩子爭氣，也都孝順，這給了她些許寬慰。

她把全部的愛傾注在孩子的養育和理財持家上，自然沒有心情關注自家以外蜚短流長的閒事，幾個嗷嗷待哺的孩子，早把昔日千金小姐的嬌貴氣質打磨得一乾二淨，家道中衰的嚴酷現實也剝去大家太太的雍容與體面。勞蓮枝像勞動婦女一樣，也挽起袖子灑掃庭除、操瓢使杖、飛針走線，做起曾經是傭人幹的粗活，她事必躬親，辛勞不已，至老都不稍息。有時有為實在不忍心母親這樣辛苦勞作，勸她稍事休息，反遭母親斥責，她說康家世代為儒為士，怎能貪圖奢侈安逸？雖家有園林美景，頂多也是間日一遊，稍涉輒回，對於看戲娛樂之類的事情，更是不敢奢望，因為她既沒時間，也沒心情。

勞蓮枝畢竟出身於大戶人家，說話做事明快果決，把握分寸，分析事理，也頗有見地，不乏遠見卓識。一次有朋友願意為康有為出資捐官，這本是一樁好事，勞氏卻對兒子說：「你是個讀書明理的人，如果以金錢求官，那將是終身的恥辱，而且妄受人恩，將何以報之？」獨不許有為接受。康有為本無做官的願望，因此也無意事科舉，勞氏卻強其所難，堅持要有為參加試事。她說：「你的祖先是科舉及第，這個門風不可違逆。」康有為多次參加科舉考試，多是迫於母命，等到他成了光緒乙未科進士時，勞氏又說：「宦途多危，人心險惡，而且我又想經常見到你，你就不要再去做什麼官了！」康有為果然是授職不就，以奉母為事，遂築花埭宅第，欲講學終身。

勞蓮枝雖未嘗從師受學，而履道由禮、嚴密栗毅的道德修養境界卻與宋代理學家的道德理想不謀而合。她的嚴毅性格也傳給了兩個兒子，康有為和康廣仁在性格上很像他們的母親。這種履道由禮、嚴密栗毅的人總是循規蹈距，苛求自己，因此也總是篤舊而惡變，少樂而多憂，勞氏就是這樣。她喜歡和故鄉蘇村宗族妯娌在一起時的眞情與熱鬧，而受不了獨處港澳時的冷清與寂寞；喜歡子孫聚繞於膝下，而不願讓子孫宦學遠遊，奔走四方；喜歡衣食粗備，僕婢足供，有中等收入，而不願太窮太富。她本指望兒子們能夠膝下承歡，撐一撐康家的門面，怎會想到他們參與國事，搞變法維新，給康家戳了一個天大的窟窿。

戊戌政變，有爲獲罪，幸虧跑得快才免遭殺戮，但廣仁卻被捕遇害。逮捕康家老小的命令迅速傳到廣東，也算康家命大，因早聞風聲而得以逃匿。勞蓮枝雖半生勞苦，孤獨無伴，但還不曾遭此磨難。求生的本能驅使她狂奔猛逃，哪裡還顧得小腳之身和耆老之齡。出蘇村，走羊城，過香港，奔澳門，往來於港澳之間，一路上顚沛流離、悽惶萬狀，總算逃脫了厄運。

勞氏在港與兒子劫後相逢，不禁抱頭痛哭。她沒有責難兒子的闖禍行爲，對兒子給家庭帶來的劫難也沒有一絲怨言，她最擔心的是兒子的安危。既然兒子生還，她那顆緊懸著的心就落下了一半。當問起廣仁何在時，康有爲不敢以眞情相告，害怕已是風燭之年的母親經不住失去愛子的打擊，只說廣仁弟逃往蒙古山寺中當了和尙。對於這次家庭變故，驚恐之餘，又有幾分自豪，因爲她最理解兒子，知道他們做的是大事業，於國於民都有好處。

在康有爲的安排下，勞氏在香港住了下來，一住就是十六年。這對大半生生活於故鄉土地上的她來說，的確是一個新的難題。在港期間，不比家鄉有子孫承歡膝下，有族姻往還之樂，一切都那樣陌生、那樣冰涼，無論從心理上還是習慣上都難以適應，又適逢艱難，一切從新，不順心的事一件接一件，使她陷入難以排解鬱悶痛苦的境地。

當時廣仁遇害，有爲奔亡，身邊無有一子，難免整天鬱鬱不樂，只有童孫同籛在身邊，才稍解心中的鬱悶；港澳地昂屋小，住處狹隘，人地生疏，讓人處處感到彆扭，回想昔日里巷鄉曲的過從之密，宗族妯娌的融洽關係和自家的寬宅大院，而今不能得見，不能漫遊，自然又鬱鬱不樂；兒子有家難歸，孫女同薇移居國外，同璧與外孫游師尹留學美國，同荷留學日本，終日思之而不得見，又是鬱鬱不樂；初蒙難，家產盡失，百物皆阨，窮得靠典貸度日，自己生於承平富家，儘管家道中落，也從沒有遇此窘境，難捱的困苦日子又不免使她鬱鬱不樂；自己長年咳喘不止，又患有胃病，夜晚常咯咯有聲，睡覺時只能偏左而臥，不能轉身，有時胃疼得徹夜難眠，諸女不在身邊，媳婦也不便近前，每想起淒苦無聞的晚景更是鬱鬱不樂；自己生於故鄉，長於故鄉，已是耆老之年，驟來香港，禮俗稍異，習慣不同，凡耳聞目睹，都讓她鬱鬱不樂；二女兒逸紅早寡，養子夫婦又早亡，以致憂鬱成病，乳痛難忍，竟夕呻吟，更讓她鬱鬱不樂；勞家七世素封，戊戌後兄長夫婦病逝，諸子姪不能自立，遂家道衰落，康家一族也因戊戌之難而四處飄零，每想起內外族親的不幸，自然是鬱鬱不樂。

最讓她鬱鬱不樂的還是兒子廣仁音訊皆無，儘管有爲告訴她廣仁在蒙古出家爲僧，她心裡總是忐忑不安，直覺告訴她，廣仁凶多吉少，不然怎麼不回來看看老母和妻子、女兒，至少也該捎個口信。有爲懂得母親的心病，就以廣仁的語氣寫信給母親，以寬慰母心，但她總是將信將疑，雖然她盡量往好處想，卻怎麼也抹不去心中的陰影。可憐勞蓮枝生於安樂，半生勞苦，臨到晚年又背井離鄉，在思念、哀傷、痛苦中度過一生。

勞蓮枝生有六個孩子，長女四歲而夭。二女逸紅聰明仁孝，善於治事，一生未曾失言失色，出嫁不及一月即夫死守寡，所撫繼子也早亡，晚年孤苦伶仃，傷心欲絕，不幸又身患乳病，一生淒苦，不可言說。她大半時間在娘家度過，母女倆常常相依爲命，她的細心、勤快和孝順給母親莫大的安慰，有她在身邊，母親就少了好多苦悶，而她的不幸也最令母親掛心。

長子有爲少年早慧，讀書最勤。儘管有少年喪父的悲痛，但母親的慈愛胸膛卻爲他撐起另一片藍天，母親以瘦弱身軀給有爲爭來一個可供思想自由馳騁的空間。母親的含辛茹苦使他得以在知識的殿堂裡自由地跋涉；母親的樸素教誨使他學會做人的方法；母親的人格風範成了他不斷追求的動力。

在他中進士和奔走國事之前，一直侍奉母親，早晚請安，遞茶送水，捧几席，清痰盂，捶肩背，有時候也談天說地，話家常，母子倆最喜歡在一起閒聊。有爲一日不在，母親就不高興。即使在奔走國事、遠走天涯的時候，他也無時不在思念高堂老母，牽掛母親的冷暖起居，並時時送來遠方的問候。

記得一八八八年在京城第一次上書時，他寫給廣仁的信中，就特意囑咐不要讓老母知道上書一事，不想讓老母為上書所擔的風險而擔憂。事實上，他的大膽言論和變法之舉，時時刻刻都冒著殺頭和滅族的危險，但老母對他的活動卻知之甚少。他多次向老母親隱瞞他的活動，為的是多給母親一份寧靜，少去一份驚恐。直到戊戌年全族人出逃，母親才清楚他做了些什麼。每當他有重大抉擇，首先想到的是高堂老母。

在他到都察院進呈《上清帝第一書》時，正準備出南海會館，就碰上附近菜市口行刑的凶事，剛準備上書就遇上殺人的事，很不吉利，心想到「家有老母，豈可遂死」，後雖以生死由命為由，慷慨前往，仍足以說明他對母親的牽掛。當他上書不達、報國無門時，曾有移居海外的打算，可又想家有老母，「未能遠遊，遂還粵」。

在寫給家人的信中，他曾不厭其煩地叮囑家人如何照顧母親，如何使母親安適。諸如囑咐女兒向祖母請安，要妻妾們小心伺候母親，母親住的房間是否朝陽，是否寬敞，是否安靜，母親的身體近來安康與否。在有為心中，母親永遠是踐「禮」的楷模、德行的化身，永遠是那樣慈祥、勤勞、完美。母親是他心靈的依託，思想的靠山，家庭的柱樑。母親的言語對他來說就像是聖旨，有絕對的份量。即使他有一千個不情願，也會按照母親的意思行事。

有為向以「拗康」著稱，但在母親面前，卻像是溫馴的羊羔。他曾是創造過一個時代的巨人，但在母親身邊依然像個天眞的孩子。有母親健在，他就覺得有希望、有信心、有著落，也有歸宿。他常爲自己從事戊戌變法連累母親及全家險些喪命而痛心疾首，也爲自己十六年流離海外不能侍奉母親，稍報母恩而傷心欲絕。

戊戌政變後，有爲逃至香港，在母親身邊不及一月即遠走日本、加拿大和英國。第二年自加拿大歸港省親，侍母不及四月又遠遊印度、緬甸、爪哇、檳榔嶼，一去就是四年。一九〇三年回港，侍母不及五月，第二年又再遊歐美。一九〇八年回南洋檳榔嶼，把母親接來同住，侍母僅兩月。一九一〇年在港侍母四個月。一九一一年在港的短短一個月是他最後爲母親盡孝。

他不忘母親的生日，每逢母親壽日，只要有爲在家，必親自主持慶賀一番，一九一二年十二月九日是母親八十二歲的生日，遠隔重洋的有爲很想再熱熱鬧鬧地爲母親舉行一個壽日慶典，他知道這樣的機會已經不多。時逢八女同琰生，遂決定攜妻女歸港侍母。被弟子以國內時事紛擾、「暴民橫行」爲由所勸阻，沒能成行。這造成了他終生的愧疚。

母親對兩個兒子的思念夜不能寐，她多麼想在自己生日那天能見上兒子一面，喝上一杯兒子遞來的祝壽酒啊！他們卻都沒有回來，她有些傷心、失望和痛苦，對兒子沒有回來的理由進行種種猜測，但她永遠都會原諒兒子，他們有他們的事情，都很忙，下個生日他們一定會來，但她沒等到下個生日，就帶著永遠的遺憾和思念離開了人世。

有為沒有趕上母親的生日慶典已是愧疚萬分，他不願再刺痛母親那已是傷痕累累的心，也不想再繼續遭受自責心理的折磨，一九一三年春，他決定立即由日本舉家還港，永遠陪伴母親而不再離去，命運偏偏在母子最後一晤的時刻設置了重重障礙，命定他們各自留下永久的遺憾。就在康有為要舉家啓程時，忽然闌尾炎病發，疼痛難忍，考慮日本人擅長手術，遂割於東京，養病又數月。就在這期間，老母在痛苦的期待中於七月八日病逝香港。多虧髮妻張雲珠、堂弟有銘、有霈料理後事，才使母親的靈魂稍得安息。十月，康有為由日本奔喪歸港，望著母親的遺像，撫摸母親的靈櫬，捶胸頓足、錐心泣血自不必說，但淚水無法洗去他的愧疚和悔恨。

他是長子，最受母親疼愛。母親早年守寡，為了他們兄弟姊妹，吃盡了苦頭，做兒女的本應該盡孝於跟前，讓母親頤養天年，偏偏因自己搞維新害得母親及全族人有家難歸，有國難投，也害了胞弟廣仁，自己為人臣不能盡忠，為人子不能盡孝，豈不是罪通於天。前幾次歸港能高高興興地見到母親，而今歸港，不得見母面，不得聞母聲，只能扶柩以哭。母親朝夕倚門而望，盼兒子歸來，但不孝兒日日言歸而不歸，以致今日不得潔痰盂，不得侍湯藥，乃至不得視含殮，不得慎衣衾，而只得見棺木。

母親去鄉十六年，對故鄉日思夜想，他準備把母親的靈櫬送回故里，讓母親的靈魂安歇於故土，以此來減輕一些不孝兒子的罪過；還想把母親的葬禮辦得隆重一些，以此報母恩於萬一。一九一三年十一月四日，隨著海明輪一聲汽笛長鳴，勞太夫人的靈櫬緩緩離港，在兵艦的護送下，輾轉數日回到久別的故鄉，安葬於南海縣銀塘鄉的後岡。

勞蓮枝的三女兒瓊琚，慧而好學，嫁給游湘琴，沒過幾天好日子就死了丈夫，二十八歲開始守寡，後又因做生意虧本，不堪經濟和精神重壓，以致抑鬱憂憤而死。丟下三個孩子由外祖母撫養，遺腹子游師尹甚得外祖母疼愛，在康家資助下曾留學美國，學有所成。

四女順貞在兄弟姊妹幾個人當中算是運氣最好的一位，從現有資料來看，還不能確切說出她有什麼鮮明個性。不過，出嫁後她的日子過得比兩個姊姊順暢幾百倍，丈夫譚霜橋是個守本份的人，兩人恩恩愛愛，平平靜靜，養育幾個孩子，家累雖重，但沒有七災八難。這也是一種福氣，因此省去母親的擔憂。

次子有溥，又名幼博，字廣仁，排行最末，小時候經常生病，少不了拖累母親。曾在浙江做過小官，又當過候選主事。戊戌維新時，以才被薦，準備做懋勤殿行走，懋勤殿是光緒皇帝準備成立的一個籌議新政的重要機構，不幸政變發生，幼博被捕，遂慘遭殺害。母親一直不知道幼博慘死的眞相，雖有不祥的感覺，但她寧願相信幼博做了和尙，天眞地盼望兒子有一天能夠突然出現在面前，可是這一天在她生前永遠沒有到來。令人傷心的是母子生前不能相見，魂魄卻相伴於九泉。幼博遇難後，康有爲派人收拾幼博的遺骸，密運至澳門，暫厝於山寺中。康有爲奔喪回港，將母親和幼博移柩還鄉，葬於蘇村後岡，幼博陪伴母親長眠於地下。

勞蓮枝是一位典型的賢妻良母，自從嫁入康家，就擔起身爲媳婦、妻子、母親和康家一員的責任。上事公婆至孝至敬，中睦族人至恭至誠，下慈子女至愛至嚴，不幸的是康達初英年早逝，撫養和教育五個孩子的重擔全落在身單力薄的勞蓮枝身上。隨著公公康贊修去世，家道漸落，生活日艱，但勞氏靠著智慧與堅強，以其瘦弱之軀爲孩子們撐起了一片藍天。

她不但把孩子們一一撫養成人，偉大之處還在於培養康有爲、康廣仁兩位棟樑之才。她的慈愛和嚴厲給孩子們的品德發展提供了良好的家庭氛圍；她的嚴毅和冷峻影響了孩子們個性品格的形成；她的睿智和通達賦予了孩子們生命的靈氣；她的德行和人格風範淨化孩子們的心靈，也爲他們確立了對美好事物的目標追求；她的言傳身教對康氏兄弟的成長有著極重要的影響，以致康有爲無論走到哪裡、取得什麼樣的成就，都不會忘記母親的教誨。

勞蓮枝不是文化人，但她創造了一種文化環境；不是教育家，但她具有教育家的匠心和智慧；她是一位平凡的女性、平凡的母親，但卻爲兒子的非凡事業做了準備，平凡中透射出崇高，顯示出神聖。從這個意義上說，勞蓮枝可說是一位了不起的女性、偉大的母親！

貞烈與完人

一八七二年（同治十一年）秋的一天，南海縣沙塘岸鄉羅家大院裡人聲鼎沸，熱鬧非凡。寫著各種吉祥祝福詞句的大紅對聯、條幅貼得滿院紅光閃閃；奏著歡快喜慶曲調的鼓樂吹得人們心花怒放；廚房裡更是碟盤翻飛，烹炸煎炒，招待來賓的菜餚正快速有序地準備；羅家的男女主人身著嶄新的緞面長袍在庭堂門口打躬施禮，迎接四方賓客。嘈雜的人群伴著悅耳的鼓樂從村外湧來，院中的賓客一湧而出，迅速融進了奔來的人流中，這時鞭炮聲驟然響起，守候在院中的樂隊也使出看家本領，和遠道而來的同行們較起勁來，直吹得祥雲翻滾，紫氣騰騰，把熱鬧氣氛推向高潮。

衆人簇擁下的一頂花轎在門前落定，轎簾掀起，從轎中款款走出一位身著大紅印花織錦寬袖長衫，頭頂大紅緞面蓋頭，亭亭玉立、婀娜多姿的新娘子，在伴娘的挽扶下徐步入正廳。

原來羅家正在準備盛大的婚禮慶典。迎娶的新娘，即這場婚禮的女主角就是蘇村康家的二女兒康逸紅，即康有爲的二姊。新郎是羅家公子羅逢喬，大喜之日，新郎本應張羅應酬一番，他卻很少露面，拜堂時是在別人的攙扶下完成的。新娘顯得從容鎭靜，既看不出她的喜悅表情，也覺察不出她有什麼不滿和冤屈。但在熱鬧場面的背後，人們隱約感到有幾絲涼意掠過心頭。

新娘新郎按照當地習俗，在鼓樂聲中行完大禮，雙雙進入洞房，康逸紅正式成爲羅氏家庭的一員。

說起羅家，在十里八鄉素有名望，是個大戶人家，有數十萬元家產。羅逢喬風流儒雅，勤奮好學，曾和康有爲一塊受教於九江先生的禮山草堂，算是正宗的同窗學友。因這種同學關係，他對康家的情況比較瞭解，對仁孝文靜的康家二小姐也早有耳聞，不免心生傾慕。後來羅逢喬少年得志，一下子就搞到同知官銜，大概是比知縣高、比知府低一類的官職。但人有旦夕禍福，不久羅逢喬身染沈痾，據說是一種腦病，很可能是現在所說的腦瘤。垂危之際，想起了沖婚習俗，即久病不癒的人或重病者，希望透過婚姻嫁娶這一大紅大喜的事情沖去身上的晦氣和病根，帶來吉利和康復。這種願望很美好，但顯然缺乏科學依據。羅家很快就想到了康逸紅。

康家也是南海縣的名門望族，兩家門當戶對，雙方都能接受。康逸紅人品好，心地善良，是羅家理想的媳婦人選。於是，羅家立即展開外交攻勢，媒人穿梭往返，頻頻出擊，終於叩開了康家的大門。但對康逸紅來說，這絕非是射來的愛情之箭，也不是一般意義的花好月圓，顯然是一種苦澀人生的序幕，是一種飛蛾撲火的慘劇，也是一種壯士輕生的義舉。

康家爲羅家的眞誠所感動，康逸紅更是動了惻隱之心。善良的女性見不得危難之人，再說羅公子一表人才，若能以自己的婚嫁給公子帶來好運，化險爲夷，轉危爲安，豈不是兩全其美？既救公子，又擇了快婿。於是慨然應允了羅家的婚請，這應該說是一種同情和憐憫。她嫁到羅家很有一種慷慨赴義的味道，婚禮上的平靜正說明她早已做好最壞的打算。

「蜜月」對她來說沒有甜情和蜜意。遺憾的是，康逸紅的到來並沒有給新婚丈夫的病帶來什麼轉機，反而日趨惡化。可憐羅逢喬自婚娶至彌留，只有短短的十九天。新婚的喜悅確曾給他帶來過一陣興奮，美貌賢慧的新娘也曾激起過他求生的希望，但命運的安排已宣佈他的所有努力和希望都歸於無效。就在他將要告別人世的時候，從心底發出感慨，他對不起康逸紅，本指望新婚妻子能給自己帶來好運，反而連累了她，耽誤了她的青春，毀了她的前程，自己於九泉之下也於心不安。

他垂淚對逸紅說：「我害了你，辜負了你的眞誠和愛心，毀了你的青春和前程。我向你深深致歉，請你原諒！原諒！不過能和你結爲夫妻，也是我今生有幸，你是我心中最完美的女性，可惜我們無緣白頭偕老，請你珍重！珍重！」羅逢喬發自內心的懺悔和感歎確也讓人動情，夫妻倆哭作一團，雖不曾有夫妻恩愛生活的幸福，但畢竟是結髮夫妻，面對眼前就要離她而去，而且其言也善、其情也眞的夫婿，她的憐憫天性、神聖使命感和道德信念都在告訴她應該怎麼做。

她鄭重地對丈夫說：既然我嫁到羅家，今生今世就是羅家的人，絕不會做出有負於你的事情。我也會終生侍奉羅家的宗祠，永無反悔！不知羅逢喬聽到妻子的誓言後是何反應，是反對？是愧疚？是滿足？還是兼而有之？無論如何，他已不能改變康逸紅的決定，在聽了妻子那和血帶淚的陳述後便溘然長逝。羅逢喬走了，康逸紅卻要用畢生的毅力去履行她的誓約。

康逸紅，字月華，排行第二，因長姊四歲早夭，實際上逸紅扮演了長姊的角色。她比有爲大四歲，比小弟幼博大得更多，長姊就要負起長姊的責任，爲母親排憂解難，當好助手，照看年幼的弟弟妹妹。這擔子確實有些重，但她似乎沒有富貴之家「千金小姐」的嬌氣，擔起這個擔子並不感到有什麼委屈和不甘願。爲帶好兩弟兩妹，她也確實磨出耐心，培養愛心，贏得了威信。幼博半歲而孤，體弱多病，照看起來很是費勁。生病時要陪他，哭鬧時去哄他，飲食起居都需要監護，幼博能夠長大成人，多虧了姊姊的耐心和愛心。

對弟妹來說，她就是頂頭上司，哄哄這個，管管那個，忙得不亦樂乎。父親去世那年她才十四歲，但說話做事穩穩當當，早就像個成人。十四歲以前她也讀書學文，因爲大戶人家女子基本的文化教育還是必需的。但父親的去世打斷了她的學習進程，開始替母親治家兼管弟妹，這時她儼然成了家裡的二掌櫃。在兄弟姊妹幾人當中，她的話很有影響力。她從不打罵弟妹，也很少有訓斥之聲，若有弟妹淘氣，頂多是不理不睬。如果誰受到姊姊的冷遇，準會心虛，要好長一段時間不敢惹姊姊生氣。康逸紅與妹妹瓊琚一塊讀書，同寢而居十多年，少有「不悅之辭色」，更不用說打罵和訓斥。

從七歲時候起，就帶著大弟有爲奔走玩耍，如果有什麼好吃的東西，總少不了與有爲分甘共食。如果附近街村有廟會或唱大戲，姊弟倆總喜歡去湊湊熱鬧，書店和書攤也是他們經常光顧的地方，觀劇和購書自然是由姊姊付錢。有爲最喜歡跟姊姊一塊活動，因爲和姊姊在一起總是很開心，還處處得到姊姊的疼愛。在弟妹們的眼裡，姊姊永遠是那樣仁愛、溫和、可欽可敬，有事有話總想向姊姊訴說。

逸紅喪夫後回家事母，與有爲相處時間最長。每當有爲閒暇在家，或是茶餘飯後，或是花晨月夕，常與母親和姊姊三人對坐，盡興暢談，從所見所聞、所感所悟、奇聞軼事到家庭生計、宗親族里和街坊鄰居等無所不談。和母親、姊姊在一起，有爲感到充實和溫暖，姊姊的睿智和明斷會給他不少啓迪。母親和姊姊也最喜歡和有爲聊天，海闊天空的閒聊會忘掉一切憂愁和不幸，不少時候還被有爲幽默的笑談和機智的言辯逗得樂不可支，進而得到心靈的寧靜和慰藉。

有爲與姊姊四十年朝夕相處，最佩服姊姊的才識，敬重姊姊的人品。姊姊對他幫助也最大，侍奉母親、操持家務自不必說，還與這位弟弟同聲相應，甘苦同當。有爲曾說：「有過則規其微，有事則商其難，有歡則共其樂，有患則共其憂。」有爲認爲在兄弟姊妹當中，論天份和悟性，二姊最高。有爲的二叔父康達遷也常說有爲的才能不如逸紅，有爲剛愎褊狹，多尤多悔，而逸紅適中人情，明敏機辯，臨事應節，略施小技就迎刃而解，而且天生仁孝，又有治事之才，可惜生爲女性，不能施才於萬一，況且篤守禮教，不願露才揚己，不願預聞世事，對於被埋沒了才能的姊姊，有爲深感惋惜。姊姊若生爲男子，成就肯定不在其下。

逸紅從小幫母親治家理事，看護弟妹，是母親的得力助手，在家裡發揮特殊的作用。對於母親，她既是孩子，又是助手；對於弟妹，她是長姊，又是監護人。父親去世時她十四歲，女孩的早熟和敏感使她早早地感受到命運的嚴酷和生活的艱辛。她不像幾個弟妹，不諳世事。從母親緊鎖的雙眉和呆滯的目光裡，她感受到母親內心的淒苦，她最理解母親，想用自己單薄的肩膀分擔母親沈重的負荷，用自己赤忱的愛心溫暖母親孤獨的心靈，母女倆相依爲命。

逸紅的婚事雖是自己應諾，但也得到母親的首肯。女兒出嫁十九天就死了女婿，母親爲此事痛心疾首。逸紅在家出力最大，安慰最多，到頭來落得如此慘局，母親悔恨自己不該許諾這門親事，這等於把女兒推進火坑。但逸紅沒有絲毫怨恨母親的意思，她把自己的不幸歸結爲命運的安排，夫喪後她又回到母親身邊，準備陪伴母親度此一生。事實上，除了短暫的新婚歲月和每年回沙塘岸鄉張羅祀祠的一段時間外，她的大部分時間都是在母親身邊度過的。母親爲女兒的不幸而悲傷，也爲能天天見到女兒而寬慰。同是世間苦命人，人生悲歡最相知。逸紅心裡雖有不盡的哀思和苦楚，但家庭親情的溫暖、弟妹們的關懷和母親的疼愛，也給了她生的希望。

她與母親相處最久，給母親幫助最多，從母親那裡得到的安慰也最多。伺候母親、陪伴母親成了她生命意義的一部分，而母親也非逸紅不樂。母親性情嚴毅，愛發脾氣，每次母親一生氣，逸紅只需三言兩語，母親的怒氣就煙消雲散。遇著家裡人有事要請命於母親，若正逢母親生氣，必先請逸紅出面斡旋。她一出面，事情迎刃而解。

戊戌年間，幼博蒙難，有爲出逃，舉家震恐，是逸紅忍悲抑淚，多方勸慰母親，與家人一起向母親隱瞞幼博死難的事實，才使母親稍得安寧。逸紅對母親至孝至敬，體貼入微，在母親輾轉港澳、流寓他鄉的日子裡，多虧逸紅陪伴，母親才少去了許多痛苦和不安。有爲避居南洋和日本數年，曾多次邀請母親和他一塊居住，也好盡一些孝子的義務。但逸紅要爲羅家奉祠祭祀不能遠行，而母親又不願離開逸紅，因此不肯到有爲那裡。母親離不開逸紅，而逸紅把母親當作生命的支柱，及至母親病逝數月，逸紅也隨之而去。

康逸紅當初嫁入羅家，是爲了給病重的羅逢喬沖喜，這本是一樁殘缺的婚姻，更多的是出於一種道義，根本談不上夫妻生活，也毫無夫妻感情可言。但她爲羅逢喬臨終前的歉意和自己許下的諾言，付出了青春，賠上了一生，康逸紅無疑是封建禮教的犧牲品，是傳統貞節觀念的受害者。

據說，正式提倡貞節觀的是秦始皇，經漢代儒士的倡揚，到宋代理學家那裡，就有了「餓死事極小，失節事極大」的論調，貞節觀念被提到了比生命還重要的地位。元代以後，尤其是到了明清時代，貞節觀念瀰漫整個社會。「餓死事小，失節事大」成了婦女壓倒一切的道德規範和行爲準則，儒家士大夫對宋儒理學極力宣揚，統治集團大力倡導和表彰，使貞節觀念深入人心，被強化到了極致。

貞節觀念要求婦女保持性的純潔與專一。未婚女子要嚴守童貞，已婚女子除了唯一的合法丈夫外，終生不能再嫁，更不能與任何異性發生兩性關係甚至一切接觸。這種貞節觀念是伴隨一夫一妻婚姻制度的建立與父系、父權家庭的出現而產生的。爲了保持父系血統的純潔，必須要求妻子在性方面保持專一。隨著婦女地位日益低落和夫權日益高漲，女性做爲男性私有財產的觀念愈來愈強烈，貞節觀念也不斷強化。於是，進而要求未婚女子必須保持童貞，寡婦也不能再嫁，以保有丈夫生前、死後對妻子的絕對佔有。當貞節觀念膨脹到了可怕的極致與病態時，就成了勒在婦女脖子上，把無數個無辜婦女送上絕路的繩索，成了侵奪女性愛情和婚姻權利的可怕惡魔。在貞節觀念的薰陶與壓力下，歷史上出現過難以勝計的節婦烈女，她們爲了贏得一個烈節名聲，顯示一種節操，尋求一種道德完善，自願或不自願地以青春和生命爲代價，製造出一個個人間悲劇。

康有爲對節婦烈女的淒慘命運寄予深切同情，他在《大同書》中寫到：「吾粵女義尤嚴，吾鄉族觸目所見，皆寡妻也，里巷皆是。槁砧獨守，燈織自憐，冬寒而衣被皆無，年豐而半菽不飽。吾鄉夜歸，聞機杼鏗然，五更未已，舉巷相應，皆寡婦也。」孤燈織機，茫茫黑夜，吞噬著霜妻節婦的生命年華；一座座貞節牌坊浸透著無數女性的斑斑血淚。

「死節易，守節難」，節婦們的生活最痛苦，且不說那些生計艱難者，即使是衣食無虞，她們依然有說不出的苦惱、受不盡的煎熬。受貞節觀念毒害最深的無疑是以禮法自矜的士大夫、儒學之家的女性。勞蓮枝、康逸紅母女就是典型代表。如果說勞氏的守寡還有兒女拖累等客觀理由的話，那麼康逸紅的守節則完全是貞節觀念扭曲心靈的結果。她們都是封建禮教的受害者，其情其境，都值得人們灑下同情的熱淚。

康逸紅忠實地履行了她的諾言，執行了一個羅家媳婦應盡的職責。爲了給羅家延續香火，她收養了一個嗣子，取名衍樟，並含辛茹苦把他撫養成人，給他娶妻成家。做爲羅氏家族的成員，康逸紅還擔負著掃墓祭祖、供奉宗祠的使命，這也是她答應羅逢喬要終生去做的事情。每逢清明、冬至等節日，她都要備上供品，帶上紙帛，到羅家祖墳上及祠堂裡祭祀一番，遇著丈夫和公、婆的祭日，雖大風雨，及遠在港澳，她也必歸沙塘岸鄉祭奠亡靈。羅家的遺產數十萬，幾乎被羅逢喬的兄長揮霍一空，康逸紅身爲羅家的重要成員，理應分得一份，但她僅取千金，而且是以教育嗣子和爲其娶妻的理由得到的。她爲羅家作出了犧牲，可以說有功於羅家，但她從不計較。

女性的細緻、良好的教養加上較高的天賦，使康逸紅顯現出明敏練達的性格。內外宗親，族黨鄉里，凡有疾病患難死喪者，她都奔走相助；有矛盾糾紛者，她則爲之調停和事，排難解憂；有金錢重利的事情，她則推之不受。由於她願意爲大家做事，不計個人得失，因此得到宗親族黨的信賴，得望日高，求助者日多，自然就成爲康、羅兩個家族的重要人物。

她通達人情，洞於事理，遇事立決，對人情事理的剖析，能一言見的，鞭辟入微，聽者心悅誠服。無論她走到哪裡，都會受到熱烈歡迎，宗親族黨見到逸紅，感到親切溫暖。他們對逸紅常常是「有喜而無怒，有歡而無怨，不見則群思，有病則憂問。」逸紅樂於爲人任事，人們也多來相求，繁複的人事使她有些應接不暇，但她的明敏機辯和果決堅定的個性使她做起事來不思不勉，從容處置。她一生不曾有失言，亦未嘗有失德。

儘管康逸紅日日忙於人事，顯得世事通達，沈穩平靜，但有誰知她內心深處那啼血的吶喊和難言的痛苦。「孤孀容易做，難得四十五歲過」，她畢竟是有七情六欲的血肉之軀。無數個茫茫黑夜，她孤燈獨對，暗自傷神流淚；每當皓月當空，繁星閃爍，她也常倚窗而望，感歎命運無常，就像那瞬間即逝的流星；又有數不清的風雨之夜，淒風苦雨敲打著她的窗口，她感到周身寒徹，孤寂的心更加悲涼。她曾虔誠地皈依向佛，常在夜深人靜時焚香祈禱，希望用宗教的聖潔洗去心靈中的凡塵。

不幸婚姻似乎不是康逸紅悲劇命運的收場，反而只是一個開始。丈夫病逝後，公公和婆婆也相繼去世，數十萬家產被夫兄揮霍殆盡，家道衰落。還沒等她從家道衰落的陰影中走出來，又遇上有爲弟搞維新變法，獲罪當朝，舉家逃移港澳。剛剛從驚恐中回過神來，她的忠實女僕阿蓮又命喪黃泉。阿蓮聰明勤快，最瞭解逸紅的心事，她們名份上是主僕，實際上是朋友。阿蓮的死對逸紅是個打擊。更沈重的打擊是她的嗣子衍樟不幸早夭，兒媳婦也相繼亡故，嗣子雖非親生，但十幾年的養育和操勞，勝似親生。本指望嗣子爲羅家延續香火，爲自己養老送終，但命運的殘酷毀滅了她的一切希望。

在一連串的打擊下，逸紅的心理開始崩潰。後顧煢煢，鬱鬱哀傷，她的情緒一下子沈到谷底，哀極傷身，於是乳房病發。康逸紅一生嚴守禮法，自然不願示婦女病於醫生，及至日久病深，再醫治爲時已晚。心靈的痛苦已經令人不堪忍受，疾病的折磨又接踵而至。康逸紅的乳病愈來愈重，她終日輾轉床褥，呻吟不止。母親的去世無疑是對她的致命打擊，最後一根生命的支柱倒下，預示著康逸紅生命之廈將要坍塌。她忍痛含悲，辦完母親的喪事，將母親的靈柩送回故里，從此一病不起。康有爲從日本奔喪歸來，還沒有從母喪的悲痛中解脫出來，苦命的姊姊又病重危急，他爲挽救姊姊的生命盡了最大心力。

他親自爲姊姊侍疾請醫，弄羹煮藥。姊弟倆相對兩月，這對康逸紅是個很大的安慰，她身邊的至親只剩下有爲弟和順貞妹二人，她知道自己來日不多，很想把心裡話說給他們聽。她以前經常和有爲弟聊天，自從有爲流亡海外，見面的機會日漸稀少，能在自己臨終前得到弟弟的陪伴，她感到欣慰。

康有爲與姊姊感情深篤，幼年時有爲得到姊姊百般呵護，成年後又得到的姊姊極大幫助。姊姊一生的悲慘遭遇使康有爲刻骨銘心，他爲姊姊的不幸悲憤難平。人間是何世道，以姊姊之賢才，現於女身，夫死家落，嗣亡婦死，極盡人間之苦；他爲不能時時給姊姊關懷和幫助而悔恨，在姊姊來日不多的時間裡，他想用百倍的關愛去溫暖姊姊淒苦的心靈，用千倍的眞誠去補償自己對姊姊的歉意，盡一切努力回報姊姊恩德於萬一。

可命運的安排已不容康有爲落實他的打算，一九一四年二月二十五日康逸紅病逝香港，終年六十歲。彌留之際，她爲自己的靈魂準備了安息之所，她對有爲說：「我十七歲就開始守寡奉祀，爲的是什麼？死後一定要把我葬在沙塘岸鄉羅氏的寢廟中，否則我會死不瞑目。」是啊！康逸紅一生守寡到底是爲什麼？不就是爲了貞節名聲嗎？生是羅家的人，死是羅家的鬼，其志也悲，其義也嚴，其情也苦，其事也哀。面對如此貞節烈女子，人們是讚歎，是惋惜，是感動，還是思考，我們不得而知。康有爲尊重姊姊的遺願，奉姊柩還沙塘岸鄉，與其夫羅逢喬合葬一處。康有爲親爲其姊勒石誌墓，墓誌銘上寫道：「瑟煢煢，玉凡凡，竹筠有節凌寒暑，是龍也，藏完人貞孝才明之康逸紅女士也。」

康逸紅去世前，康有爲晚上作夢，夢見母親愁容滿面，告訴他說有不祥的事情要發生，結果姊姊遂逝。半年時間母親與仲姊相繼而去，唯有康有爲與順貞兄妹二人白頭相對，淚雨千行。

有爲愛戴姊姊，在他心中，姊姊是完人，是美德的化身。他在〈仲姊羅宜人墓誌〉中寫道：「今有人焉，爲婦止於貞，爲女止於孝，爲母止於慈，爲親止於友，與人交止於信，自有生來與接爲構，未嘗有一失言，未嘗有一失德，豈非爲人倫之極耶！雖聖人乎不敢知，若所謂完人者，其或然耶。若是者吾仲姊有之。」如果按舊時代的道德標準來衡量，這對康逸紅的讚譽並不過分，可以說她近似一個完人。

她一生守節，茹苦飲冰，堅貞不渝，可謂是貞慈；事母至孝，體微入神，可謂是純孝；友愛弟妹，關懷宗戚，人皆感佩，莫不懷德，可謂是友惠；受遺產數十萬，被夫兄揮霍一空，自己畢生苦節，從容無怨，可謂是謙讓；明敏過人，遇事立決，臨財分讓，戚族內外，無一失言，生平百年，無一失德，可謂是盛德，五者合爲一體，就構成一個完人形象。當然人無完人，就道德意義而非事功意義而言，康逸紅具有完人的特徵，但絕非現代意義上的道德完美。

三妹之死

在京師南海會館的「汗漫舫」院內，七株蒼勁的古槐正抽芽吐綠，以其頑強的生命力宣示北國春天的到來，也平添優雅別致的小院無限生機。這是一座典型的四合院，三面住房迴廊相連，院中花木蔥鬱，假山突兀。在朝南的正房內，一位三十歲出頭的年輕學人，右手裡拿著一封信，涕淚滿面，癱坐在桌前，似乎與這滿院春色不相協調。他就是甘冒斧鉞之誅，以布衣身份上皇帝萬言書，籲請變法而名噪京師的康有爲，他剛剛接到一封家書，說他三妹康瓊琚不幸病亡。

去年（一八八八年）四月，三妹瓊琚剛喪夫不久，住在娘家，康有爲北上京師參加順天鄉試，她身穿素服，眼裡噙著淚水，送哥哥出門遠行，她似乎不願讓哥哥遠去，總顯得依依難捨，康有爲答應三妹秋期而還，及早回來探望三妹。豈知自此竟成永訣。有爲在京師九月份曾接到三妹的一封來信，主要是向兄長問安。繼而又聽家人來信說，三妹的身體一直有恙，有爲以爲是長期憂鬱所致，不會有太大的問題，豈知三妹一病不起。

這次來京參加順天鄉試，本應排名第三，因被大學士徐桐指爲「狂生」，結果名落孫山。又因有感於列強環伺、外夷交迫、中國面臨亡國滅種的危險，和國內政治窳敗、綱紀散亂、人情偷惰、危機四伏等現實，時值皇陵山崩，災象環生，於是發奮上皇帝萬言書，極言時危，請及時變法，結果「治安一策知難上」，上書不達，報國無門，迭遭打擊，只得躲進南海會館的汗漫舫，潛心研究金石碑帖之學，著《廣藝舟雙楫》一書。

正當康有爲久旅京師，漸熟朝政，知大清將亡，欲救不得、欲罷不能的時候，四月忽聞三妹去世的噩耗，如雷轟頂，如箭穿心，他萬萬沒有想到三妹離去得那麼突然，那麼讓人無法接受，自己身爲長兄，負有保護弟妹的責任，但自己遠遊京師，一無所獲，徒痛喪胞妹。他恨自己遠在萬里之外，三妹久病而不曾一視，至死而不曾獲一訣，撫棺不曾一慟，乃至逾月之後而痛哭於他鄉。有兄如此，又有何用？他陷入了深深的哀痛和自責之中，痛感自己有負三妹，沒有盡到兄長的職責，爲此而抱憾終身。

康瓊琚比康有爲小兩歲，自幼沈靜寡言，似乎比小弟幼博省事許多，因爲她懂事聽話。二姊逸紅、兄長有爲都喜歡帶她外出玩耍，而她也最喜歡和他們在一起，在姊、兄面前她無拘無束，玩得最開心，總是受到種種優待。瓊琚天資聰敏，好學不倦，讀書僅一年，《四子書》、《毛詩》、《戴禮》、《女孝經》及《成語考》都能朗朗上口。小時候常模仿哥哥的樣子，舞文弄墨，吟詩作誦，很有些才女的氣質，而且練習書法，工小楷，寫信爲文，頗通文墨。祖父康贊修對這位康家女公子甚爲賞識，他半是讚譽、半是惋惜地說：「瓊琚若是男兒，準能繼承康家的青箱之業。」只可惜身現女身，終與青箱無緣。但家裡人都把她看作不櫛進士，可見她是一位很有才氣的女孩子。

十八歲時，康瓊琚嫁給西城岡鄉游湘琴。出嫁那天，有爲把三妹送得很遠。她與妹妹從小一塊長大，「少共嬉遊，長共燕語，日月至多，歡怨至篤」，身爲兄長和童時的夥伴，對於妹妹的出嫁，心裡很不是滋味。而三妹更是捨不下家庭親情，不忍離母親和兄長姊妹而去。她攀著轎欄，呼喚前來送行的兄長和姊妹，聲音淒厲，如泣如訴，從這哀怨的呼喚裡，康有爲感覺到三妹痛苦又複雜的心情。她在哀歎自幼喪父的不幸身世，和早早嫁人的無奈選擇，同時也爲自己失去母親和兄姊的庇護、割捨溫馨家庭，被拋向未知世界而傷感，更爲自己未來命運的捉摸不定而迷茫，又爲兄長等人的離別眞情所感動。十餘年來，三妹出嫁時的淒厲呼喚，依然在康有爲耳邊迴盪。

康瓊琚自爲人妻以來，相夫敎子，夫妻恩愛，日子還算甜蜜。由於生性貞靜，淑德愔愔，溫和文雅，端莊淑一，稱得上典型的賢妻良母。她嚴守禮法，謹遵婦德，「治身以謹，持家以儉，課業以勤」，終年未嘗窺門，終日未嘗笑語，除了操持家務和撫養孩子外，從不預聞他事，更不會說長道短，說東道西。在康瓊琚的操持下，小家庭井井有條，生活安穩，衣食無憂，兩個女孩活潑可愛，另有一子孕育待產。

游家算得上小康之家，但天有不測風雲，人有旦夕禍福，就在小家庭建立十年之後，游家經營的商號連連虧本，損失慘重，以致債台高築，可憐游湘琴無法接受這殘酷的現實，憂憤成疾，一病不起。彌留之際，他把妻子和遺孤託給康有爲，希望妻兄照顧她們母女，好讓他九泉之下瞑目長眠。康有爲鄭重地答應了妹婿的請求，這是死者對生者的乞請，也是生者對死者的承諾，在場的人無不涕泗滂沱。

游湘琴瞑目而逝，對其本人來說可能是一種解脫，但對其妻瓊琚而言，無疑是將她逼向絕路。且不說巨大的心靈痛苦，單就傳統貞節觀念的影響，就足以置她於死地。哀哀寡婦，何以爲家？歸宿何處？雖然娘家人滿腔關愛，及時送來溫暖，並答應把她們母女接回娘家，但無論如何也不能撫平感情的重創，驅不走「從一而終」觀念的陰影，更無法安頓悽惶無依的心靈。何況，商務之虧和債務的重壓絕非一個柔弱女子所能承受得了。

更嚴重的是：在傳統的禮教社會中，丈夫的死，等於在心理上宣判了妻子的「死刑」，要麼爲丈夫守節終生，要麼爲丈夫殉情而死，若有寡婦甘冒天下之大不韙，改嫁他人，必落得萬人唾罵的下場。再嫁被視爲失節和恥辱，而守節或殉節成了多數喪偶婦女無可選擇的道路。康氏姊妹的悲劇命運就是這種無可選擇的結果，所不同的是：康逸紅爲死去的丈夫守節終身，而康瓊琚傾向於採取更激烈的殉節方式。

自丈夫死後，康瓊琚就萌生了殉節的念頭。丈夫是她的生命支柱，既然丈夫已死，自己活著還有什麼意義。只因腹中懷著孩子，才沒有立即隨丈夫而去，孩子無辜，縱使自己有一萬種殉節的理由，也不忍牽連還沒出世的孩子，而且腹中的胎兒若是男孩，將來也好爲游家傳宗接代。蒼天不負苦心人，康瓊琚果然生了一名男嬰，取名師尹。

三個孩子都呱呱在抱，本來是打消殉節念頭的最佳理由，但她已心灰意冷，世間好像再也沒有令她留戀的人和事，加上家道衰落，生活貧困和債務重壓，徹底摧垮了她的生活希望。如果說腹中的胎兒還能暫時遏制她的輕生念頭，那麼在嬰兒出世後，她的輕生念頭就急劇膨脹。不過她沒有採取絕食、自縊、自焚等殉節方式，而是在心理和身體上自我作賤。她終日愁苦，天天憂思，不能自抑，以致鬱結於心，憂勞成疾，在丈夫去世不到一年的時間裡就鬱鬱而終，生年二十八歲，丟下三個孤兒由康家撫養。

康有爲曾經答應過妹夫臨終時的請求，要照看好三妹和幾個孩子，但康家處境維艱，經濟上顯得捉襟見肘，康有爲本人雖屆而立之年，卻一無所成，正處在窮困饑遊、上下求索的躁動不安時期。這次他遠遊京師，一是參加鄉試，取得功名；二是結交京城名流，聯絡京官，宣傳他的變法主張，尋求實現濟世救民理想的途徑。這次出遊，一去就是一年有餘，自然無法照顧到哀痛窮愁的三妹，爲此他十分愧疚。

他雖是遠在京師，但心中惦念三妹。在他一八八八年由京師寫給幼博弟的信中曾說道：「我對諸姊不住，可好慰三姊也，三姊近安否？何如？祖父山遷否，我心中事甚多，又困於財，無可言付歸。」可見他並沒有忘記自己的責任，只是困於經濟和人事而暫時不能兌現自己的諾言。他私下安慰自己，等待時來運轉，再竭盡兄長之責，卻萬萬沒有想到三妹窮愁憂思至極，竟不能等待將來給他一個盡兄長之責的機會。

他痛感自己不僅有負於三妹，也有負於妹夫死時的相託之言，原想三妹有孩子相牽掛，不會走到極端，誰知她竟肯拋捨三子而去，他也竟長負三妹。耿耿貞節，唯有求旌表，煢煢孤兒，唯有任撫養，以此告慰三妹夫婦於九泉之下，才能稍贖自己內心的愧疚。

一八八九年四月十七日（光緒十五年三月十八日）康有爲在京師南海會館汗漫舫裡，擺上供案，設亡妹節孝游孺人之靈位，以清酒隻雞哭而奠之，其聲嗚咽，其情悲切，捶胸頓足，哀痛欲絕。祭文眞切地叙述了三妹的一生事跡，概括三妹的美德懿行，傾訴他的愧疚之心，也表達了康有爲痛失胞妹的無盡哀思和對手足之情的長長回憶，對三妹的不幸早逝，康有爲錐心泣血，飲恨終生。

在不同的著述中，康有爲都表達了對三妹的永遠懷念。在他的《我史》中寫到：「四月，三妹卒。先是妹婿游湘琴以去年六月歿，以商務之虧，負債甚多，皆於吾妹手任之，有甥三人，呱呱在抱，憂勞旣甚，竟以殞亡。吾長妹二歲，至相友愛，妹聰明強記，端靜寡言，好學不倦，以貧而死，吾遠遊無成，竟不能救之，哀惻心傷，乃爲文遙祭之。」在《哀烈錄》〈先妣勞太夫人行狀〉中說道：「叔妹瓊琚柔嘉婉孏，慧而好學，適游湘琴，二十八歲而寡，遺二女蘊、鳳、遺腹子一師尹，皆吾母撫之，今師尹學於美國，才志成矣。」在《哀烈錄》〈仲姊羅宜人墓誌〉中又說：「叔妹瓊琚適游，二十八歲寡卒，季妹順貞適譚，皆靜淑。」

爲踐履妹夫死時之請，也爲告慰三妹夫婦在天之靈，更爲了稍贖愧疚之情，康有爲收養了三個遺孤。可憐的三個孩子！父母雙亡，靠外祖母、舅父和姨母的撫養而長大成人，康有爲及二姊逸紅視三子如同自己親生，關懷備至。大女兒游蘊出嫁時，全由舅家人操辦。不幸的是，二女游鳳一八九九年因病早夭。三子師尹被舅父送往美國留學，留學費用當然由康家提供。游師尹學成回國後，仍住在康家，直到舅父去世才獨立門戶。

康家女人多悲苦，從勞蓮枝的艱辛人生，康瓊琚的憂貧而死，到康逸紅的終生寡居，斑斑血淚，沈沈苦海，觸目可傷，削竹難盡。誰造恨天？誰爲苦海？是時代？是命運？是自爲？還是兼而有之？

康有爲正是從身邊親人的悲慘遭遇中，才深切體會到那個時代婦女所遭受的種種痛苦，從而發出震天撼地的誓約，要「爲過去無量數女子呼彌天之冤」，「爲同時八萬萬女子拯沈溺之苦」，「爲未來無量數不可思議女子致之平等大同自立之樂焉」，並揚起「天賦人權」的利劍，斬向壓迫、箍制、摧殘、愚弄千萬女性、造成女性極大痛苦的各種有形或無形枷鎖。他強烈抨擊男女不平等的社會現實，爲千千萬萬女性鳴不平，正如他在《大同書》中所說：

同為人之形體，同為人之聰明，且人人有至親至愛之人，而忍心害理，抑之，制之，愚之，閉之，囚之，繫之，使不得自立，不得任公事，不得為仕宦，不得為國民，不得預議會，甚且不得事學問，不得發言論，不得達名字，不得通交接，不得預享宴，不得出觀遊，不得出室門，甚且斫束其腰，蒙蓋其面，刖削其足，雕刻其身，遍屈無辜，遍刑無罪，斯尤無道之至甚者矣！而舉大地古今數千年號稱仁人、義士，熟視坐睹，以為當然，無為之訟直者，無為之援救者，此天下最奇駭、不公、不平之事，不可解之理矣！

今大地之內，古今以來所以待女子者，則可驚，可駭，可嗟，可泣，不平謂何！吾不能為過去無量數善男子解矣。

他認爲社會強加於婦女的一切不平等是「損人權，輕天民，悖公理，失公益，於義不順，於事不宜」，對於婦女所遭受的痛苦表示無限同情。他說：「吾自少至長，遊行里巷，每見婦女之事，念婦女之苦，惻然痛心，愍焉不安。甚不解偶現男身，則自私至此，雖有至親之令妻、壽母、姑姊妹、女子子，抑之若是。甚怪大地之內，於千萬年賢豪接踵，聖哲比肩，立法如雲，創說如雨，而不加恤察，偏謬相承，……佛號慈悲而女子不蒙其慈，耶稱救世而女子不得其救。」

他認爲婦女受苦的根源就在於不平等、不獨立。欲救婦女出苦海，離恨天，就要「大明天賦人權之義，男女平等皆獨立」，而去家界之累，去私產之害，去國界之爭，去種界之爭，致大同之世，致極樂之世，都在於「明男女平等各自獨立始」。可惜康有爲受歷史和階級的局限，還沒有找到婦女受苦受難的眞正原因，自然也不能提出實現婦女解放切實可行的具體措施，而且他頗有價值的婦女解放主張，也被認爲只有到遙遠的將來才能實行，在當前是萬萬不能實行的。因此，在康有爲的那個時代，婦女所遭受的苦難仍無法免除，康家女性的悲劇仍在重演，深以女性可悲爲憾，一一呈顯於其著之《大同書》中。

6 青山埋骨尚無處

康廣仁慷慨就義

長劍睨九州／創辦《萬國公報》、《中外紀聞》等，組織強學會、蘇學會等

一八九六年（光緒二十二年）農曆正月初九，新年的喧鬧還沒有落幕，在香港品芳酒樓的一個單間裡，坐著四個青年男子，他們似乎沒有興趣品嘗桌上的美味佳餚，而是在熱烈地討論問題。這個看似普通的宴席，正是以孫中山爲首的興中會和以康有爲爲首的維新派兩股新興勢力試圖聯合的首次接觸。代表興中會方面的是謝纘泰，而康有爲方面的代表是他的弟弟康廣仁（有溥）。

雙方代表受陳錦濤、梁瀾芬之邀，會晤於品芳酒樓，席間謝纘泰痛言國家危亡、政治黑暗的嚴重形勢和兩派聯合救國的必要性，大談聯合後的光明前景，康廣仁爲謝的愛國熱忱所感動，也對謝的入情入理分析表示贊同。他闡述了自己對於兩派聯合的看法，贊成兩派聯合，共謀國事，談話雙方達成了某種共識。因爲兩派最初對於國事的宗旨頗接近：孫中山一八九四年赴天津上書李鴻章，提出「人能盡其才，地能盡其利，物能盡其用，貨能暢其流」的變法主張，這與康有爲《第二次上清帝書》中提出的「變法成天下之治」的內容很相近。他們都強調向西方學習，發展資本主義經濟，富國強民，挽救民族危亡，實行資產階級民主改革。

戊戌變法以前，康廣仁曾與孫中山有幾次接觸，磋商合作問題，後雖因雙方立場分異而沒有聯合成功，但兩股新興勢力的嘗試聯合，表明了對救國道路的探索，具有重要的歷史意義，而康廣仁的名字就留在這一重要歷史事件上了。

康有爲同胞兄弟姊妹共六人，康廣仁排行最末，大姊四歲夭亡，二姊逸紅，三姊瓊琚，四姊順貞，哥哥康有爲排行第三。康廣仁，名有溥，號幼博，又號大中。家人覺得叫廣仁較順口，遂以字代名，哥哥喜歡叫他幼博，因而他的名字康有溥鮮爲人知。

幼博出生後七個月，父親康達初就罹患肺病不治身亡，因此連父親的模樣也記不得。命運似乎對幼博特別不公，幼年喪父已經是人生的一大不幸，偏偏又雪上加霜。幼博自小骨瘦如柴，病魔纏身，三天兩頭害病，苦藥水喝了不少，五歲半的時候生了一場大病，據說是一種傳染病，小孩子如果染上此病，十有八九會送命。幼博躺在床上一動不動，奄奄一息，連睜眼的力氣也沒有了。姊姊哥哥都圍在他身邊，不住地流淚，心裡默默禱告蒼天發發慈悲，讓幼博弟起死回生，逢凶化吉。母親已經幾天幾夜沒有合眼了，蓬頭垢面，眼圈深陷，一下子蒼老了幾歲。

幾天來，丈夫臨死前囑託她要帶好孩子、把他們撫養成人的聲音和含淚懇求的眼神，時時閃現在她的腦海裡，她不能讓九泉下的丈夫失望，她要履行自己的承諾，她要救活孩子。她發瘋似地奔跑，求醫問藥，方圓幾十里的名醫都找遍了，煎藥餵藥必親手爲之，對別人總不放心，生怕出了差錯。千恩萬謝，不知哪帖藥方起了作用，幼博的眼珠開始轉動，臉上也泛起了血色，經過母親一個多月的精心調理，幼博總算脫了險。說來也怪，自從那次大病之後，幼博體質漸漸好轉，母親臉上也開始有些笑意。

幼博出生後，家境開始逐漸衰落，吃、穿、用都顯得拮据，母親也沒有了大家太太的派頭，一日三餐，縫補漿洗，事必躬親。雖然族人也時常接濟一些，但要養活一群孩子，無疑是杯水車薪。幸好家裡還有些地產，母親有些奩資，祖父康贊修有些官俸，加上母親的精打細算，康姓又是大族，還不至於有衣食之憂。但幼博沒有哥哥幸運，哥哥比他大十歲，當初父親和祖父在外地做官，家運正興，千般愛憐都集中在哥哥身上。如今時運不濟，他開始咀嚼生活的艱難，這使他比哥哥更能體會到生活中的酸甜苦辣，也使他不能像哥哥那樣接受系統而全面的教育。失去父親的痛苦，生活的窘迫，加上母親的循循善誘，使幼博的個性朝著堅毅、沈穩、冷峻的方向發展，從而也預示他未來人生道路的悲壯一面。

雖然幼博失去了父愛，但卻得到加倍的母愛和幾位哥姊的百般呵護，也算是不幸中的萬幸。幼博特別喜歡與哥哥一塊玩耍，天天跟在哥哥後面。七檜園裡掏鳥蛋、捉迷藏，銀河塘裡打水仗、抓魚蝦，玩得很開心。哥哥要做什麼事情，總少不了幼博到場。

每年夏天曬書一事，幼博就流了不少汗水。康家藏書很多，且不說澹如樓和書樓的數萬卷藏書，單單曬延香老屋一室的書就要幾天。老屋的書籍是高祖、曾祖、祖父和父親四代人留下的精神財富，很多是珍品孤本，可惡的是，這些書籍常遭一種叫「蠹魚」的小蟲子蛀蝕。為了保管好這些藏書，每到夏季晴天的時候，就要把它們搬出來，放到庭院前的樹下晾曬，並且燃上幾炷線香，來熏除書中的蠹魚。每次曬書都要搬進搬出好多趟，連續忙上幾天。常常是哥哥坐陣指揮，幼博等弟妹屋裡屋外忙得團團轉。

幼博年齡雖小，但說話做事從不含糊，言出必行，乾淨俐落。有一次哥哥叫他把剛曬過的書籍整理檢查一番。他跑到樓上書房裡轉了一圈，看見還有不少破舊的括帖應試之類書籍找不到地方放置，就乾脆把它們搬到院子裡，堆成一堆，一火焚之。哥哥知道這事後，責問他為何要那樣做，他振振有詞地說，這些破東西太佔地方，留著它們，書屋何時才得清淨。

童年時的幼博和哥哥同住一樓，樓前有一株芭蕉，根壯葉繁，但一經秋風秋雨吹打，便垂頭喪氣，狼籍不堪。哥哥心本仁慈，對這些殘枝敗葉也視若寶貝，細心愛護，美其名曰：「茂對萬物，窗草不除。」忽然有一天，芭蕉不見了蹤影，經詢問，才知道被幼博斬盡殺絕。哥哥怒責幼博不慈不仁，幼博反駁說，留這些東西沒一點用處，只會讓人心煩意亂。燒括帖，除殘葉，其事雖小，但也能反映出幼博剛斷果決的脾性。

幼博十三歲時，家裡生計日絀，已經沒有餘錢買書、買筆墨，連哥哥想到外地遠遊的路費也拿不出，更不用說聘請老師來家開館啓蒙。這時的哥哥已經是兩個孩子的父親，因無錢出遊，只好戢影窮蒼，鑽研學問。讓兄長爲弟弟們開蒙，也能省去一筆開支，康有爲樂於教弟弟們讀書識字，認爲這是他的職責。於是，堂弟有銘、有霈及有溥就成了哥哥的第一批學生。白天上課，內容是四書五經、歷史典籍，有時也講些西方國家的政教風俗，講些歷史的英雄豪傑、聖人君子驚天動地的偉績，講些民生艱難、國勢日蹙的現實問題，還講他自己的宏偉抱負。這些都給幼博的幼小心靈深刻的影響。

他從哥哥那裡懂得許多道理，瞭解了一些外面的大千世界。哥哥的一言一行，他都記在心裡。哥哥倡議不給女兒纏足，幼博就積極鼓動，幫忙做說服家人的工作。哥哥倡設不纏足會，他就去挨戶動員。幼博既是哥哥的好幫手，又是忠誠的同盟者。哥哥自小鄙棄科舉，立志救國救民。幼博也是對括帖試士深惡痛絕，認爲國家貧弱的原因，全在於八股錮塞人才所致。

由於對括帖之學不感興趣，康廣仁乾脆也學哥哥，當孩子王。全家人都認爲他這是在開玩笑，必不能有什麼結果，但還是讓他試一試，看他怎樣收場。出人意料的是：學館一立，報名來學的學童，居然有八、九個。幼博先創學規，每次授課，必正襟端坐，莊重儼然，侃侃而談，學子們肅然起敬，即使是非常頑皮的學童，也只能小心翼翼，不敢有半點差錯，這時的幼博只有十七歲。由開館授徒這件事，家人們才知道幼博有管理治事的才能，於是，家裡有什麼重要的內政外交，都全權委託幼博籌劃處理。

轉眼間，幼博成了二十幾歲的青年，但還沒有功名，也沒有個正當職業。做爲一方名門望族，康家自然要講究這些。康有爲儘管對八股括帖之類的學問沒有興趣，但要安身立命，實現自己的理想抱負，也不得不走科舉致仕的老路，一次次到京城應試，目的就是要躋身仕途，藉功名和官位，一展自己救國救民、維新變法的鴻圖。一八九五年京城一試，金榜有名，得了個進士出身。

幼博不願走這條老路，他有過許多打算，曾設想到廣州經商，也曾考慮到香港專事洋務，又計劃學當醫生。但兄長每次外出遊學或參加應試，少則三個月，多則半年，家裡的事情需要幼博去做。因此，他的打算一再落空。但總要有個職業，有個名份，不然怎麼能夠自強自立和奉養老母？

母親和兄長都急在心裡。母親多次催促有爲想想辦法，替幼博在外面謀個一官半職，康有爲也有此打算。一八八九年，康有爲利用在京城應試的機會，到處走動，找到一位叫潘繹琴的京官，他答應幫忙在浙江爲幼博謀一官職，但至少需要一千兩銀子。

一八八九年秋，康有爲寫給幼博的信中談到爲幼博謀官一事。信中說：

歸欲為汝謀小官於浙，現經查，過府經縣丞須一千五百，從九亦須一千，若能謀得多則好，少則先謀從九，亦為汝出身之地。汝究竟欲之否？我已面託潘侍讀矣。趁有此三年，汝能自立，少還債累，上以奉母，亦為養歸，來籌亦不易。然所關甚大，不能不極力圖之。

我歸廣東，太無以自立，不欲返矣。然此事非歸粵不能圖，則歲暮不能不為此一歸，且亦能一一見，以慰老母。然我辛苦之極，一舉一動略須百金，若一歸，是又再增債累矣。此事不易，汝究竟極意欲作小官否？——見信即可想定主意，此事為汝一身出世處，所關甚大，亦欲汝自立無所累，若藉官以養母，亦是佳事。定於欲捐，可即飛信來。若以小官窮苦，不欲為之，欲專走香港洋務，汝另有路數，亦聽汝，汝亦可即飛信來。

這封信應寫於一八八九年秋，而《康有爲全集》第二卷卻注明是一八九五年秋，顯然有誤。因爲有爲給幼博謀官在前，幼博做官在後，康幼博是一八九二年至一八九三年在杭州任巡檢職。這從梁啓超一八九二年寫給汪康年的信中介紹幼博任職的情況，和《康有爲自編年譜》中所說一八九三年「溥宦遊於浙亦歸」即可得到說明。

看來這時的康家不比以前，原來是「父龍兄虎，左文右武，號稱至盛」，如今謀得一個從九品的小官，也要費不少周折。康有爲爲幼博的事操心勞神，很是辛苦。幼博見兄長說得有理，又不辭勞苦，自己也急需有個安身立命的地方，顧不得官階品序的高低，立即飛書兄長，應允此事。康有爲本來打算暫不還粵，但這事需他親自出馬，要到粵、浙兩地具體經辦。對康家來說，這是個大事情，雖然花些銀兩，負些債務，但幼博有了進身之地，有了名份，一則可以自立；二則可以奉養老母，照顧家庭；三則能折其鋒芒，增長其閱歷見識。

於是，康有爲九月出京，直奔杭州籌辦此事，又輾轉還粵，直到一八九二年才辦妥此事。他爲弟弟在浙江杭州府轄下謀得一巡檢司小官，這個職位與其叔祖康國器發跡前所擔的職務一樣，算是最低品序的官員，主要管理一鎮一地的社會治安。儘管官職不大，康家還是喜上眉梢，康有爲也如釋重負，老母親笑逐顏開。大兒子一八九三年考中舉人，有了功名，二兒子也有了官位和名份。康家後繼有人，蒸蒸日上，若丈夫地下有知，必會欣然含笑。

幼博走馬上任，躊躇滿志，決心一顯身手，搞出個名堂來。剛入官場，做事特別認眞，盡職盡責，不敢一絲鬆懈。他所管地段的社會治安頓有起色，上司和同僚對這位廣東來的新手也只好刮目相看。

幼博天性高傑，剛正不阿，從不會徇私舞弊、徇情枉法，更不會阿諛奉承、溜鬚拍馬。他不懂官場內的門道，也不願去學。常言說，官場是人間最齷齪、最險詐、最勢利、最苟且、最卑鄙、最無聊的地方，像幼博這樣正直廉潔的人，自然不適宜生存。按他的秉性，見不得爾虞我詐、勾心鬥角、污穢下流的事情，免不了要頂撞上司，得罪同僚。他暗自思忖：如果這樣幹下去，自己的一世清白、一生前途會毀掉，俸低差苦不說，單說官場上那些齷齪的事情就不能忍受，趁早打道回府，另覓出路。主意一定，就立即草擬了辭呈，交還了官印，只在任上一年多就揚長而去，足見其果斷乾脆的個性。

還在杭州巡檢任上的時候，康有爲的弟子梁啓超曾將康幼博介紹給浙江名流汪康年，希望得到汪的關照。汪與梁啓超是朋友，又是科舉同年。梁在寫給汪的信中說：「康君幼博，長素先生之弟也。爲貧仕浙，居兩廣館，能讀西書，練於時務，欲見浙中長者，今謹奉介門下。」這爲幼博後來到上海與汪康年合作共事打下了基礎。

幼博千里迢迢趕到家裡，大出母親和兄長的意料，一千多兩銀子和兄長的奔波辛勞等於付諸流水，今後如何安身立命，實在是茫然。母親和兄長雖對幼博的做法深感不滿，但他們很瞭解幼博的脾性，既然他不喜歡這個差事，做母親和兄長的怎能委屈他、責怪他呢？況且一年多沒有見面，免不了有許多思念和牽掛，既然回到了家裡，全家人得以團聚，其樂融融，對幼博辭官一事也就不好再說什麼。

一年多的官宦生涯也算有些收穫，能力得到了磨練，見識增長了不少，閱歷豐富了許多，個性氣質也有所改變，比以前更加老練成熟，家裡人也感覺他像換了一個人。

就在幼博棄官回家不久，康有爲倡導維新變法運動的組織工作也正緊鑼密鼓地進行。一八九四年甲午中日戰爭，中國遭致慘敗，被迫簽訂喪權辱國的《馬關條約》，嚴重的民族危機極大地刺激知識份子的救亡意識，康有爲聽到《馬關條約》簽訂的消息，悲憤至極，趁入京應試的機會，發動了著名的「公車上書」，提出「下詔鼓天下之氣，遷都定天下之本，練兵強天下之勢，變法成天下之治」四項救時國策。此後，康有爲除繼續上書請求變法外，又以極大的熱情投入到創學會、辦報紙的活動中，用以宣傳變法理論，開展思想啓蒙，喚醒國人的救亡意識。

他在北京、上海組織強學會，又相繼創辦了《萬國公報》、《中外紀聞》和《強學報》、《時務報》等報紙。一時間，風氣漸開，全國各地學會紛紛林立，報刊盛行。諸如「知恥學會」、「蘇學會」、「興浙會」、「湘學會」、「不纏足會」等應運而生，《國聞報》、《實學報》、《經世報》、《湘學報》、《蜀學報》、《廣仁報》等風行一方。康有爲準備在澳門再創辦一家報館，以擴大輿論影響，加強宣傳陣容。

他在《自編年譜》中寫道：「七月，與幼博弟遊羅浮。八月遊香港，十月至澳門，與何君穗田創辦《知新報》，將遊南洋，不果。穗田慷慨好義，力任報事。」這是一八九六年的事，他與幼博一起赴澳門，籌劃報事。康有爲找到他原來的門生，當時的澳門鉅商何穗田商議辦報一事。何穗田，名廷光，廣東香山人，曾入葡萄牙籍，有爵位。他同情康有為的變法事業，對辦報一事很是熱心，遂滿口應允出資辦報。

辦報資金有了著落，但還需要一匹人才，需要有得力的人具體籌辦。康有為接受《時務報》失權的教訓，認為新創報館的管理決策權一定要掌握在維新派手裡。經反覆考慮，覺得幼博是主持報務的合適人選：一是幼博剛辭官在家，暫無適當的職業；二是幼博勇於任事，明察善斷，有膽識魄力，責任心特強；三是幼博有救國救民之志，傾心變法事業，由他主持報務，辦報的目標和宗旨就不會改變。

對幼博來說，辦報是個挑戰。做文字工作，與文化人打交道，不比管理社會治安，不僅要有淵博的學識、高超的見解，還要善於觀人，知人善任。幼博天生喜歡挑戰，於是痛快地接受了這項任務。他與何穗田東奔西跑，選館址，辦執照，聘職員，購設備，報館很快就有了眉目。他聽說梁啓超此時正在家鄉新會省親，就直奔梁家向梁啓超請教辦報經驗，並邀請梁去澳門共商辦報章程。在幼博寫給汪康年的信中說到請梁來澳一事，「穰卿先生足下：闊別四載，懷想何似。日月既逝，山河非昔，曷勝浩歎。比在澳門成一報館。（擬粵則五日一次，外省兩次一寄。）卓如在此稍有勾留，部署略定，便即放行。斷不久留，至礙滬事。文字已促其擬就付上。」

一八九六年十一月梁啓超由新會來澳，參與籌劃。梁啓超原是《時務報》的主筆，因其主辦《時務報》而名揚四海，《時務報》也有賴梁啓超飽含激情的生花妙筆而風靡全國。但他受到經理汪康年的排擠，憤而遠走湖南時務學堂。幼博與梁啓超是老朋友，梁啓超求學於萬木草堂的時候，幼博與這位兄長的高足就有密切往來。有天才宣傳家爲報館出謀劃策，有康門弟子的鼎力相助，《知新報》的籌辦事宜順利展開，最初擬將報名定爲《廣時務報》，有兩種含義：一是推廣《時務報》，二是廣東之《時務報》，因《時務報》經理汪康年反對，遂改名爲《知新報》。

一八九七年二月二十二日《知新報》正式創刊，幼博和何穗田擔任經理，全面負責，因何穗田還有其他生意要做，報館的日常事務多由幼博一人處理。梁啓超、徐勤等人做撰述，撰稿人也多是康門弟子，又聘請了英、葡、德、法、日文翻譯，並在海內外設有六十多個代銷處，陣容整齊，人員精幹，運作有序，頗有《時務報》第二的架勢。

維新派選在澳門辦報館，就是有意避開頑固勢力的糾纏。澳門是清廷鞭長莫及的地方，不像在京師和上海，宣傳變法理論的報館隨時都有倒台的可能。《中外紀聞》和《強學報》被強行關閉就是先例，《時務報》雖「震動了整個的帝國」，有過「燦爛的勝利」，但很快就喪失了領導權和它富有戰鬥力的特色。

《知新報》在澳門的境遇就完全不同，領導權在自己人手裡，輿論環境寬鬆，說什麼，寫什麼，報導什麼，頑固勢力都管不著。《知新報》利用這種有利的外部條件，很快就辦出自己的特色。它以宣傳維新變法理論爲宗旨，以啓民智爲先務，主要欄目有論說、上諭、京外近事、美法英德日俄農工商礦、格致、東方商埠述要等，初爲五日刊，後改爲半月一期。

《知新報》的論說一欄，文筆犀利，論說精闢，深通時變，激人奮起。如歐榘甲的〈變法自上自下議〉，大聲疾呼國家危亡，非變法不可。「今日言變法，人人皆有其責，人人當任其事。」徐勤的長篇政論〈地球大勢公論〉，洋洋數萬言，氣勢磅礴，宣傳「歐洲自議院立，君民共主，上下一心，政俗丕變，用致富強」的變法道理。康幼博的〈聯英策〉，提出利用列強之間的矛盾，透過聯合英國，以達到拒強俄、弭日本，救亡圖存的目的。「英國不可專倚也，但知其畏俄忌俄之心，有不可並立者，則其必助我無疑也。」「故結英非徒拒諸國，拒強俄，亦所以弭日本，且亦弭英國也。」「採法俄、日以定國是」，是「採法」它的變法，而對它們當前的侵略則是堅決反對。其他政論如康同薇的〈中國之衰由於士氣不振〉、〈女學利弊說〉、梁啓超的〈覆友人論保教書〉、韓文舉的〈國朝六大可惜論〉、〈推廣中西義學說〉、何樹齡的〈論實學〉等議論風生，或針砭時弊，或提出救時良策，反映出《知新報》的趣旨和價值取向。

《知新報》極力鼓吹變法，著意闡發康有爲的變法理論，推介康有爲的著作，載登康梁變法奏摺，報導新政時事。它對西方國家政體沿革、政治學說的宣傳報導，對西方農商電化等科學知識的翻譯介紹，爲國人打開了一扇向西方資本主義國家學習的窗口。《知新報》言《強學報》不敢言之言，說《時務報》不敢說之說，在許多方面更具有戰鬥特色。被時人譽爲「濟時之利器，導風氣之先聲，破拘墟之成見」。《知新報》的創辦有力地宣傳了維新變法思想，開通了民間風氣，啓迪了國人的救亡意識，推動了維新變法運動的蓬勃開展，成爲繼《時務報》之後，維新派又一個重要的輿論陣地。《知新報》在澳門辦得有聲有色，當然不是幼博一人之功。但他的出色管理才能，宣傳變法理論的熱情和做事嚴謹的態度，對《知新報》的成功確實起了關鍵作用。如果說梁啓超是《時務報》的靈魂，康廣仁則爲《知新報》的創辦立下汗馬功勞。看來他不事舉業，無意官場，另有自己鍾愛的事業，那就是革新時政，變法維新，救國救民。牛刀初試，就顯其鋒芒，頗得兄長和同仁的讚譽。

維新大業，千頭萬緒，單有報紙零零碎碎的輿論宣傳還遠遠不夠。變法應如何變？變什麼？參照什麼？向西方學習什麼？在當時上至朝廷，下至國人，都比較朦朧模糊。因此，維新派的當務之急就是要爲國人提供一個變法藍本，爲變法尋找一個具體參照。有重點、系統化地翻譯西方國家政治、法律、經濟、科學技術等方面的書籍，就顯得尤爲重要。否則，「所謂變法者將盡成空言，而國家將不能收一法之效」。就這樣，「大同譯書局」應運而生。

由於幼博經營《知新報》小有成就，而且有開創新事業的經驗，籌辦「大同譯書局」的使命便自然地落在他的肩上。他放下剛創辦不久、凝聚自己大量心血的《知新報》事業，匆匆來到上海。

在與梁啓超等人一起密集籌劃一段時間之後，一八九七年十一月初，大同譯書局在上海開業，館址就設在大馬路（南京路）泥城橋西。幼博擔任經理，並設計了一個宏大的譯書出版計劃。這個計劃準備將世界各國有關變法內容的書籍譯介給國人，以供國人取法參考；將西方國家學校使用的各種優秀教材譯介給國人，以便新式學堂裡的學子們學習閱讀；將世界各國憲法和其他法律方面的書籍譯介給國人，讓人們明白以法立國的道理；將外國有關農、工、商、礦等學科方面的書籍譯介給國人，以振興中國的實業……它以政學爲先，藝學次之，強調輕重有別，循序而行，內容上網羅百科，系統全面。同時它能切中時弊，對症下藥，可以說爲變法事業做全面而紮實的知識準備。

梁啓超在〈大同譯書局敘例〉一文中，明確地說明了創辦大同譯書局的主旨：「以東文爲主，而輔以西文，以政學爲先，而次以藝學，至舊譯希見之本，邦人新著之書，其有精言，悉在採納，或編爲叢刻，以便購買，或分卷單行，以廣流傳，將以洗空言之誚，增實學之用，助有司之不逮，救燃眉之急難，其或憂天下者之所樂聞也。」

譯書出版計劃如期展開，第一批出版書目就有三十多種，康有爲的《孔子改制考》首先在書局問世。從當時《申報》所刊載的大同譯書局售書廣告可見其出書情況：

《大同合邦新議》二角五分，《俄土戰記》四角，《義大利興國俠士傳》一角，南海先生《春秋董氏學》一元五角，《孔子改制考》二元，《新學偽經考》二元，《桂學答問》一角，《四上書記》二角，《五上書記》一角，《六上書記》一角，《日本書目志》一元四角，三水徐勤《春秋中國夷夏辨》二角，順德麥君仲華《經世文新編》三元五角，新會梁君卓如《中西學門徑七種》四角，順德譚君寄騫《偽經考答問》一角，以上各書，均已印出，欲購者可向大馬路泥城橋西本局或四馬路工部局西首中西大藥房對過大同譯書分局購取。

一八九八年五月十七日的《申報》又專門載文介紹《中西學門徑七種》：

首列康先生《長興學記》，次湖南學政徐硯甫《輶軒今語》，次梁卓如孝廉《時務學堂學約》附《讀書分月課程表》，次《讀春秋界說》、《孟子界說》、《幼學通議》、《讀西學書法》。因前印數千部已售罄，茲重印，加附《中西書目表》一本，添價一角。現每部三本，價五角，現錢買五十部以外者概九折，三百部以外者概八折，寄費自給。要者請函至上海大馬路泥城橋西首本局，四馬路中西大藥房對門大同譯書分局購取可也。

除上述出版書目外，大同譯書局還出版有《英人強賣鴉片記》八卷，附錄一卷，湯睿譯；《瑞士變政記》三卷，附錄一卷，趙秀偉、芹甫譯；《地球十三大戰記》一卷，賴鴻翰、仲淵譯。由出版書目可知，大同譯書局以出版維新變政的書籍爲主，實爲維新變法時期的主要出版機構。它抓住了變法運動的根本，對於開啓民智，開通風氣，宣傳維新思想起了重要作用；它是變法前夜維新派短促的理論裝備，儘管存在時間很短，但它卻以啓發民智、提供變法藍本的努力而爲後人記起。

在上海經營大同譯書局不比在澳門辦報，出版維新變政的書籍要冒一定的風險，這從《時務報》刊載大同譯書局廣告一事，可見經營不易。康幼博與《時務報》經理汪康年早有來往，幼博任職於杭州的時候，兩人就有聯繫。這次來上海，又共同發起創辦不纏足會，同列名爲董事，按說都是維新人士，但在登載大同譯書局廣告的問題上，兩人意見嚴重分歧。

康幼博原想汪既列名爲不纏足會董事，《時務報》又是維新派始創，在《時務報》上登載大同譯書局的廣告，本不成問題，但汪康年見有《孔子改制考》書目，怕登出後招惹麻煩，便故意推諉延宕，幼博迭函催促，迫於無奈，汪康年才勉強答應。在《時務報》第五十一册上刊發了大同譯書局書目，上列南海先生《五上書記》、《春秋董氏學》、《春秋中國夷夏辨》、《瑞士變政記》、《俄土戰記》、《義大利興國俠士傳》、《經世文新編》等書。耐人尋味的是《孔子改制考》變成了《上古茫昧無稽考》，文字介紹說：「此書爲南海康長素先生所著，判中國四千年之教案，明孔子爲生民未有之教王，創儒爲國號，託古爲前驅，稱王爲制法，禮儀制度皆出孔子，舉天下萬國飲食人倫，莫不範圍於孔子之教中，而受孔子之澤。……考其實跡，傳其眞源，中國二千年第一部教書也，學者得而讀之，如撥雲霧，見青天，知孔子之功與天地並，而孔子之道大明於天下矣。」這種宣傳當然無法說明《孔子改制考》的內容及其深意，實有應付之嫌。

大同譯書局的事業剛理出頭緒，就碰上陪梁啓超入京一事。戊戌年（一八九八年）正月，梁啓超在湖南大病幾死，遂由湖南返滬就醫，病未痊癒，就於三月扶病北上入京應春官試。幼博擅長醫學，而梁啓超路途上正需要護理。兄長的囑託，梁啓超的懇請，加上幼博與梁氏數年的友情，護送梁啓超北上京師，就顯得義不容辭。在幼博寫給友人何易一的信中提到這件事，信中說：「弟此次三月來京，其始專爲卓如病，以伯兄愛之，故弟護視其病，萬里北來，亦以卓如固請不能卻之。」

幼博入京，本無他事，只不過專爲護送梁啓超而已，他將大同譯書局託付他人，陪梁入京，豈知此一去竟是不歸路，及至八月政變發生，幼博死難。梁啓超大病不死，政變中又死裡逃生，而幼博遂死，每想起幼博入京一事，梁啓超便愧疚萬分。

辦報紙、開譯書局無疑是維新運動的一個組成部分，是對維新變法思想的有力宣傳，當然也是幼博對於維新事業的一個貢獻，但他的事業不僅僅限於這些。他對一切維新事業都充滿熱情，認爲光有輿論宣傳和理論準備還不夠，應該從具體問題入手，切實進行一些社會改革。

在他的參與和倡導下，婦女不纏足運動和興辦女學堂等就搞得有聲有色。早在十多年前，他就幫助兄長在家鄉成立了不纏足會，一八九五年又和兄長一起在廣州創立粵中不纏足會，試圖把不纏足運動推向全省，粵風爲之大移。在澳門辦報紙期間，他和何穗田、張壽波等於一八九七年春發起創設不纏足會，並制定章程，確立宗旨，嚴定會規。《澳門不纏足會別籍章程》規定：凡能「永遠遵守總會會例」者，可「暫著於此籍」，如年過九歲，已纏足不能放者，須於本籍注明。男子「擇婚娶婦，亦以不纏足爲主」。章程特別指出：「如有信心未堅，遵行不力」者，「愼勿漫登此籍」，「凡會中人不得與曾經犯例者爲婚」。

不纏足會透過《知新報》的大力宣傳，逐漸爲人們認識，在不到一年的時間裡，入會者即達一百七十多人，這對於廣開社會風氣，起了良好的示範作用。

一到上海，他就和梁啓超、汪康年、張壽波、麥孟華、譚嗣同、張伯純等共同發起創辦上海不纏足總會，初設會址於《時務報》館，會務先由汪詒年代理，後因會事迅速發展，遂將會務移交至大同譯書局，由幼博具體負責。勇於任事是幼博的特長，他做起事來如商鞅之法、孫武之令，言出必行，故少有做不成的事情。在幼博等人的操持下，不纏足會影響日廣，入會者日衆，各地紛紛設立分會。紳商士流致函總會表示贊成或請求列名會籍，或以勸導爲己任而願列名會董事者，日有應接不暇之感。

會務的發展遠遠超出發起人的預想，與十多年前康有爲初創不纏足會的情況完全不同：一是因爲上海爲中西雜處之地，易於接受外來文化思想的影響，當時西方教會在上海就創辦有天足會，放足之說開始流行；二是維新志士的極力倡導和大力宣傳，使國人逐漸認識到不纏足的好處；三是幼博等人的精心策劃和苦心經營，使不纏足會有一個幹練的領導核心。幼博對上海不纏足總會的發展起了重要的領導作用，在近代史上，他的名字永遠和婦女解放事業連在一起。

幼博不但是不纏足會的發起人和組織者，也是中國女學的倡導人和籌劃者。不纏足主要是從有形枷鎖中把婦女解放出來，而女學之設則是把婦女從精神奴役中拯救出來，「增其聰明智慧，廣其才藝心思」，「起二萬萬沈埋之囚獄，革千餘年無理之陋風」，復三代婦學宏規，大開民智，使婦女各得其自有之權。

創設女學比經辦不纏足會所遇到的阻力更大，不僅要有校舍、教職員工和教材，還要有人願意來學。在風氣未開的近代社會，衆多女子聚集一堂受教求學，是不可思議的事情，一般家庭絕不會輕易讓自家的女性拋頭露面，前來學習。這從教會女子學校初辦時所遇到的尷尬局面可得到證明，更嚴重的問題是辦學資金沒有著落，全靠私人捐助，時有捉襟見肘之感。

女學堂雖是由地方名流經蓮珊總其成，施子英、嚴小舫、鄭陶齋、陳敬如、汪康年、康幼博、梁啓超爲董事，康有爲、張季直等爲外援，事實上，幼博是籌辦女學的核心人物，自始至終都參與籌劃這件事。

幼博寫給經蓮珊的二十多封信函足以說明：信函所談內容從排除阻力、批駁謬說、接受捐資、印造捐册，到人事往來、學堂地址的選擇和學堂章程的擬定等都有涉及。如他在談到頂住壓力，不顧頑固守舊份子的詆毀，堅決與女學事相始終時說：「中國風氣未開，內地誠實之儒，外間迂曲之子，不以爲然，不知幾許，原可置之不辨。不纏足會且有以爲不然，況聚女子集於一堂乎？將來罵者必有其人，然止謗，唯勿辨乎？」又說：「現事既已發揚，似不可久待，久恐變生，乞速之。新聞《申報》館有覆信否，原可置之不問。蓋維新之人，不能爲彼等一論所動。守舊之黨報館雖極恭維，彼亦不然之，故可置之。與其多一異己，誠不如多一相助之人，試陶鎔之若彼不歸服，則唯有聽之而已。」

他在另一封信裡又談到必須回粵爲母做壽，要耽擱數天時間，以致會影響女學堂的事情，不得不把學堂之事託經蓮珊代勞。他說：「月之九日爲家母壽日，弟等少孤，老母撫育勤劬，今年已過六十七矣。始以伯兄出京南歸壽母，弟可留此。今一人不歸，似萬難過去。日月相感，思之彌用淒然。學堂事獨勞吾公移玉，令人不忍。然弟歸必出，且現船尚懸懸，苟兩日內不能行，則不行矣。縱行，數日必復滬，萬不敢稍久也。此間吳君弟明日十一下鐘當同其過訪，暢言之幸，勿過爲愴然，弟於此亦無可相助也。湯君與弟同經手女學事，亦同來。女學堂章程捐款等事，弟與其共之，捐未辦稟已發，年將暮，一切尚須少停，然否？」

他認爲女學堂之事，是天下有心人所共許的事情，只有那些太守舊的人才不以爲然。爲了能把學堂辦下去，還必須採取靈活的方法和步驟，根據實際情況，一步步地做下去。他在一封信中寫道：「此事無論如何，亦唯有稍將就之，以爲女學堂根基而已。」在另一封信中又說：「公今日又苦了一天，且有認五百之捐，二十日之期，良可慮也，然爲辦女學計，只可如此應酬。」可見興辦女學絕非易事，不但要有打破世俗觀念的勇氣，克服來自思想意識和習慣勢力的阻力，還要切實克服經濟和物質方面的困難，腳踏實地做一些至微至細的發動組織工作，幼博在這兩個方面都做得相當出色，全賴幼博等人的努力，女子學堂才得以誕生，這不僅是中國教育史上的大事，也是中國婦女解放史上的大事，由此也反映出幼博的先驅本色和做事能力。

幼博的開創精神，還表現在創辦醫學堂的努力上。他常感慨中國醫學不發達，從自己和周圍人的遭遇中認識到醫生草菅人命、國人貧病交加、飽受疾疫之苦的根源在於醫學不振，於是毅然決定師從美國人嘉約翰學習西醫，一學就是三年，遂略通西方醫術。他還有個構想，就是把自己學到的醫術傳給更多的中國人，以造福國人。

在上海期間，他開始實施計劃，就是要創辦醫學堂，培養醫學人才。這是他單槍匹馬的行動，經過不懈努力，醫學堂終於有了眉目，學堂章程及校舍、資金都有著落，後因他事而被擱置下來，功敗垂成。但這是一個偉大的嘗試，有其積極的意義，也最能體現幼博的維新精神。

康有爲在《六哀詩》中追憶幼博弟的事跡時寫道：「民智哀不開，譯書爲之鑰；民身閔不健，西醫導先覺。婦女嫉抑壓，女學絢木鐸；惻惻悲裹足，開會解纏縛。四者爲己任，業此日呼籲。」這是戊戌變法前幼博對於維新事業的幾項貢獻，由此也可看出幼博的志向和爲人。

縱橫出奇論

一八九八年（戊戌年）五月的一天深夜，在京師的南海會館「汗漫舫」裡，有一位三十歲左右的青年正坐在案前，奮筆疾書，一位中年學者正高臥於案旁的床上，口中念念有辭。伏案疾書的青年一會兒抬起頭來，與臥於床上的人討論一番，然後又伏案奮筆。這位青年就是康幼博，而高臥於床的中年學者就是兄長康有爲。他們在起草變法奏摺，由兄長口授，幼博書寫，遇有商榷的地方，兩人就辯議一番，有時候兩人意見不一致，還會爭得面紅耳赤。變法期間，他們的夜晚常常是這樣度過的。

一八九八年三月，幼博陪梁啓超入京，本打算等梁病癒後再回滬經營大同譯書局，另外，不纏足會、女學堂和醫學堂的事也都等他去辦。

然而，梁的病雖好，國事卻紛乘遝至。開始是俄國強租旅順、大連，康有為鼓動各方上書堅拒強俄，繼而又開保國會，號召仁人志士，合群救國。康有為白天忙講學和接見來訪者，日以數十，以致門庭若市，戶外履滿，夜晚則忙著代人起草奏稿，鼓動言路及能上摺者上書言事。及至六月，康有為被光緒皇帝召見後，上奏摺和會見賓客就更加忙碌，晚上又要抄寫《日本變政考》、《波蘭分滅記》、《法國變政考》、《德國變政考》、《英國變政考》等著作進呈光緒皇帝，而皇帝又催要甚急。看著兄長忙得不可開交，幼博哪裡忍心離開？於是留在兄長身邊照料一切，而康有為也有賴幼博弟幫助，才得以將他的變法思想訴諸文字，進呈皇帝，再以上諭的形式付諸實施。

白天抄寫奏摺、招待應酬、奔走聯絡，一切雜務全由幼博代勞。深夜裡兄長草擬奏摺或改定著作，都是高臥於床上，授之於口，由幼博書寫成文。兄長不確定的地方，和幼博商議一番，不少地方都加進了幼博的意見，如變科舉、廢八股取士之制的建議，關於「變鄉會試而不變歲科試，未足以刷此輩之心目，今必先變童試歲科試」等。奏摺寫成後，立即呈上，常常是夕上而朝行，變法的鼓點愈擂愈密，兄弟兩人也愈加辛苦，幼博成了戊戌變法的直接參與者，既是兄長的助手，也是維新變法事業的謀劃人。

不少史書或文章中談到戊戌變法時期的康廣仁，或認為並無參與變法之事，或認為參與甚少，甚至說康廣仁成為「戊戌六君子」之一是代兄受戮，完全抹煞了康廣仁在戊戌變法過程中的功勞，既不公平，也不客觀。從他在百日維新的主張及見解看，即可看出他的歷史貢獻，得出客觀公允的評價。

戊戌年春，康有爲以膠州、旅順之割，頻頻上書痛言國是，請求變法。幼博對於變法有獨到見解。他認爲：以目前情況在中國進行改革，最重要的事情就是變科舉，廢八股之制，使舉國之士人，唾棄其頑固謬陋之學，講求實際有用之學，只有這樣，人們才明白國家強弱的緣由，並產生強烈的愛國之心，由此造就大批的興國之才。兄長歷年所奏改革之事，千頭萬緒，包攬無餘，早已使政府官員望而生畏，哪裡還有改革的熱情，因此說欲速則不達，改革之事難於推行。不如集中全部精力，專注於廢八股一事，鍥而不捨，或可有成，此關一破，新政之基遂立，民智便會漸開，等到民智大開，人才養成後，改革之事就如危崖上轉石，不患不能至地。

當時在不知道皇上變法決心有多堅定的情況下，對改革之事不敢有過多奢望。而幼博對於改革次序的設計，相當有遠見。欲行改革，推新政，維新變法，需要有一個新的人文環境、新的人才基礎作支撑，需要一種新的思想意識和文化氛圍。歷史上多次改革失敗的原因之一就在於缺乏這種支撑和氛圍，與舉國守舊之人謀革新無異於緣木求魚。正如幼博在給汪康年的信中所說，如果學校未興，民智未開，人才未舉，「雖海艦倍於英，鐵路多於美，陸軍強於德，亦將以窮其民，而敗其國而已。蓋船則駕駛無人，路則工料俱乏，軍則教習器械俱仰外國」，因此說廢八股、興學校、育人才是變法成功的先決條件，唯有打好新政之基，才是變法維新的當務之急。

在維新志士籲請和推動下，光緒皇帝終於發佈上諭，宣佈自下科開始，鄉會試一律停八股改試策論。鄉會試既廢八股，維新人士歡聲雷動，額手爲國家慶。幼博說：「士之數莫多於童生秀才，幾乎佔全數的百分之九十，現在只變鄉會試，而不變歲科試，不足以振動士人的腦筋，而且鄉會試期在三年以後，爲期太緩，此三年中人事靡常，難保不出現反覆，因此必須先變童生歲科試，立刻實行，只有如此才能實現廢八股的目的。」於是，幼博與兄長及御史宋伯魯商議，由兄長和梁啓超再擬數摺，交宋伯魯上奏，請將一年一度的各省童生歲科試立即改試策論，奉旨允行。八股既廢，幼博認爲八股廢而民智開，中國必不亡，皇上既無權，新政必難行，不如將改革告以段落，專意培養人才，韜光養晦，以圖將來大行改革。

他對兄長說：「阿兄現在可以出京了，目前我國全面改革的時機還沒有到來，而且數千年來都是推行愚民政策，壓抑既久，人才乏絕，以至今日全國之人才，尚不足以任全國之事，改革很難有什麼實際效果。今科舉既變，學校既開，阿兄宜歸廣東上海，啓超歸湖南，專心教育，著書撰述，激勵士人的愛國之心，養成衆多的實用人才，三年必當有成，然後議變政，救中國大行改革，才可望成功。」這是一個以退爲進的改革方略，若能實行，成功的可能性當然比戊戌年的變法大得多，可惜形勢的發展容不得按幼博所設想的那樣從容準備，各種歷史因素綜合在一起，決定了戊戌年的變法如箭在弦上，不得不發。

身爲當事人，幼博清醒地看到變法過程中潛伏的危機，預感到變法有可能失敗，因此頻頻催促兄長速速出京，不要再上書言事，多言無益，徒然加速禍變發生。康有爲並非不知道禍變的危險性，只因翁同龢告訴他光緒帝對他眷念至篤，讓他萬萬不可離去，康有爲既被知遇，感念君恩，遂不忍歸去，想透過繼續推行變法，造就一種新國之基，進而使人民記住皇上的聖明，以便寄希望於將來。

及至傳言九月天津閱兵時行廢立之事，即守舊勢力要發動政變，幼博又力勸兄長隱退，認爲新舊兩派勢同水火，大權操在西太后手中，變法絕無成功希望，何必冒著殺身之禍，知不可爲而爲之。他對兄長說：「自古無有皇上之權不一的國家能成大事者，儘管當今皇上聖明睿智，然而沒有賞罰之權，全國大柄，皆在西太后之手，而且滿人猜忌如此，守舊大臣嫉視如此，何能有成？阿兄速當出京養晦。」幼博所考慮的主要是兄長的安危，是以退爲進的變法策略。變法進行到中途，新舊矛盾日趨激化，政變的跡象更加明顯，變法的悲劇結果也清晰可見，從對兄長的安危和保存現有變法成果著想，勸兄長急流勇退，從長計宜，不失爲明智之舉，與懦夫思想和退卻逃跑路線不可同日而語。

康有爲沒有聽從幼博的勸說，是因爲他乃變法運動的領袖，百日新政的實際策劃人和領導人，不忍心這場由自己發動的變法運動因自己的退場而中途夭折；也是因爲他個性執著，為實現變法理想而不懈追求的精神，再者就是感念皇恩浩蕩，以自己一介書生，被皇上知遇，委以變法重任，必當誓死效力，以報知遇之恩。正如他對幼博所說：「孔子之聖，就在於知其不可而為之，人們見孺子將掉入井中，猶能伸出援助之手，何況關乎國家命運的大事呢！又何況君父有大難至呢！西太后的專橫，守舊派的頑固，皇上不是不知，然而皇上猶能捨身忘位，以救天下，我忝受知遇，哪能引身而退呢？」

形勢更加嚴峻，幼博當然不願看到兄長引頸受戮，於是反覆勸說兄長隱退，言之更切。他說：「阿兄捨身救主，其志可欽，然而必將於事無補，只能是白白送死，人死固然不足惜，但阿兄生平所志所學，欲發明人類公理，以救世界之衆生，他日之事業正多，責任正重，現在還不是死的時候。」而康有為則說：「生死自有天命，我十五年前路經華德里築屋之下，飛磚掠面而下，面損流血，假使飛磚斜落半寸擊於腦，則早就死去，天下之境遇，都和華德里飛磚相類似，今日之事雖險，我也以飛磚視之，做自己應當做的事情，其他的事就不是我所能考慮的。」

既然能置生死於度外，幼博無言可對，自此再也不說讓兄長出京一事。不過兄長每有上摺，幼博必相阻，認為九月天津閱兵之後，皇上若能倖免於難，到那時大舉興革，為時不晚。

按當時的禮儀制度，凡皇上有所敕任和賞賜，臣下必須到宮門謝恩，得見龍顏。康有為先是奉命為總理各國事務衙門章京，督辦官報局，又以著書而賜金二千兩，理當宮門謝恩，幼博又說：「西太后及滿人忌恨已甚，阿兄若屢見皇上，徒增其疑而加速禍變，不如勿往。」康有爲聽從幼博的建議，自七月以後，他上書極少，又不覲見，只是上摺謝恩，所言改革條理多是透過所呈之書表達。幼博又與梁啓超相商，想辦法把兄長支走，以解禍變。他們請李端棻尙書奏薦康出使日本，結果光緒帝派黃遵憲的差，把康留了下來。幼博無可奈何，也只能聽從天意的安排了。

幼博參與了變法全程，對兄長的變法思路和變法步驟有深刻的瞭解，尤其是對兄長的個性及其弱點看得更淸楚，由此他預感到變法成功的可能性很小，並爲變法前途和兄長的安危深深憂慮。他在寫給朋友何易一的信中，就對兄長的個性缺點和在變法問題上存在的不足作了精闢概括，他說：「伯兄規模太廣，志氣太銳，包攬太多，同志太孤，舉行太大，當此排者、忌者、擠者、謗者，盈衢塞巷，而上又無權，安能有成？弟私竊深憂之。」

現在有不少論者在總結戊戌變法失敗原因時，認爲維新派在戰略部署、策略運用及領袖人物的個性特點等方面存在的問題，是導致變法慘敗的重要因素。如：「全變」、「盡變」的戰略目標定得過高，攤子鋪得太大，諸如定國是、廢八股、廣譯書、開學校、定報律、廢漕運、建鐵路、定立憲、開國會等，可謂是「全變」戰略，舉凡政治、經濟、文化、教育、社會、軍事等各個方面都有涉及，光緒帝在「新政」期間發佈的各種改革詔令就有一八四條之多，平均每天一・七條。這種全面鋪開、包攬無餘的改革戰略，執行起來必定顧此失彼，力所不逮，徒然增加改革的難度和加大反對派的力量。這大概就是幼博所說的「規模太廣，包攬太多，舉行太大」的結果。

再如維新領袖的個性品格問題，改革家固然需要勇氣和膽略，其思想要有一定的前瞻性和周延性，但僅有這一點仍不夠，需要有縝密周到的籌劃、冷靜客觀的分析、理智明睿的運作；需要不慌不忙，從容行事；還需要善於妥協和迂迴，會計較成敗，會左顧右盼。但康有爲等維新領袖卻缺少這些品格。對於頑固守舊大臣，康有爲等人多持嫉惡如仇的態度，對洋務派官僚如李鴻章等人不是爭取建立同盟或促其中立，而是拒人於千里之外。

康有爲嫉惡如仇、勇往直前、義無反顧的品格，確實值得稱道，但不知妥協、不知變通、不會左顧右盼、不會尋找同盟軍等，對於改革大局而言，無疑是有害的。到頭來只能孤軍奮戰，最終以兩種勢力的過分懸殊，及社會現實與改革主張的過大距離而宣告失敗。這也就是幼博所說的「志氣太銳，同志太孤」的問題。上面所說變法失敗的原因可算是對幼博這段話的注腳，難能可貴的是，這段話是變法大幕還沒落定的情況下說的。其中包含著他的直覺和經驗判斷，可謂切中要害，料事如神。

幼博與兄長及其他維新派領袖人物朝夕相處，最瞭解他們的性格和爲人，對他們的評價應該是中肯的。如他說兄長：「思高而性執，拘文而牽義，不能破絕藩籬。」又說：「伯兄思雖高妙，而辦事拘文牽義，而志又太高大，恐推行多阻。卓如（啓超）熙熙可人，行事如嬰孺，性多流質，將奈何？孺博（麥孟華）寶器內藏，人不識之。」他對自己的評價是「大刀闊斧，蕩夷藪澤」。人的性格對一生事業的成敗得失有著直接影響，歷史進程的發展也常常打下領袖人物的性格烙印，那些一開始就站在運動最前面的領導人物的性格，雖是一種「偶然因素」，但它在很大程度上影響了歷史發展的進程。

維新領袖們的性格弱點和政治智慧不足與變法失敗有著直接聯繫，從這一點上說，幼博的判斷是準確的。當然，變法失敗的原因是多方面的，即使沒有幼博所說的兄長等人的性格弱點，變法也會失敗，但不至於敗得如此迅速、如此慘烈。

需要說明的是：幼博屢勸兄長出京，或藉故促兄出京，絕不是爲了苟全性命而臨陣脫逃，當兄長身任其難決心與變法相始終時，幼博表現出捨身相隨的英雄氣概。在他寫給何易一的信中說：「今亦明知其危，不忍捨去，乃知古人所謂鞠躬盡瘁，死而後已，固有無可如何者。兄在遠，不知情事，易於發論，倘在此，豈能遠遁。若能遁，則非人情，又何以爲人。固知爲志士仁人之不易也。」由此我們可以看出幼博在面臨生死選擇時義無反顧的悲壯，看出他爲變法事業而「鞠躬盡瘁，死面後已」的高尚品格，看出他誓爲志士仁人的崇高追求。

梁啓超算是最熟悉幼博的人之一，他在給殉難六烈士作傳時曾這樣描寫幼博：「君天才本卓絕，又得賢兄之教，覃精名理，故其發論往往精奇悍銳，出人意表，聞者爲之咋舌變色。然按之理勢，實無不切當。自棄官以後，經歷更深，學識更加。每與論一事，窮其條理，料其將來，不爽累黍，故南海先生常資爲謀議焉。」「其言往往發前人所未發，言人所不敢言。蓋南海先生於一切名理每僅發其端，含蓄而不盡言，君則推波助瀾，窮其究竟，達其極點，故精思偉論獨多焉。」從前述幼博對於科舉和變法的發論看，這些話絕非過譽之辭。

比較康有爲對幼博的評價，就能更清楚地看出幼博思想的敏銳和發論的奇偉。康有爲在《六哀詩》中說幼博是「縱橫出奇論，人天供噴薄；新理乍雷驚，異想開山鑿」。其奇思偉論縱談天人，橫攬中外，貫穿古今，就像藍天中的鷹隼，橫厲長空。其新思名理就像驚雷驟發，令人聞之變色；像開山鑿石，另闢新路。

甲午戰敗後，西方列強侵奪更急，中國面臨豆剖瓜分的亡國危險。繼一八九七年冬德國強佔膠州灣，以山東爲勢力範圍之後，俄國強佔旅順、大連，以東三省爲勢力範圍，英國強租威海衛及九龍半島，以長江流域爲勢力範圍，日本宣佈福建爲其勢力範圍。面對列強瓜分的險惡形勢，中國將何以圖存？康有爲在《上清帝第五書》中說得明白：「圖保自存之策，捨變法外別無他圖」，明確提出學習俄、日維新變法的經驗，走日本明治維新的道路。「採法俄、日以定國是」，外交上提出聯合英、日，以抗俄、德的禦敵方略。

幼博在《知新報》第四十五期上發表的〈聯英策〉就集中反映了維新派的外交思想。針對當時后黨頑固派和洋務派的聯俄主張，幼博明確指出「聯俄不足恃」。中俄密約簽定後，中國不但未蒙其利，反受其害。況且，中國託庇於俄，僅能存東三省，而不能保台灣，因爲俄國勢力還不能達於南方。俄、德密盟，中國既然託庇於強俄，其卻不能不讓德人佔據膠州，因此說俄國也不能保我北土。專依強俄不足以保我南北國土。聯俄不但不足恃，而且俄國簡直就是中國的心腹大患，它西窺新疆，東窺東三省，南窺蒙古，「徒聞自開土以攻人而已，未聞助師以救人者也。」考察大地萬國，唯有英、日、美是可以聯合的對象，尤其是英國，「眞救人之國也」，歷史上英國多次出兵助弱攻強，是眞能出死力以救鄰國的「仁義之國」，而且英國爲海上強國，屬地萬里，數百艘艦艇橫絕地球，控扼蘇伊士運河和直布羅陀海峽等海上交通咽喉。如果中國結盟英國，英國不想開戰，西歐各國的軍艦就不能飛渡蘇伊士運河，即使繞過非洲好望角，英屬地相連，將構成海上長城，必阻敵於千里之外。能從海路來中國者只剩下法國與日本，日本親英拒俄，我既親英，日必不來相侵，法國因憚於英國也不會太爲難中國，即使爲難，只需稍給其利即可。給英、法兩國少許好處，比起列強群起瓜分，損失自然小，兩害相權取其輕，聯英失小利大，顯然有利於弭消瓜分之禍。同時，英國聯合中國完全出於自願。因爲俄國對英國的海外利益構成巨大威脅，英國欲聯中國以相抗。英國拒俄忌俄畏俄之心最重，不然也不會兩次出死力助土耳其以戰強俄，其助土是爲了自衛。俄欲出黑海，英國阻之，俄欲出波羅的海、波斯灣、印度、阿富汗，又被英國擋回，俄專意出黃海，並與德、法結盟，這樣必然危及英國的遠東利益，英國必出死力以保中國，保中國是爲了拒俄以自衛。日本現在欲結盟中國，「非相結也，亦以自衛而已」。當然，英國不會輕易爲中國而與其他列強結怨，故不可專依，「但知其畏俄忌俄之心，有不可並立者，則其必助我無疑也。」如果不結盟於英，則英國因畏懼俄德法三國結盟割佔中國北方國土，必不肯相讓，英、日兩國急於自衛，必將先下手據長江流域爲己有。因此說聯英不但是爲了拒西方各國，拒強俄，也是爲了拒日本、弭英國。

幼博的〈聯英策〉顯然是想利用列強之間的矛盾，達到「聯甲制乙」、「以夷制夷」的目的，其出發點是救亡圖存。無論是英日美，還是俄德法，本是一丘之貉，都是爲自己的侵略利益打算，豈肯幫忙救助中國？聯英拒俄的設想當然也是一廂情願，不可能實現。一方面堅決反對帝國主義的侵略，爲救亡圖存而呼籲，但卻找不到反對帝國主義侵略的眞正力量；另一方面又幻想英日美能主持正義，保護中國，顯然是看不清帝國主義的本質，被當時國內外的親英、親日宣傳所打動。儘管如此，文章對國際局勢的把握、對列強間矛盾的分析有相當見解，聯英外交雖沒能實現，但聯英宣傳卻產生了一定影響，戊戌變法失敗後，英、日兩國救助維新人士與維新人士的親英親日宣傳有關。

在《知新報》第四十一期上，幼博的〈呂宋華民託西班牙保護文書後〉一文載於顯眼的篇首。文章就旅居南洋呂宋地區的華人在騷亂中遭人凌辱，請求清政府保護，卻被託於西班牙政府保護一事發表評論，悲歎「堂堂二萬里之中國，不能自保而待之外國」，對南洋各國和拉美地區的華僑因得不到祖國政府的保護，而備受欺凌的遭遇表示深切關注，同時指出，不但僑民不保，邊疆之民也不能自保。由此他提出自保方略：僑民和邊疆人民既不靠朝廷也不靠別國，而靠自己保護自己。「中國既棄其民，棄其赤子，中國之民皆悵悵不自保，思有所救，有所定主。」「若必不能保，莫若使民自保，使善堂聯保，合國會自保，願吾四萬萬黃虞神明同種之胄、同族之弟昆，發奮自保！」文章的矛頭顯然是對準朝廷，對朝廷棄民割地，置海外赤子於不保的行徑進行痛訴，並爲四萬萬華胄之民和海外赤子指出圖存自救的目標，那就是團結自保。

幼博不喜歡章句記誦之學，這與兄長詩詞文章的學養有所不同，但他明算工書，能作篆，也時常作詩和駢散文，卻又認爲這些東西無用，既不求工，也不存稿，故其詩文著作傳世的甚少。論說僅見上述兩文，同時代學人張元濟在《六君子遺集》中收錄了幼博的三十封書信和詩兩首，另外在《汪康年師友書札（二）》中收錄了幼博的六封書信。梁啓超說幼博死難後，友輩們記憶其言語，編纂成集，以傳於後世，不知是否流傳下來，人們不得而知，還需補綴的是：幼博的詩僅存兩首（〈題潘蘭史獨立圖〉、〈馬嵬驛〉），分別錄於下，以見其才氣和心志：

迢迢香海小闌干，獨立微吟一笑歡，我亦平生有心事，好花留得與人看。

鼙鼓震天十四載，胭脂埋地一千年。佛堂燈暗淒秋雨，野驛花明泣暮煙。天子莫將妃子保，美人徒令後人憐。將軍仗鉞何為爾，錦勒猶煩過客錢。

烈士六君子

一九二六年中秋節剛過的一天下午，在北京菜市口鶴年堂藥店門前，有一位扶杖老人，身著長袍，蒼顏白髮，在店前的便道上徘徊不進。他不時地舉目四望，但撲簌簌的淚珠擋住了視線。他就是二十八年前轟動京城、名揚中外的維新運動領袖康有爲。身邊一行人，是他的二女兒康同璧、女婿羅昌及門生梁啓超、張伯楨等，今秋他重遊北京，這是他生前的最後一次出遊，僅隔半年就在青島病逝。這次來北京，住在二女兒家，剛吃過午飯就和女兒等人驅車來到菜市口，憑弔遺跡，緬懷烈士，了卻他二十八年來的心願。

老人雙唇顫抖，哽咽著說：「這就是當年的刑場！」話音未落，就失聲痛哭起來。他的弟弟康廣仁追隨他維新變法，二十八年前在這裡慘遭殺害，一同遇難的還有譚嗣同、林旭、楊銳、劉光第、楊深秀等五位維新志士。這裡是他的傷心處，也是令他刻骨銘心的地方。

這裡離他從事變法活動的居住地「南海會館」只數步之遙。記得他第一次呈遞上皇帝書時，剛一出門就在這裡碰上行刑殺人的凶事，心中不快，預感變法事業將大不吉利。果然，維新事業斷送在這裡。回想百日維新，政厲雷霆，神州激盪，君臣共商大計，新政詔書頻傳，怎奈西太后殺機畢露，黨獄大起，六君子血灑菜市口，光緒帝瀛台幽囚，自己九死一生，海外飄泊十六年。天涯苦旅，流離顛沛，嘔血痛心，一生榮辱，半生飄泊，全繫於此。二十八年維新舊夢已成雲煙，但它剪不斷，理還亂，歷歷往事，恍如眼前。

他彷彿看見六君子就在眼前，一個個視死如歸，大義凜然。幼博弟身穿短衣，最先就義，臨刑前環視左右，似有訣別的話要說，因無一熟人，欲言又止；他似乎又看見刑場四周人潮如海，觀者如堵，人們的表情似鉛一樣沈重，眼裡含著淚水，默默目送烈士上路；他也恍惚聽見幼博弟那「若死而中國能強，死亦何妨？」的慷慨陳詞，聽見譚嗣同那「有心殺賊，無力回天，死得其所，快哉快哉！」的豪言壯語。第一個就義的人爲什麼不是自己而是幼博弟？弟弟告別人世的時候，自己爲什麼不在場與他最後話別，好讓他在天之靈得些安慰？「一念一斷腸，再念涕橫流」，幼博走得那樣匆忙，英年才三十二歲！舊黨要捕要殺的人是我，你是代我受戮！幼博弟，我對不起你，對不起列祖列宗……

無盡的愧疚和摧肝裂膽的悲痛煎熬著康有爲，使這位向來堅強豁達的人，也無法抑制自己的悲痛情感，止不住老淚縱橫，放聲慟哭。一旁的女兒、女婿連忙上前遞過手帕揩淚，勸慰他不要淨想傷心的往事，並勸他早些回家歇息，但他卻久久不願離去。他有太多太多的話要對弟弟訴說，有太多太多的往事纏繞著，使他無法擺脫。

戊戌年間，隨著新政事業的全面展開，維新派與守舊者之間的矛盾日趨激化，正像幼博所說「新舊水火」，勢難相容。禮部六堂官的罷免，軍機四章京的擢拔和懋勤殿的籌備等是新舊兩派攤牌的信號，表明光緒皇帝「有不顧利害，誓死以殉社稷」的決心。新政內容有廣開言路，允許臣民上書言事一條，上諭規定各部官員條陳由各堂官代奏，士民上書由都察院呈遞，不得稍有阻隔。禮部主事王照條陳請皇上東遊日本並痛斥守舊一摺，禮部尚書許應騤、懷塔布不肯代遞，幼博得知此事，「以爲皇上明目達聽，廣開言路，豈容大臣阻蔽不達，謂宜劾之」。王照遂具摺彈劾二人抗旨，壓制上書。光緒帝早就對守舊大臣阻撓新政深惡痛絕，正想懲一儆百，故聞奏而怒，旋即將禮部六堂官懷塔布等人革職。

接著，光緒帝又接受康有爲的建議，撇開守舊大臣，擢用小臣，破格提拔了楊銳、劉光第、譚嗣同、林旭四人爲軍機章京，參與新政，專門負責協助他處理新政事宜，被稱爲軍機四卿。四卿名爲章京，實爲宰相，官小權重，是推行新政的領導班子和光緒帝的得力助手。

開懋勤殿是維新派試圖進行官制改革、建立變法領導核心的又一重大步驟。懋勤殿之設，前朝已有，維新派想把它改頭換面，變成一個眞正的制度局，做爲議定各種制度、修訂各項法律、全盤籌劃興革事宜的議政和變法領導機構，其性質和職權與康有爲原來所主張的制度局基本上相同。

光緒帝從加強變法領導力量，奪取守舊派的權力出發，立即批准了開懋勤殿的計劃，並著手籌備。從徐致靜的《請保康有爲等以備顧問摺》和王照的《請保康廣仁等以備顧問摺》來看，懋勤殿的十個人選全部是維新派和積極參與改革的人，幼博是懋勤殿的人選之一，將委以重任，任皇帝的高級顧問，進入決策層內，因政變發生，幼博之才竟不盡其用。上述光緒帝幾件大的變法舉措，激起了守舊派的驚恐和更大仇恨，他們決心推翻新政，遂在暗中佈下羅網。

政變的傳言不脛而走，風聲愈來愈緊，康有爲既受皇上知遇之恩，又不忍變法事業半途而廢，遂不顧衆人的勸說，決意留在京師，謀救皇上，爲變法事業最後一搏。幼博原受梁啓超之託，準備回上海辦譯書事。當時梁啓超奉命督辦譯書局，梁以幼博曾經營過大同譯書局，諳練此事，故託幼博經辦。

還沒等幼博成行，京師的氣氛驟然緊張，九月即至，政變的跡象更加明顯，幼博明知其險，但不忍離去，因爲這裡更需要他，他與譚嗣同等晝夜謀劃保救光緒皇帝之策。他們商討策動袁世凱起兵勤王的計劃，也想過利用大刀王五和湖南會黨發難，還運動過英、美、日公使出面干涉。在政變前夕最緊張的日子裡，幼博始終是謀救光緒帝的關鍵人物之一。

光緒帝自知情況緊急，九月十七日下明詔敦促康有爲出京，十八日又下密詔促康出京，一日不可留。康有爲仍在猶豫，幼博催促兄長說：阿兄放心走好了，救皇上的事由我與復生（嗣同）、卓如（啓超）及諸君一起想辦法。

九月二十日天還沒亮，康有爲懷著對光緒皇帝的眷念，對守舊派阻撓變法事業的痛恨和回天無力的悲歎離開南海會館，準備由京赴滬，營救皇帝的重任落在幼博等人的肩上。幼博送兄長至會館門口，遂成永訣。幼博等人原以爲政變不會驟發，故欲作最後努力，拚死力以救光緒帝，當策動袁世凱舉兵勤王的計劃失敗後，還沒等他們再有謀劃，政變迅速到來。

九月二十一日中午，步軍統領崇禮率軍三百，包圍南海會館，搜康有爲不得，捕幼博及程式穀（大璋）、錢維驥等人而去。當時幼博正往廁所，本可躲避，只因幼博平時對手下責罰較嚴，南海會館長班恨之，帶兵搜捕，遂及難。是時逮捕幼博等人的車騎塞滿南海會館所在的米市胡同，前來觀看者人山人海，三人各乘一車，被押至步軍衙門。當崇禮問康有爲何往時，幼博從容回答已出天津。

幼博及程、錢二人被押入監牢。錢維驥震恐流涕，幼博笑言相勸，程式穀聞令出自西太后，絕望地說：「我等必死矣。」幼博則說：「死亦何傷？汝年二十餘，我三十餘，不比生數月而死、數歲而死者強嗎？且一刀而死，不比久病歲月而死者強嗎？若死而中國能強，死亦何妨？」程又說：「君所言甚是。但外國變法，前者死，後者繼，今中國新黨寡弱，恐我輩一死，後無繼者也。」幼博說：「八股已廢，人才將輩出，何患無繼哉？」可見幼博臨大節而不苟，臨危而不懼，明於大道，達於生死的英雄氣慨。

第二天幼博被送往刑部，刑部堂官親自審訊。堂官問：「你兄何在？」幼博回答說：「已出天津。」又問：「為什麼私逃？」幼博答：「是奉旨敦促，經奏報初四日起程，不是私逃。」堂官說：「你兄長不來，必不放你，你必須寫信讓你兄長回來方可放你。」幼博嚴辭拒絕，是時楊深秀、楊銳、林旭、劉光第、譚嗣同等相繼被捕，被關押一處。

黃睿著的《花隨人聖庵摭憶》（上海古籍書店一九八三年版）中說，有一叫劉一鳴的老獄卒看守譚嗣同等六人，他回憶說康廣仁在獄中以頭撞壁，痛哭失聲道：「天哪！哥哥的事，要兄弟來承當。」對照幼博在陸軍衙門監獄時的言行和其剛毅勇決的性格，絕不會出此懦弱推諉之言。這一資料要麼是道聽途說，要麼是故意貶損，不足為證，絲毫無損於幼博的維新志士形象。因為當時對康有為包括其他維新人士恨之者、罵之者、仇視者、幸災樂禍者大有人在，不乏惡意攻擊之語和捕風捉影的傳聞。

按清朝律例，凡被捕案犯，必須經審訊才能定罪。幼博等人既下獄，西太后命軍機大臣榮祿、剛毅、王文韶、廖壽恆等會同刑部都察院，嚴行審訊。刑部尚書趙舒翹向西太后進言：「此輩無父無君之人，殺無赦，有何問爲？若稽時日，恐有中變。」首先向西太后進言請先殺已捕之六人者，是當初曾上奏薦舉康有爲的言官高燮曾。守舊派早就對維新變法恨之切齒，政變發生前已有湖南舉人曾廉上書，請殺康有爲及梁啓超。當時想殺維新人士的絕不止此一人，但那時有光緒帝這個保護傘，守舊黨人對維新人士還奈何不得，如今皇帝被囚禁，維新黨人落在舊黨手中，自然是凶多吉少，況且又被指控爲「包藏禍心，潛圖不軌，糾約亂黨謀圍頤和園，劫制皇太后，陷害朕躬」，其「罪」當誅，絕不會饒過。

到了九月二十八日會審之時，刑部正堂威嚴森森，正準備開堂會審，忽接西太后「不必審訊，即行正法」的命令。或許是她自知理虧，不敢直面六君子的凜然正氣，或許是恐拖延時日，招來外國人的干涉，或許是不耐煩審訊過場，殺幾個草民毋需勞神。不讞而誅，六君子死不瞑目。

行刑時，六君子從刑部監獄提出，從西門走出，曾在刑部供職的劉光第知道自西門出則死，仰天歎道：「吾屬死，正氣盡！」「未訊而誅，何哉！」由此足見舊黨對維新黨人的仇恨程度。九月二十八日的上諭說：「康廣仁、楊深秀、楊銳、林旭、譚嗣同、劉光第等，大逆不道，著即處斬，派剛毅監斬，步軍統領衙門派兵彈壓。」而二十九日上諭又說：「康有爲之弟康廣仁及御史楊深秀，軍機章京譚嗣同、林旭、楊銳、劉光第等，實係與康有爲結黨，隱圖煽惑。楊銳等每於召見時，欺蒙狂悖，密保匪人，實屬同惡相濟，罪大惡極，前經將各該犯革職，拿交刑部訊究，旋有人奏，若稽延時日，恐有中變，朕熟思審處，該犯等情節較重，難逃法網，倘語多牽涉，恐致株累，是以未俟覆奏，於昨日諭令將該犯等即行正法。此事爲非常之變，附和奸黨，均已明正典刑。康有爲首創逆謀，惡貫滿盈，諒亦難逃顯戮，現在罪案已定，允宜宣示天下，俾衆咸知。」這些話當然不是光緒帝的意思，而是西太后的旨意。這算是對戊戌之獄的定案和不讞而誅的交代。

九月二十八日下午四時，幼博等六人在北京菜市口英勇就義。幼博就義時，身著短衣，南海會館長班張祿，找得康有爲的衣物，縫作首市棺，草葬幼博屍首於南下窪龍爪槐觀音院旁，立石樹碑曰：「南海康廣仁之墓」。南下窪是北京城的叢葬地。譚嗣同曾在〈城南思舊銘〉文中描寫這裡的景象是：「民間埋葬，舉歸於此，蓬顆累累，坑谷皆滿，至不可容。」康有爲在〈哀亡弟幼博稿葬北京〉詩中寫到：「奪門白日閉幽州，東市朝衣血倒流。百年夜雨神傷處，最是青山骨未收。」他以明朝景帝時的「奪門之變」喻慈禧太后再度訓政，囚禁光緒帝之事，以于謙喻幼博等死難烈士，以漢景帝時的晁錯之死喻幼博遇害，以淒切哀痛的筆觸敘說幼博爲國流血、白骨無歸的悲慘事實。

康有爲對幼博弟的死難哀痛欲絕，並認爲幼博的不幸是自己連累所致，「竟以吾故，至蒙大戮，白骨不歸，痛可言耶。」「汝以吾被戮，哀哉心肝絕！」哀痛愧疚之情刻骨銘心。這也是人們所說康廣仁之死主要是受其兄株連的依據。沒有康有爲帶頭搞維新變法，可能不會有六君子血灑菜市口，從這一點說，幼博之死是受康有爲的株連。

但從幼博在變法期間的活動來看，他確實是變法事業的核心人物，儘管還是平民布衣，「無言責，無職守」，但他參與了變法決策，他的變法主張部分地體現在變法上諭中。他剛要就主事之職，懋勤殿十人名單中列有他的名字。謀救光緒帝，他與譚嗣同任事最力。他是兄長的得力臂膀，爲變法效命驅馳，贊畫謀議。因此說幼博是爲變法事業而死，死得其所，重於泰山。如果說是舊黨爲了洩憤，捕有爲不著，遂戮其胞弟，幼博之死豈不是沒有價值？若是如此，九泉之下的烈士豈不冤哉？

康有爲之所以說自己連累了胞弟，是出於自責，做兄長的沒有保護好胞弟，愧疚自責之心亦是必然，又因自己變法不成，痛失胞弟，更加哀痛自責。他覺得唯有將幼博遺骸移葬南歸，爲幼博靈魂找一個安息之所，才能稍償愧疚之心。爲此他多次遣人入京，謀辦此事，政變之初他還寫信給曾熱心於中國維新運動的英國傳教士李提摩太，請他設法代收幼博遺骸，並寄往香港。他在信中說：「舍弟無辜被戮，肝腸寸裂，其遺骸不知何在，恐無敢收者。先生仁心義聞，暴著天下，向來捧襟，幸託相知，舍弟亦託交末。伏乞先生代收遺骨，寄交渣甸怡和行輪船，交香港（用西文信）渣甸行買辦何東轉寄便可得收，所有運費船紙（票），望代爲辦，以便匯上。」

在信中，他還請李提摩太代收楊深秀等烈士的遺骨。「先生若能推愛，並施大仁，收其遺骸，加以殯殮，待其家人領去，不勝感禱。」

在另一封信中又說：「僕得承貴國兵艦保護，倖免於難，此皆足下大力拯援所至，感激何盡！唯舍弟慘戮，痛不忍言，聞未刑之前，足下曾於十二日入獄相視，不知舍弟有何遺言相告，乞以見示，僕前日曾屢奉書，欲乞爲舍弟收領遺骸，今聞足下已出滬，前書想不獲接，已另遣人赴都領運矣。」

李提摩太代收遺骨未果，康有爲又派門生陳介叔、梁元理冒險入京收拾幼博遺骨，並請李提摩太設法提供方便，因京城防守嚴密，移骨南歸的努力歸於失敗，直到兩年後才遣人尋到幼博墓並攜骸南歸。爲此，他寫詩一首以寄託哀思，並以詩明復仇之志。詩中寫道：

茫茫漠北何山寺？青山埋骨尚無處。清明節到雨紛紛，一尺斷石三尺墳。紙錢麥飯送無人，大仇不報負英魂，星坡北望淚沄沄。杜鵑啼血斷燕雲，鯨鯢橫波斜日曛。誓起義師救聖君，魂兮殺賊張吾軍！報汝仇憤開維新，籲嗟傷季肝酸辛！

梁啓超在《殉難六烈士傳》中評價幼博說：「世人莫不知南海先生，而罕知幼博，蓋爲兄所掩，無足怪也。而先生（康有爲）之好仁，與幼博之持義，適足以相補。故先生之行事，出於幼博所左右者爲多焉。六烈士之中，任事之勇猛，性行之篤摯，唯復生（譚嗣同）與幼博爲最。復生學問之深博，過於幼博；幼博治事之條理，過於復生。兩人之才，眞未易軒輊也。嗚呼！今日眼中之才，求如兩君者，可復得乎，可復得乎？」他又說：「幼博之才，眞今日救時之良矣。」「幼博之勇斷，足以廓清國家之積弊；其明察精細，足以經營國家治平之條理。」曾奏薦過康氏兄弟的徐致靜和王照常與梁啓超說起二康，認爲他們「皆絕倫之資，各有所長，不能軒輊」。這些評價不無精闢之處。幼博有與兄長相同的「絕倫之資」，又有與譚嗣同相近的勇斷剛毅之個性，與二人相映成輝，在維新運動史上佔有重要位置。

然而，世人多知康有爲和譚嗣同而少知幼博，不僅是因爲二人的聲名掩蓋了幼博，還由於幼博的罕世之才不曾展一用，「未能一得藉手」。幼博在有生之年把主要精力集中在宣傳貫徹兄長的維新主張方面。若說兄長是理論先鋒的話，幼博便是維新理論的實踐者和鼓動家；若說兄長思想多於行動，理論多於實踐，長於理論建樹，幼博便是一個腳踏實地的實行家，行動重於言語；兄長的思想激進中又不乏溫和，幼博的思想中有溫和但更趨向激進；兄長富於幻想和激情，幼博處事冷峻而實際；兄長是坐陣中軍的指揮，幼博是衝鋒陷陣的將軍；兄長是台前的主角，幼博是幕後的默默奉獻者。

兄長的事業得力於幼博的全力相助，幼博的默默奉獻使兄長的事業達到其輝煌的頂峰。幼博的聲望雖不及兄長，但其精悍之氣、勇斷之質、治事之功、奇銳之思、維新之志、救時之策、濟世之才、殉國之義，無疑構成一幅志士仁人的形象，令後人景仰和讚譽，他的名字永遠和十九世紀末期那場偉大的革新運動相連。

幼博才出生幾個月就死了父親。父親臨死時囑託有為友愛弟姊，特別是要照顧好弟弟。康有為把父親的話牢牢記在心裡，加上他與幼博年齡上的差距，更把照看比自己小十歲的幼博，當作義不容辭的責任。對幼博來說，有為既是兄長，又要盡父親的責任，在傳統社會，兄長比父，特別是在父親去世後，長兄就是家庭的核心和樑柱。幼博的成長，浸透著兄長的大量心血。兄長是幼博的啓蒙老師，幼博的許多知識來自兄長。兄長又是幼博的領路人，幼博的變法思想和行動，得自兄長的啓發和教育。幼博走上變法維新的道路，可說是兄長影響和引導的結果。幼博自幼與兄長朝夕相處，風雨對床。三十二年，讀書唱詩，講學論道，歡娛友愛。澹如樓中，諸兄弟縱談天人，以顯微鏡推演物之大小齊同之理，七檜園中拾落葉以煮茶，步明月以臨水，倚欄笑語，其樂無窮。

一八八六年幼博二十歲，按風俗需舉行弱冠禮以示成人，有為親自為幼博加冠，「是冬十二月為幼博冠，字之曰廣仁」。在兄長的愛護和教育下，幼博出落成一位「才斷絕人，卓立不群」的青年。自那時起，他便追隨兄長投入維新變法的事業中。

他們倆既是手足兄弟，也是事業的同路人，為著共同的事業相互勉勵，相互支援，有事商其難，有哀共其悲，有樂共其歡。兩人的思想、觀點和立場多有相同，如廢科舉興民智思想、婦女解放思想，聯英、日以拒強俄思想等。但也有不一致的地方，如在百日維新之前，幼博的思想趨於激進，幾欲與革命黨人結爲同盟，對當時的所謂豪傑名流不以爲然，認爲他們不明事理，闇於世界大勢，行爲軟弱，不足與謀改革大事。其思想如天馬行空，縱橫無羈；如寶劍在匣，虎氣騰越；如碧霄秋鶚，橫厲無前，大有蕩決一切、再造乾坤的氣概，主張對社會進行全面改革。因此對兄長的拘謹怯懦多有譏言，對兄長的一些維新觀點常發表不同看法。

百日維新時，他對變法策略和步驟又有自己的見解，並預感變法難以成功，勸兄長急流勇退，從長計議。兄長新說迭出，但終歸是紙上功夫，事上磨練稍顯不足。幼博言出必行，任事勇猛，恰能補兄長之不足。在百日新政最激動人心的日子裡，他與兄長晨夕籌劃，早晚謀議，指點江山，上書論政，把變法事業推向高潮，這是兄弟兩人最爲興奮、最爲光彩的時刻。政變即發，幼博促兄長出京，把生的希望留給兄長，自己留下來謀救光緒帝，勇敢地選擇了死的危險。南海會館門前一別，兄弟兩人遂成永訣。

政變發生，幼博慷慨赴義，爲國流血。噩耗傳來，康有爲肝膽欲裂，嘔血痛心。自己苟生而幼博受戮，何以面對高堂老母？何以告慰列祖列宗？何以向九泉之下的父親交代？何以對得起三十二年甘苦與共、風雨同舟的手足兄弟？又何以對得起溫良賢慧的弟媳和天眞可愛的姪女同荷？

他深恐母親經受不住失子痛苦的打擊，從不敢將這不幸的消息告訴她，謊稱幼博逃亡到蒙古，在寺中當和尙，等待時機再出來，並不時僞作家書報平安以慰老母，每每下筆，便淚下如雨。幼博妻黃謹娛，曾爲中國女學會倡辦董事，得知丈夫遇難的消息，終日以淚洗面，見了婆婆還得忍悲含淚，強作笑顏。女兒康同荷不諳世事，根本不知道京城裡發生的一切，但她知道父親從那年春天離家就再也沒有回來過，自此她跟伯父一家人生活在一起，甚得溫暖，及至長大，伯父送她去日本留學。一九一一年夏，伯父重遊日本專程來看望她，並賦詩留念。

以幼博雄絕之才、雷霆之力，不得少施而遭慘痛之戮，有爲折翼，哀痛心目。海外飄零，孑然一身，今後將何以爲生？他日有難，將與何人相商？每想至此，便潸然淚下，泣不成聲。在六君子遇難一周年的那一天，流亡中的康有爲於加拿大文島居所寥天室內，與志士劉康恆、李福基等祭奠英烈，寫詩數首，表達了他對死難者的深深懷念。錄詩兩首如下：

殊方窮發寥天室，痛哭英靈賦大招。西望瀛台波渺渺，逋臣灑涕滿江潮。
申胥痛哭知何往，正則行吟更自傷。萬里投荒住孤島，登山臨水總淒涼。

有爲永遠不會忘記戊戌年九月二十八日（八月十三日）那一天，那是一個刻骨銘心的日子，那是幼博的祭日！每到這一天，他必以淚和酒祭奠英靈，寫詩記之。

辛丑年（一九○一年）八月十三日，康有爲奠酒於新加坡檳榔嶼絕頂，哀祭六君子，成五烈士詩。或許是康有爲錐心泣血的傾訴感動了上蒼，或許是其悲情感染了海神，但見海波湧起，秋風嗚咽，海風同悲，康有爲抑制不住內心的巨大悲痛，失聲慟哭，再也握不住那枝叙寫亡弟的羊毫。以致兩年擱筆，哀不成文。想起戊戌八月之變，光緒幽囚，軍機四章京楊銳、劉光弟、譚嗣同、林旭，御史楊深秀及幼博弟棄屍柴市，天下冤之，海內志士，皆爲設祭。六位烈士不是門生弟子，便是肺腑骨肉，怎不令人哀痛欲絕。

壬寅年（一九○二年）八月十三日，康有爲流離於印度大吉嶺，遙望故國，追念亡弟，奠酒於萬里之外，以淚和墨終於寫出〈哀故候選主事亡弟廣仁〉一詩，補成《六哀詩》六首。由此足見詩人的沈痛心情。在〈哀亡弟廣仁〉的詩中，一個英姿勃發、勇斷剛毅的人物形象赫然在目。透過記述幼博一生的經歷成長、主要事跡、維新思想、戊戌之難等，深切表達了詩人對亡弟幼博的不盡懷念和對頑固派的極大憤慨，讀來眞切感人，催人淚下。但有限的筆墨永遠不能盡言康有爲對幼博弟的無限懷念，和對頑固派的滿腔仇恨。

7 最是痛心當八月

梁啟超・《戊戌政變記》

新春佳節無疑是一年中最愉快最熱鬧的日子。戊戌年大年初三（一八九八年一月二十四日），帝都北京依然沈浸在歡樂熱鬧的氛圍中，雖有幾許早春的寒意，但晴朗的天氣加上節日氣氛的烘托，整個京城都顯得暖洋洋、樂融融。這天下午，總理衙門的西花廳卻籠罩著緊張而嚴肅的氣氛，沒有一點節日喜慶的樣子。

西花廳是會見外國使節的地方，但這會兒不是在接見外國公使，也不是在宴請賓客，而是在進行一場具特殊意義上的「接見」活動。應邀而來的「嘉賓」是工部主事康有爲，負責接見的「大臣」是大學士李鴻章、翁同龢、榮祿、刑部尚書廖壽恆、戶部左侍郎張蔭桓。五大臣奉光緒帝之命，請康有爲到總理衙門詢問變法事宜。對守舊大臣來說，壓根兒就不想變法，問不問康有爲都一樣，反正是走過場。對康有爲而言，卻意義重大，他多年來爲維新變法奔走呼號，頻頻上書，目的就是要使自己的變法主張上達天聽，爭得皇帝的支援，然後藉皇權的力量推行。現在終於有了一線希望，雖不能馬上得見天顏，直陳胸意，但有朝廷重臣出面接見，而且是奉皇帝之命，也表明了重視的程度，至少是對他的變法呼喊不再充耳不聞。只須再加努力，得見天顏便爲期不遠。

這次康有爲來京，原是爲他的移民巴西計劃而來。他覺得中國人滿爲患，而巴西土地肥沃，人口稀少，氣候類似中國，若移民前往，即可另造一新中國。如果中國滅亡，巴西就是復興中國的基地。這不啻是一個大膽而美好的民族復興計劃。且不說可能性如何，僅想一想另一中國將崛起於地球的另一半，就足以令人興奮不已。

一八九七年冬，他來京籌劃此事，相商於李鴻章，還沒有個眉目，就碰上德國強佔膠州灣事件。康有爲痛感中國將被列強瓜分豆剖的嚴峻形勢，再上萬言書，極言事變之急，即《上清帝第五書》，提出挽救時局變法三策。上策是「採法俄、日以定國是」；中策是「大集群才而謀變政」；下策是「聽任疆臣各自變法」。並指出行上策則強，行中策則弱，行下策則不至於盡亡。若三策都不實行，則「恐皇上與諸臣求爲長安布衣，而不可得矣」。這是民族危機刺激下又一次變法圖存的吶喊。與前幾次上書不同的是，這次上書的變法內容更具體、更全面。興民權、開國會、立憲法、建立君主立憲制的政治制度，成了最響亮的口號，可惜這次上書仍不能上達天聽。

康有為救國無門，只好南歸。他想趕在河水結冰前出發，行李已準備好，十二月十一日就要啓程，翁同龢聞訊，立即前往南海會館留行，告訴他說光緒帝對他將有大用。都察院給事中高燮曾也上了奏章，特薦康有為，並請予召見。光緒帝一八九五年曾看過康的《上清帝第三書》，深為康的變法思想所打動，對康有為早有好感，看了高燮曾的奏章，加上翁同龢的多次奏薦，有意召見，當面商議變法事宜。

恭親王奕訢擔心康有為將「誘皇上變法」，便以康是小臣，不夠召見的資格為由而加以阻止，光緒帝只好改命總理衙門大臣接見康有為。儘管如此，對康有為來說，也值得慶幸，因為這畢竟是接近權力中心的重要一步。歷史就是這樣難以捉摸，如果康有為南歸的日子提早一些，或翁同龢不去挽留，會不會有戊戌變法還很難說。但歷史就是透過這些偶然事件的集合，才組構既成的歷史面貌。

接見活動不經意變成了一場論戰，因為負責接見的五大臣中有反對變法者，有贊成變法者，也有對變法不瞭解者。變與不變，怎麼變成為論戰的焦點。反對變法的榮祿首先發難。榮說：「祖宗之法不能變。」康回答說：「祖宗之法，以治祖宗之地也，今祖宗之地不能守，何有於祖宗之法乎？即如此地為外交之署，亦非祖宗之法所有也。因時制宜，誠非得已。」康的回答機智巧妙，有理有力，駁得榮祿張口結舌。

廖壽恆問變法應從何著手？

康胸有成竹地說：「宜變法律、官制爲先。」

李鴻章質問道：「然則六部盡撤，則例盡棄乎？」

康回答說：「今爲列國並立之時，非復一統之世，今之法律官制皆一統之法，弱亡中國，皆此物也，誠宜盡撤，即一時不能盡去，亦當斟酌改定，新政乃可推行。」

翁同龢問推行新政款從何來？

康說：「日本之銀行紙幣，法國印花，印度田稅，以中國之大，若制度既變，可比今十倍。」

接著，康有爲詳細地闡述他的變法方案，包括法律、財政、學校、農商、工礦、郵政、會社、海軍、陸軍等幾乎所有方面的改革之法。又反覆強調日本國情與中國相近，最易仿摹，日本仿效西法搞維新，已建立起較爲完備的法制，最易中國學習，並以所著《日本變政考》和《俄彼得變政記》爲變法藍本推薦給諸大臣。

康有爲在這次論戰中充分發揮演說天才，駁難答疑，暢所欲言，雄辯滔滔，既有力地宣傳了他的變法主張，又駁斥了頑固派「祖宗之法不能變」的觀點。問對持續數小時直到天黑才結束。第二天，翁同龢把會見康有爲的情況向光緒帝作了彙報。光緒帝當即決定召見康有爲，無奈恭親王奕訢又出來阻撓，提出先讓康把變法意見寫成文字送上，如有可取之處，再召見不遲。光緒帝遂傳令康有爲條陳所見，並進呈《日本變政考》和

《俄彼得變政記》。

天顏難見，但由盲目上書變爲應詔上書，是一個重大突破，它意味著康有爲的變法主張可以直接上達「天聽」了。一八九八年一月二十九日，康有爲呈遞《上淸帝第六書》，即著名的《應詔統籌全局摺》，全面闡述他的變法主張，其核心內容是「大誓群臣以定國是；開制度局以定新制，別開法律局、制度局、學校局、農局、商局、工局、礦務、鐵路、郵信、會社、海軍、陸軍十二局，以行新法，各省設民政局，舉行地方自治；設待詔所，許天下人上書。」根本問題是官制改革，建立一套從中央到地方的新政權機構，以保證新政的實施。這一上書是維新運動的綱領性文件，集歷次上書之大成，較完整地反映了維新派的改革要求，對堅定光緒帝的變法決心，推動變法運動向實質階段發展起了重要作用。

三月十二日，康有爲又呈遞了《上淸帝第七書》和《俄彼得變政記》。其中心議題就是以俄國彼得大帝變法圖強的歷史，說明國家由弱致強的原因，力主中國變法仿效俄國彼得大帝，光緒帝要像彼得大帝那樣，有徹底變法的決心，虛心求教，仿行「萬國之美法」，朝綱獨斷，雷厲風行地推行改革。

從一八八八年到一八九八年康有爲七上皇帝書，可謂是一個漫長的上書過程。其上書不達也如故，其頻上也如故，舉國流俗非笑之，唾罵之，或謂爲熱中，或斥爲狂病，而他不爲流俗所嚇退，愈挫愈奮。「《治安》一策知難上，只是江湖心未灰。」是救國救民的強烈使命感，憂時憂危的愛國之心和變法圖強的報國之志，促使他不停地上書，終於打動了皇帝，贏來一個短暫而輝煌的百日維新局面。

當然，戊戌維新不單單是康有爲上書的結果，同時是多種因素促成的。帝國主義列強步步緊逼的侵略，使清政府面臨土崩瓦解的危機，而朝野上下的頑固保守勢力，仍死硬地執行和維護對外投降、對內壓制的亡國政策，致使國運飄搖，民怨沸騰，危機四伏，人心思變，主張變法的呼聲愈來愈高，終於匯聚成一股強勁的變法思潮。而光緒帝有感於內憂外患的嚴峻形勢，怵心於崇禎皇帝吊死煤山、法國路易十六上斷頭台的可怕下場，不願做亡國之君，同時又面臨后黨壓制的難堪局面，欲發奮有爲，勵精圖治，透過變法維新尋找一條生路，挽救搖搖欲墜的統治。

康有爲的上書和其他變法著作對光緒皇帝而言是撥雲見日，豁然開朗，猶如長空驚雷，振蕩心目，使光緒帝益知「萬國強弱之理」，從而堅定了變法圖強的決心。共同的變法要求和救亡目標，使維新派和帝黨勢力走在一起，加上康有爲等維新志士爲變法所做的廣泛宣傳和發動及理論準備，使戊戌變法如箭在弦，蓄勢待發。

五月二十九日，反對變法的首席軍機大臣恭親王奕訢病死，奕訢是道光帝之子，咸豐帝的兄弟，曾與慈禧太后密謀發動祺祥政變，受命爲議政王大臣，掌軍機處及總理衙門，權傾朝野。他的態度如何，至關重要。奕訢的死爲維新派發動變法提供了一個契機。

康有爲立即上書翁同龢，「促其亟變法，勿失時」，隨之又分別代楊深秀和徐致靖擬奏摺，「請定國是，而明賞罰」，請光緒帝下定變法的決心，明定國是，以趙武靈王胡服騎射、秦孝公變法、俄國彼得大帝改革和日本明治維新爲榜樣，堅決實行變法，參照西方進行政治、經濟、文化方面的改革，以防列強瓜分中國。

康有爲的奏摺進一步堅定了光緒帝的變法決心。一八九八年六月十一日（戊戌年四月二十三日）光緒帝頒發「明定國是」的詔書，標識著百日新政的開始。詔書在說明變法的理由時說：

> 試問今日時局如此，國勢如此，若仍以不練之兵，有限之餉，士無實學，工無良師，強弱相形，貧富懸絕，豈真能制梃以撻堅甲利兵乎？朕唯國是不定，則號令不行，極其流弊，必至門戶紛爭，互相水火，徒蹈宋明積習，於時政毫無裨益，即以中國大經大法而論，五帝三王，不相沿襲，譬之冬裘夏葛，勢不兩存。

因此捨變法外別無他途，必須因時變法。詔書要求：

嗣後中外大小諸臣，自王公以及士庶，各宜努力向上，發奮為雄，以聖賢義理之學，植其根本，又須博採西學之切於時務者，實力講求，以救空疏迂謬之弊。專心致志，精益求精，毋徒襲其皮毛，毋競騰其口說，總期化無用為有用，以成通經濟變之才。

梁啓超在《戊戌政變記》中說這一詔書：「斥墨守舊章之非，著託於老誠之謬，定水火門戶之爭，明夏葛冬裘之尙，以變法爲號令之宗旨，以西學爲臣民之講求，著爲國是，以求衆向，然後變法之事乃決，人心乃一，趨向乃定。自是天下向風，上自朝廷，下至人士，紛紛言變法，蓋爲四千年撥舊開新之大舉，聖謨洋洋，一切維新，基於此詔，新政之行，開於此日。」

《明定國是詔》的頒佈是維新派和帝黨的一個重大勝利，康有爲著實有些激動，多年來爲之奔走呼號的變法理想就要實現，激動之餘，也不免一絲悲涼。因自己屢屢上書，倡言變法，開保國會而遭到頑固派的忌恨，以致謗言鼎沸，皇上有心召見，每每受阻，廣東的學子們也在等他回鄉講學，他把歸期定在六月十二日。恰有家書來，說家鄉疫病流行，宜遲些時候再回，即使要回，也應到上海稍候。他想：國是既定，與其在上海等候，不如稍留北京，或可出現轉機。於是他決定暫留京師。

轉機迅速出現，侍讀學士徐致靖於國是詔下的第三天奏薦康有爲、黃遵憲、譚嗣同、張元濟、梁啓超等五人參贊新政。奏摺中稱康有爲「忠肝熱血，碩學通才，明歷代因革之得失，知萬國強弱之本原，當十年前，即倡論變法……其才略足以肩艱鉅，其忠誠可以託重任，並世人才實罕其比，若皇上置諸左右以備顧問，與之討論新政，議先後緩急之序，以立措施之準，必能有條不紊，切實可行，宏濟時艱，易若反掌。」

光緒帝早就想召見和擢用康有爲，徐的奏摺爲他擢用維新人才提供依據，於是立即發佈上諭，定於六月十六日召見康有爲。有論者說徐致靖的奏薦人才摺出自康有爲之手，康欲假徐致靖之名而暗行毛遂自薦，若如此，也可能是他暫留京師的原因。他盼望著光緒帝能夠召見他，甚或設想光緒帝能提拔他爲首席顧問，執掌變法領導權，讓他有機會施展才華，大幹一場。果然是峰迴路轉，柳暗花明，皇帝下了預備召見的詔書，康有爲終於可以一睹天顏，當面向皇帝獻變法之策，與皇帝一起討論新政，「議先後緩急之序，以立措施之準。」說不定皇帝還會提拔重用他。想到這裡，便不免躊躇滿志。

六月十五日，康有爲興致勃勃地來到頤和園，住在戶部公所裡等候次日清晨召見。就在他爲得見天顏而激動不已的時候，忽然傳來令他震驚的消息：慈禧太后下諭旨將翁同龢開缺回籍，命榮祿爲北洋大臣兼直隸總督，統帥北洋三軍；二品以上大員，凡有升遷，必須親自到太后面前陛見謝恩；是年秋，將由光緒皇帝恭奉慈禧太后到天津檢閱北洋三軍。

就這樣，慈禧太后從軍事上控制了京、津要害地區，人事安排上收回高級官吏的任免權，逐走翁同龢。可憐年輕天子一無用人權，二無軍權，三又失去得力臂膀，變法伊始，即受當頭一棒，從而預示了變法的悲劇命運。

翁同龢被逐，與康有爲的預備召見幾乎是同時進行，翁是軍機大臣、戶部尙書，又是皇帝的師傅，帝黨的核心人物，曾多次在皇帝面前舉薦過康有爲，對康有知遇之恩。從變法陣營來看，翁的去職是維新事業的極大損失，康有爲感到震驚和憤怒，同時深感悲涼；從個人角度來看，能被皇帝召見當然是欣喜無比，翁的去職對自己的升用不一定是壞事。但無論如何，康還是非常感激翁同龢的薦舉之恩，把他引爲知己，對翁的去職深表惋惜。一首〈懷翁常熟去國〉詩就表達了他的這種心情。康有爲寫道：

膠州警近聖人居，伏闕憂危數上書。已格九關空痛哭，但思吾黨賦歸歟。
早攜書劍將行馬，忽枉軒裳特執裾。深惜追亡蕭相國，天心存漢果何如？

康有爲把翁對自己的勸留和器重比作漢時的蕭何月夜追韓信，足見他對翁的感激和懷念。

六月十六日，康有爲一早就來到朝房候旨召見，正巧遇上榮祿爲署直隸總督前來謝恩，等待中兩人談起變法之事。榮祿奚落康有爲說：「以子之槃槃大才，亦將有補救時局之術否？」康堅定地回答說：「非變法不可。」榮又說：「固知法當變也，但一二百年之成法，一旦能遽變乎？」康隨口回答說：「殺幾個一品大員，法即變矣。」這是召見前的小插曲，說明新舊兩派勢同水火的嚴重形勢。不幸的是，康的話沒有成眞，反倒被榮祿等人整得凄凄慘慘。

被召見的歷史時刻終於到來，一陣誠惶誠恐之後，見當今皇上目光柔和，態度溫和，倒也免去了不少小臣得見天顏時的緊張與不安。康有爲抓住這個千載難逢的機會，鼓足勁準備把滿腹變法宏論全部傾倒出來。關於這次與皇帝的歷史性對話，康有爲在自編年譜中有詳細記載，因爲這是一個非比尋常的歷史時刻，是康有爲最感得意、最爲輝煌的時刻，一個微不足道的小臣能與至高無上的皇帝暢談國家大事，而且談得如此投機，大有相見恨晚之感，怎不令人感動？怎不令人榮幸之至？怎不令人永誌不忘？以致談話的具體內容和經過及皇帝的神情態度，都深深刻印在康有爲的腦海裡。

召見一開始，康有爲就直陳時事，極言中國所面臨的危險形勢：「四夷交迫，分割洊至，覆滅無日。」以亡國危險警示皇帝，可謂正中要害，想必光緒帝當時不是驚得出一身冷汗，也是被深深撼動。不願做亡國之君的本能反應，決定了他與康有爲在談話一開始就產生強烈的思想共鳴。他很快得出結論，認爲造成目前中國這種危亡局面的原因，全在那幫守舊之人。康有爲順勢說：「皇上聖明，能洞悉病源，既知病源，救治藥方就擺在這裡。既然知道守舊造成禍敗，那麼非徹底變革舊法和實行維新不能自強。」

一說到變法自強，光緒帝百分之百贊同。他立即說：「今天的確非變法不可。」康有爲更是來勁，不失時機地向皇帝大講「全變」的道理，他說：「這些年來不是不言變法，但只是少變而不是全變，舉其一而不改其二，結果連已經變了的法也毫無功效可言。」他以修建宮殿比喻，現在的舊法就像一座破舊的宮殿，樑柱已經朽壞，不日即將傾覆，如果只是進行稍微的彌縫補漏，風雨一來，終不免傾塌。所以，最根本的辦法就是推倒重建。而重築新殿，必須對宮殿面積的大小、尺寸的高低、磚石木料的多少、門窗檻櫺的寬窄、灰釘竹屑的瑣細等進行全面統算，然後用料施工，才能建設成功。若有一處小小的疏漏，宮殿就難以建成。幾十年來各大臣所講的變法，只是變其一端，就像是對破舊的宮殿修修補補，終歸是無濟於事，又像是修建新殿而未曾統籌全局，徒勞而無功。所謂「變法」，應該是先從改革制度和法律入手，然後及其全面，才可稱爲變法。如今人們所謂的變法只是變事，而非眞正的變法。故臣請皇上變法，須先統籌全局而變之，先開制度局而變法律，這才有益啊！

光緒帝連連點頭，頻頻稱是。康有爲愈說愈興奮，變法後的強大中國簡直呼之欲出。他說：「臣對於變法之事，曾詳考各國變法的經驗教訓，選擇其中適合中國情況的變法事項，斟酌損益，使之可以在中國施行。章程條理都已經具備，如果皇上決意變法，可供採擇。西方各國講求變法三百年而後治，日本明治維新三十年而富強，以中國土地之大，人民之衆，變法三年就可以自立，而後是蒸蒸日上，富強可駕萬國，以皇上的聖明，要圖中國強盛，簡直是易如反掌。」

康的一席話直說得皇帝有些飄飄然。且不說富強可駕萬國，能不再做亡國之君，就已使他喜出望外了。光緒帝稱讚康有爲說得好，條理詳明。康見皇帝興致勃勃，就更加放言無忌，幾乎忘記君臣的名份。他大膽問道：「皇上既然知道非變法不可，爲何久久沒有舉動，坐視國家被分割削弱呢？」

光緒帝睨視了一下簾外，顯然是怕有人偷聽，歎息地說：「被人掣肘，無可奈何啊！」

康有爲知道皇上是受慈禧太后掣肘，便獻策說：「就皇上現在之權，行可變之事，雖不能盡變，而扼要以圖，亦足以救中國矣。」接著他又爲皇上謀劃了用人政策：「現在朝中大臣，都是年老守舊的，對外國的事情一點不懂，指望這些人變法，無異於緣木求魚。對於這些位高年老的守舊大臣，可以保持他們原有的俸祿，使他們無失位之恐，便不會阻撓新政。皇上欲行變法，只有擢用年輕資淺的小臣，廣開推薦管道，給予召見的機會，考察他們是否有才能，皇上親自提拔才俊之士，破格擢用，不必給予高位，但將委以重任，把新政事務交給他們去辦理。」

光緒帝又表示贊同。

接著君臣二人又討論了廢八股問題，皇上痛快地答應了廢八股一事。當談到如何籌款解決國家貧困的問題時，康有爲介紹了日本創辦銀行、發行紙幣，印度徵收田稅等情況，認爲中國到處可以修路、採礦，資源條件爲世界上其他國家所無可比擬，要是大規模籌借幾萬萬款項，遍築鐵路，練兵百萬，購鐵艦百艘，興辦各種學堂，則可一舉改變困局，只是怕變法不得其本，不著要領。中國地大物博，藏富於地，所怕的不是貧窮，而是民智不開。於是，他又暢談譯書，派人到外國留學、遊歷等事項。

康有爲每講完一事，都停一會兒，以待光緒帝下令結束談話，但這位年輕皇帝聽得入迷，似乎忘記了時間，也不知疲勞，不斷地提出一些問題與康有爲討論，康只好繼續說下去。於是重新把用人、行政、開民智、激民氣、招撫會黨等方面的話題陳述一遍。末了，又想到保國會被劾的時候，多虧光緒帝保護才免遭厄運，趁這個機會又說了一番感恩戴德的話。談話持續了兩個小時之後，光緒帝才發話叫康有爲下去歇歇，臨別又囑咐說：如果還有話要說，可以寫成奏摺繼續陳述。

長達兩個半小時的召見，在朝中確實少見。這是一場關於中國前途命運問題的長談，一個急切地聽，一個熱心地談，並不時就重大變法問題展開討論。康有爲終於有機會直接向最高權威宣傳他的變法主張，從「全變」理論到用人政策的改革，從廢八股到變法策略等重要變法問題都有涉及，可以說是康有爲變法思想的主題發言，也是他唯一一次向皇帝「面奏」變法事宜。光緒帝聽了康有爲的變法宏論感到振奮，變法的思路更加清晰，變法的決心更加堅定，這次召見對百日維新產生了積極影響。

光緒帝早就想重用康有爲，透過這次談話，更加佩服康有爲的才學膽識，更是把康引爲知己，視爲股肱，有心委康以重任，最好在自己身邊做個顧問，以便隨時面商，共同籌劃，把已經發動的維新運動進行下去。當他與軍機大臣商議給康以何職位時，廖壽恆請求賞給五品卿銜，但剛毅搶先提出讓康在總理衙門章京上行走，章京是六品小官，相當於秘書、幹事之類的職務。光緒帝懾於西太后和守舊大臣對康有爲的忌恨，對康是想重用而又不敢重用，無可奈何的情況下只好接受剛毅的建議，任命康有爲爲總理衙門章京。

康有爲聽到這個任命消息時，想必非常失望，以皇上對自己的器重和自己的才學，原指望被委以變法大任，至少也做個高級顧問，到頭來只給個六品小官，官微言輕，與他領導變法運動的雄心反差太大，簡直是羞辱他。他知道這是守舊大臣在作梗，絕非皇上的本意。他很能體諒皇上的苦衷，於是委屈地接受這個職務。

按慣例接受新職應入宮謝恩，爲了避嫌，康有爲只寫了一道《謝恩摺》，實際上又大講變法事宜，康有爲在奏摺中再次提醒光緒帝趕快進行變法，請求光緒帝大誓群臣，堅定變法決心；統籌全局，對變法有一個通盤考慮，全面規劃；開制度局，建立一個實施變法的最高機關。又建議廢八股及開孔教會，以衍聖公爲會長，聽天下人入會，令天主教、耶穌教各立會長，議定教律，凡發生教案，一律按所議教律解決，國家不再參與。還請求光緒帝以所有之權行方今可爲之事，舉本握要，天下移風，振作人心，並乾綱獨攬，速斷聖心，以救中國。由此可見，他對光緒帝知遇之恩的感激，和百折不撓的變法決定。

康有爲雖然被排除在權力核心之外，但他透過呈遞的書稿和奏摺，爲維新運動提供了一整套變法理論、變法藍圖和變法方法及步驟，實際上成了百日維新的領袖和核心。

百日維新開始後，光緒帝派軍機大臣廖壽恆，傳令康有爲將各國變政考「立即抄寫進呈」。康有爲日夜奮筆疾書，趕寫有關變法著作，每寫完一卷立刻進呈，而光緒帝則頻頻催取。短短數月時間裡，康有爲先後編寫並進呈了《日本變政考》、《日本書目志》、《法國變政考》、《突厥守舊削弱記》、《波蘭分滅記》、《英國變政記》、《德國變政記》、《列國政要比較表》等著作。這些著作以《日本變政考》爲核心，總結各國變法成敗的經驗教訓，廣徵博引，斟酌損益，形成一套新的變法理論，其目的在於說明「守舊必亡，變法則強，小變則亡，全變則強」的道理，並以各國變法爲例，闡明中國變法的必要性、緊迫性和如何變法、變法的內容、方法以及變法下手的綱領等問題，因而對百日維新起了指導性作用，爲光緒帝提供了一個較全面的變法參照圖景。

爲給不敢重用康有爲一個補償，光緒帝特地賜予康有爲專摺奏事的權利，這就意味著康有爲可以不受官位品級的限制，直接向皇帝奏事，而不必透過別人代轉代呈。不管康有爲有沒有使用過這種特權，自召見後，他的奏摺都能上達光緒帝手中，不像以前處處受阻，這也是天眷優渥的緣故吧。康有爲一面不停地進呈書稿，一面頻上奏摺，不斷提出新政建議。變法期間，康有爲以自己的名義上奏和代他人起草的奏摺五十件，內容涉及政治、經濟、軍事、文化教育、社會風俗等。對照康有爲的奏摺及歷次上書內容和光緒帝所發新政「上諭」的異同，人們會發現，兩者儘管有出入，新政「上諭」不是照搬康有爲變法的建議，但大體反映了康的變法精神，基本上不超出康的變法建議，因此可說康有爲是新政的精神領袖，他在變法運動中起了思想導向的作用。

在康有爲的新政建議中，制度法律方面的改革佔核心地位。因爲開議會、定憲法、建立君主立憲制的資本主義社會，是康有爲主張變法的最終目的。新政期間他又反覆強調立憲法，開國會，君民合治，滿漢不分，定國是以強中國，開制度局議行新政，許民上書，廣開言路等。可歎的是：開國會難度大，缺少條件，只好胎死腹中。退而求其次，開制度局爲過渡，又遭到守舊大臣和慈禧太后堅決反對，制度局也流產了。

再退一步，開懋勤殿總可以吧！懋勤殿是祖宗之制，總該沒有理由反對了吧！但瞞不過老佛爺（西太后）的眼睛，康有爲想用暗渡陳倉之計，藉懋勤殿之名，行制度局之實，老佛爺一聲斷喝，懋勤殿計劃就煙消雲散。就連康有爲增開十二局爲推行新政機關的計劃也成了空中樓閣。這樣一來，康有爲「變事」與「變法」區別標準的制度改革基本上落空，預示著變法失敗的必然結果。因爲維新派始終無法建立起一套議定和推行變法政策的權力機構，一切新政措施都得靠皇帝的高壓，透過守舊派官僚充斥的原有官僚體制推行，不等實施，新政內容早已被消解、抵制、排斥得面目全非了。

在文化教育方面，康有爲要求廢八股、試帖、楷法取士的制度，改試策論，俟學校盡開，再廢科舉。改書院，廢淫祠爲學堂。鄉設小學，縣設中學，省設專門高等學堂，京師設大學堂，設譯書局以譯日本書，請派遊學日本歐美等。康有爲文化教育方面的改革主張在新政期間基本上都有落實，尤其是廢八股，改試策論、廣興學校等是維新派取得的重大勝利，也是百日新政的標誌性成就。

經濟方面康有爲提出振興農工商各業，獎勵發明創造，發展資本主義經濟。創新器者，給以專利或爵祿。對開大工廠以興實業者，給予優獎。又主張立商政以開利源，用漕款以建築鐵路。經濟改革的目的是發展資本主義經濟，直接爲強國富民的目標服務。這也是康有爲孜孜以求的變法目的之一，令他興奮的是：他的經濟改革主張在新政「上諭」中都有所體現。如新政上諭命各省整頓商務，在各省會籌辦商務局，在沿海、沿江、沿岸等地廣開港口，以圖商務流通，獎勵士民創作新法，在京師設農、工、商等總局，各省設分局、置造機器貿易等事項。

軍事方面的主張是停弓刀石武試，仿日、德之制，廣設武備學堂。裁改綠營和旗兵，仿日、德之制訓練新軍，並籌鉅款，大練海陸軍以強中國等。他的軍事改革目標也算是部分有交代，如新政上諭中提出要以洋操精練陸軍，革除防營積弊，裁勇節餉，命各省力籌撥款，以添設海軍、籌造兵輪，令袁世凱專辦練兵事務等。

要說明的是：新政上諭是採納廣大臣工條陳並綜合各方面的建議而成，其來源是多方面的，有些新政內容與康有爲的建議看似重合，但不一定就是直接採納康有爲的建議。直接來自康有爲建議的只是新政上諭的一小部分，但我們不能因此否認康有爲精神領袖的地位，因爲新政內容基本上源於康有爲的變法思想，難以出其左右，而且多數新政內容是受了康的思想影響後提出來的。還需要說明的是，新政內容所體現出的變法精神遠沒有康有爲的變法主張激進和徹底，比起康的變法建議，打了不小折扣。

百日維新無疑是康有爲人生歷史上最輝煌的日子。在這短暫的日子裡，康有爲處在中國歷史的漩渦中心。他不是最高決策者，卻賦予了決策人的使命，被時代推上了歷史舞台，由他發動和領導一場轟轟烈烈的變法運動；他是一個沒到任的一般官員，嚴格地說是一介書生，卻以自己的思想和眞誠影響了當朝天子，並假天子之手推行他的變法主張，做了變法運動事實上的領袖。

從光緒帝對他的信任和守舊派對他的忌恨中，可感覺出他的份量和作用。維新的百日，是康有爲最忙碌、最振奮且最有價値的日子。其間雖有新舊兩派的激烈鬥爭，有舊黨勢力的惡意圍攻，有變法主張不能推行的苦惱，有被排除在權力中心之外的失意，有變法失敗前的慌張失措，但更主要的是他始終站在維新運動的前端，全面籌劃，指揮這場運動。

在這段日子裡，他是光緒帝的座上客，被皇帝引爲知己。該是何等的榮耀！他的變法主張每每得到皇帝的讚賞，被皇帝視爲變法藍本，該是何等愜意！每有新書進呈或奏摺奉上，提出一種變法新理論，或完成一項新的變法提議，又該是何等的滿足！當看到皇上銳意革新，新政詔書雪片似地飛向全國，自己多年變法願望就要實現，一個富強的中國就要出現時，該是何等鼓舞人心啊！總之，這是一段不平凡的日子！一段永遠不能忘懷的日子！他的半世功名、一生榮辱、所有的事業都與這段日子緊緊地聯繫在一起。

緹騎蒼黃遍九關

九月的古都北京，本應是秋高氣爽的日子，但一八九八年九月（戊戌年八月）的天氣卻顯得陰鬱沈悶。連日來，人們的心情也像這陰鬱的天氣一樣，感到一種壓抑和恐慌。成群成群的軍隊開入京城，荷槍實彈的禁衛軍頻繁調動。人們紛紛傳言京師大變將作，居民震恐，物價騰貴，遷避者塞途。整個京城籠罩在事變前的沈悶、緊張、驚恐和騷動氣氛之中，這就是戊戌政變前的景象。

維新變法是一種除舊布新的活動，必然會與舊有一切發生激烈衝突。隨著維新事業的全面展開，新與舊的矛盾日趨激化。可以說百日維新的啓動及其每一項改革，都是新、舊兩種勢力鬥爭的結果，改革愈深入，對守舊勢力的既得利益衝擊就愈大，守舊勢力反抗也就愈激烈。

圍繞開制度局和廢八股的鬥爭，最能說明新、舊兩種勢力的鬥爭形勢。開制度局是康有爲提出的變法核心議題，目的是要建立一套從中央到地方籌議和推行新政的權力機構，以取代舊的政權機構，這樣勢必危及現存機構的權力和利益。議案一出，「朝論譁然，謂此局一開，百官皆坐廢矣。」軍機大臣則說：「開制度局是廢我軍機也，我寧忤旨而已，必不可開。」光緒帝一再催促樞臣們籌議制度局，以便「藉衆議以行之」。但大臣們不是逐條駁斥，便是敷衍了事，軍機大臣王文韶說得明白：「上意已定，必從康言，我全駁之，則明發上諭，我等無權矣，不如略敷衍而行之。」果然是軍機大臣們一致行動，軟抵硬抗，敷衍搪塞，搞得皇帝無可奈何，開制度局一事不了了之。

圍繞廢八股一事，軍機大臣剛毅竟當面反對光緒帝廢八股的決定。六月十七日，康有爲代宋伯魯擬摺請廢八股，光緒帝見摺，即令軍機大臣擬旨廢除，剛毅說：「此乃祖制，不可輕廢，請下部議。」光緒帝說：「部臣據舊例以議新政，唯有駁之而已，吾意已決，何議爲。」剛毅又說：「此事重大，行之數百年，不可遂廢，請上細思。」光緒帝厲聲說道：「你要阻撓我嗎？」至此，剛毅才不敢多話，但他仍不甘心，末了，又抬出慈禧太后，說此事重大，願皇上請懿旨。光緒帝不得已，只好到頤和園請太后懿旨。及廢八股的諭旨下後，御史文悌、黃桂鋆等人竟欲翻國是，復八股，以至千百萬生童舉子「驟失所業，恨康有爲特甚，直隸士人甚至要行刺於康」。

到了光緒帝罷斥禮部六堂官，擢用軍機四章京時，新舊鬥爭開始白熱化直至最後攤牌。慈禧太后允許變法以「無違祖制」爲前提，光緒帝裁撤機構、裁汰冗員，罷斥禮部六堂官，任用軍機四卿及將李鴻章、敬信逐出總署等，顯然是一場新舊勢力奪取政權的鬥爭。這等於向慈禧太后神聖權力的挑戰，和對其用人大權的蔑視，顯然是她不能忍受的。凡涉及到官制改革、權力變動和人員進退，都會超出她所允許的範圍。

因此，革禮部六堂官之職，可說是政變發生的第一個危險信號。擢用軍機四卿和開懋勤殿，意味著維新派將會上台，光緒帝的權力將會加強，而后黨的權力將會削弱，這是慈禧太后絕對不能允許的。事實上，早在詔定國是之初，慈禧太后就埋下了政變的伏筆，撒下了天羅地網，單等光緒帝「亂鬧數月，使天下共憤」時，再出來收拾他。眼看光緒帝的舉動愈來愈出格，說不定還會鬧出什麼大亂子，若再不收拾，恐會「養虎為患」，於是老佛爺震怒起來，光緒帝及維新派禍在眉睫。

「天津閱兵」是在新政之初由慈禧太后安排的，於是年秋光緒帝和她共同參加的重大檢閱活動。據傳，這是慈禧太后的一個陰謀，她將在閱兵時乘機發動政變，廢掉光緒帝。

隨著天津閱兵時間臨近和「將有宮闈之變」消息盛傳，以及新舊對立形勢緊張，康有為等日夜憂危，情急之下想出應急三策：一是請光緒帝仿日本之法成立參謀本部，選天下英武之士、不貳之臣置於左右，由皇上親披甲冑，坐陣指揮，以應付非常之變；二是請改維新元年以新天下耳目，變衣服而易舊黨心志；三是遷都上海，避開舊黨勢力，居通達之地以控禦天下，以便於新政推行。可惜這些策略遠水救不了近火，又難以實施，故於事無補。

九月十三日（農曆七月二十八日），光緒帝到頤和園給慈禧太后請安，並請示開懋勤殿之事，從慈禧太后的冷冷目光和一臉怒氣中，光緒帝預感到禍變將作，朝局將變，朕位難保。憂懼之中，他想到可依靠的只有康有爲等人了。於是親書密詔，請楊銳等人相商於康有爲籌劃謀救之策，設法救護，楊銳帶出的密詔寫道：

近來朕仰窺皇太后聖意，不願將法盡變，並不欲將此輩老謬昏庸之大臣罷黜，而用通達英勇之人令其議政，以為恐失人心。雖經朕屢次降旨整飭，而且隨時有幾諫之事，但聖意堅定，終恐無濟於事。即如十九日之朱諭，皇太后已以為過重，故不得不徐圖之，此近來之實在為難之情形也。朕亦豈不知中國積弱不振，至於阽危，皆由此輩所誤，但必欲朕一旦痛切降旨，將舊法盡變，而盡黜此輩昏庸之人，則朕之權力實有未足。果使如此，朕位且不能保，何況其他？今朕問汝：可有何良策，俾舊法可以全變，將老謬昏庸之大臣盡行罷黜，而登進通達英勇之人，令其議政，使中國轉危為安，化弱為強，而又不致有拂聖意。爾其與林旭、劉光第、譚嗣同及諸同志妥速籌商，密繕封奏，由軍機大臣代遞。候朕熟思，再行辦理，朕實不勝十分焦急翹盼之至。特諭。

九月十七日（農曆八月二日），光緒帝明發上諭，敦促康有爲速速出京督辦官報，不得延誤，其言辭峻厲，似予貶謫。按慣例，非朝廷大事不會明降諭旨，似辦報小事絕無明發諭旨之理，其中必有隱情。詔書說：

工部主事康有為，前命其督辦官報局，此時聞尚未出京，實堪詫異，朕深念時艱，思得通達時務之人，與商治法。聞康有為素日講求，是以召見一次，令其督辦官報。誠以報館為開民智之本，職任不為不重，現籌之有款，著康有為迅速前往上海，毋得遷延觀望。

光緒帝恐康有爲疑惑，又親書密詔一道，交林旭帶給康有爲，說明實意，深情慰撫。密詔說：

朕今命汝督辦官報，實有不得已之苦衷，非楮墨所能罄也。汝可迅速出外，不可延遲。汝一片忠愛熱腸，朕所深悉。其愛惜身體，善自調攝，將來更效馳驅，共建大業，朕有厚望焉。特諭。

看來，光緒帝在危急時刻首先想到的是康有爲的安危。他想藉辦報之名保護康有爲，其關愛之情至深至厚。這大概就是康有爲所說的「衣帶詔」。楊銳和林旭帶出的兩道密詔同一日轉到康有爲等人之手，手捧密詔，不禁跪誦痛哭。在場的人一片悲聲，哭作一團。他們不僅爲皇上的危險境遇而憂心如焚，爲皇上的變法決心而感動，也爲皇上對自己的信賴和器重而動情，爲苦無良策以救皇上之危而慚愧。既然皇上以安危相託，自己必當誓死效命。於是群情激昂，由康有爲草擬密摺謝恩，並表達他們誓死救皇上的決心，由林旭負責向皇上呈遞。尤其是康有爲對皇上那情辭懇切、以血和淚寫成的促行密詔更是永誌不忘。皇上以帝王之尊，眷念微臣安危，並期以厚望，託以大任，其救命之恩、眷念之情怎是筆墨所能表達得了呢？

眾人討論的結果是由譚嗣同夜入法華寺說服袁世凱勤王，率勇士數百扶救皇上登午門殺榮祿，除舊黨。又一說是「殺榮圍園」即殺榮祿，圍頤和園、軟禁慈禧太后或者除掉她。無論何說，說服袁起兵勤王是確定無疑的。軍權是性命攸關的大問題，康有爲深諳此理，早就把目光投向北洋三軍。三軍統帥中，袁世凱是唯一可以爭取的人選。按康有爲的說法，「袁世凱夙駐高麗，知外國事，講變法，昔與同辦強學會，知其人與董（福祥）、聶（士成）一武夫迥異，擁兵權，可救上者，只此一人。」

袁世凱早年隨淮軍提督吳長慶入朝鮮，因協助朝鮮國王李熙鎮壓漢城兵變有功，被獎敘五品同知銜。一八八五年，被李鴻章薦舉爲三品道員，「駐朝鮮總理交涉通商事宜」。甲午戰前，請調回國，戰後奉旨在天津小站編練新軍。因其附和維新，瞭解西法，參加強學會等而取得康有爲的好感。一番試探之後，康有爲斷定袁世凱可爲我所用。遂代徐致靖擬《邊患日亟，宜練重兵，密保統兵大員摺》，保薦袁世凱，並請召見和加官優獎，以示恩寵。光緒帝立即准奏，明發上諭，召袁世凱入京。九月十四日（農曆七月二十九日）袁世凱入京，九月十六日光緒帝於頤和園召見了袁世凱，並降旨嘉獎，賞給侍郎銜，令其專辦練兵事務，想以此籠絡袁世凱，以備不測。

康有爲等人手捧光緒帝密詔痛哭流涕一陣之後，急謀救皇上之策，思來想去，除了聯袁一途，別無良策，於是他們把光緒的安危、新政的存亡和自己的身家性命全部押在袁世凱身上。

九月十八日（農曆八月初三）夜，譚嗣同入袁世凱下榻的法華寺，直說來意，要袁「保護聖主，復大權，清君側，肅宮廷。袁世凱信誓旦旦說：「殺榮祿就如同殺一條狗一樣！」但又說道：「現在我營中將官多是榮祿的舊人，槍彈火藥也都在榮祿處，而且天津小站離京城二百餘里，隔於鐵路，恐考慮不周而走漏消息，不如在天津閱兵時，皇上疾馳入我營中，傳達誅殺奸賊的命令，我就可以遵上命誅殺奸賊。」袁世凱是個極其奸猾和善於看風使舵的人，他在權衡了帝后兩黨的實力之後，覺得還是投靠后黨保險。因而對於譚嗣同的請求陽爲應承，陰爲推宕。

傳統觀點包括康有爲等當事人，都確認政變的發生是袁世凱告密的結果。袁不但不效命皇上，反而跑到天津把譚嗣同等「圍園殺后」的計劃告訴榮祿，才有戊戌政變。康有爲更是把袁世凱看作出賣光緒帝、出賣維新黨人、出賣朋友的頭號奸佞小人，恨不能寢其皮、食其肉，以至在袁世凱做了民國的大總統時，康仍對其戊戌告密一事耿耿於懷，不肯與其合作。

現在有史家考證：慈禧發動政變在前，袁世凱告密在後，袁的告密不可能是政變的誘因。但無論哪一種說法正確，有一點是肯定的，袁世凱是戊戌政變中的關鍵人物。正是光緒帝對袁的突然召見和超常擢用，引起后黨的警覺，榮祿調董福祥軍入城，派聶士成佈防天津，堵住袁軍入京的道路，都是有備而來，並加緊了政變步伐。袁的態度如何，對帝、后兩黨都至關重要。關鍵時刻，袁不爲帝黨效命，等於是把帝黨推向絕路，而且在背後狠狠地捅了一刀，顯然是恩將仇報，難怪康有爲對他恨之入骨。

康有爲在得知袁世凱「不能舉兵扶上」的消息後，絕望到了極點，但他還想最後一搏，先去拜訪英人李提摩太，想透過他請英國公使或美國公使出面斡旋，謀救皇上。兩公使都外出，沒有結果。後又去日本使館拜訪日本前首相伊藤博文，請其遊說太后，化解危機，其結果也是無濟於事。康有爲文韜武略皆失靈，萬般無奈的情況下，只好一走了之。

康有爲九月二十日（農曆八月五日）離京，九月二十一日慈禧太后發動政變，正式臨朝「訓政」，下令逮捕康有爲和其弟康廣仁。捕康有爲不著，九月二十二日發佈通緝電，命令各有關地方嚴密查拿，一旦拿獲，就地正法。九月二十三日囚禁光緒帝於瀛台。九月二十八日六君子喋血菜市口。至此，康有爲所領導的轟轟烈烈維新變法運動以失敗告終。

關於這場運動的意義和性質，已經評論了一百餘年，各種說法都有：其中有說是康有爲陰謀構亂，有說是資產階級的改良運動，又有說是地主階級自救運動，還有說是一場偉大的愛國救亡運動、資產階級思想解放運動，或資產階級政治變革運動等等。總的來說趨向肯定，而且歷史愈向後發展就愈顯它的歷史價值。目前人們把它放在中國近代化歷史的大背景下考察，認爲是第一次較全面的資本主義現代化的社會動員，第一次在政治、經濟、文化、教育上動搖或部分改變了封建制度，爲中國的近代化開闢了道路。

總之，它開創了一個時代，代表一種歷史潮流。當事人梁啓超評論說：

> 戊戌維新之可貴，在精神耳……若其精神，則純以國民公利公益為主，務在養一國之才，更一國之政，採一國之意，辦一國之事。蓋立國之大原，於是乎在。精神既立，則形式隨之而進，雖有不備，不憂其後之不改良也。

正是在戊戌精神的鼓舞下，中國人民前仆後繼，艱苦奮鬥，爲建設一個獨立、富強、文明、繁榮的現代化中國而不懈努力，現在終於有了結果，一個獨立和初步強大的中國屹立在世界東方，維新志士們夢寐以求的理想變成事實。這也算是對戊戌變法意義的最好說明。

當年進行變法維新時，康有爲沒有想著它的深奧意義。他只是憑著理想、熱誠和膽氣，做了一件他認爲應當做和値得做的事情。在他亡命天涯時，更無暇細想這些玄思妙論。九月二十日康有爲離京，取道天津赴上海，說是奉旨而行，不否認逃命避禍的目的，「誓死救上」的豪情這時也蕩然無存。或許他牢記了皇上對他的囑咐：「愛惜身體，善相調攝，將來更效馳驅，共建大業。」他要是死於非命，將來誰人救皇上？又如何共建大業？光緒帝頻頻催促他離開是非之地，也確實隱含了把東山再起的希望寄託於他的眞意。這樣說來，康的出逃也無可厚非。

康有爲離京的當天傍晚到達塘沽港，準備搭乘招商局的海晏號客輪去上海。但該輪要等到次日下午四點才開行。康有爲嫌等待時間太久，遂決定另搭別的船隻。於是當天晚上又從海晏號輪上返回客店，第二天上午搭乘英國太古公司的重慶號客輪，十一時起航。是時，逮捕康有爲的命令已經發出，南海會館搜康不得，聽說康曾宿住過大臣張蔭桓家，於是兵圍張蔭桓住所，又無結果。二十二日榮祿入京，發兵三千，關閉城門，阻斷鐵路，在京城大肆搜捕，凡與康相識者，多有見累。

京師搜不出，又大搜天津、塘沽客棧，並停開一切輪船。獲知康已乘船而去後，立即發電煙台、上海截拿。並電令廣東拿辦家屬，查抄家產，追究康的下落，同時命令飛鷹號快艇即刻起航追捕。飛鷹號快艇新購自德國，速度是重慶號的二倍，若盡力追趕，必能追上。但該艇追至中途，艦長以煤盡爲由下令返航，不久因而下獄。康有爲事後知情，非常感激這位不知名的艦長，說他是「義士也，煤能返津，即可來滬，其出於仗義也」。飛鷹號無論出於何種原因返航，對康來說都值得慶幸，值得感謝。

康有爲登船離開塘沽港時，對撒向他的天羅地網渾然不知，他不知道政變已經發生，因而顯得從容不迫。船過煙台時，靠岸數時，康有爲居然悠哉悠哉地上岸遊覽觀光一番，買梨子，購五色石，然後回到船中。在客輪靠岸前，就有北京來電命登萊青道道員彭某設法逮捕康有爲，電報到時，彭某去膠州，及電報轉送至膠州，彭某急返煙台時，船已開走。據梁啓超說，煙台道員接到天津密電時，正有急事必須往膠州，因而未及細看電文就將之藏在懷中出發了。及到膠州後，譯而視之，才知道是命他截搜重慶輪，等他馳歸煙台時，船已行。關於電報送達的故事還有幾種說法，但無論何種說法，都說明煙台地方官員因電報的戲劇性遲譯或遲送，而耽誤了行動時間。事後康有爲賦詩記述這段經歷，頗有浪漫主義味道。詩中寫道：

緹騎蒼黃遍九關，飛鷹追逐浪如山。我橫滄海天不死，猶在之罘拾石還。

船快到上海時，康有爲還有幾分輕鬆，在船頭與其他旅客談笑自若，並不時地眺望前方。此時上海道員蔡鈞早已奉命在吳淞口外張網以待，單等康來，立即逮捕。與此同時，一場營救康有爲的緊急行動也在暗中進行。

政變發生後，當時在北京的李提摩太聞知朝廷緝拿康有爲，又知其已乘船去滬，出於對康有爲的同情，立即電請英國駐上海代理總領事白利南設法相救，白利南對康也有好感，出於同情和其他外交考量，也由於李提摩太的託請，遂決定救助康有爲。此時上海道員蔡鈞也接到北京的電令，要他在上海拿獲康有爲，就地正法。蔡鈞果然效忠朝廷，接到命令後立即購得康有爲的照片多張，分發給緝捕人員供搜捕之用，同時又與英方交涉，要求搜查自天津開來的所有英輪。英方僅答應自派巡捕到船上搜捕，於是蔡鈞派人將康有爲的照片送給英領事白利南，以便於捕康，並許諾捕康之後，給以重酬。白利南爲防止中國方面強行登船搜捕，遂決定在吳淞口外截船，因自己不便於公開出面，所以請上海工部局一個叫濮蘭德的人負責救康一事。

濮蘭德會說一口流利的中國話，據說對維新派的「聯英拒俄」主張很欣賞，因而願意爲救康出力。二十四日（農曆初九）清晨，濮蘭德乘駁船到吳淞口外數浬處迎上重慶號，憑著康的照片，很快就找到了他。關於濮蘭德如何認出康有爲，濮氏與他的對話內容及康在得知政變發生、皇上被弒的消息後是何心情，康有爲本人在《自編年譜》中有詳細記載。這次的海上歷險，與被皇帝召見同樣給他留下深刻的記憶。想必康有爲在得知政變已經發生、上海方面正等候將他逮捕歸案的消息時，驚得出一身冷汗。但更令他吃驚的消息是：僞上諭（康有爲認爲）說他進紅丸殺害了皇上，要將他密拿就地正法。康有爲聞此，險些暈倒。皇上是恩人，是知己，也是希望之所在，救護還來不及，自己怎麼會謀害皇上啊！肯定是僞朝（指慈禧）害死了皇上，將罪名加在康有爲身上。既然皇上被弒，自己活著還有什麼意義，況且眼前這位英國人底細如何，生死、前途未卜，還不如一死了之，想到此，不禁眩然大哭一陣。爾後草寫遺書三封，一封給家屬，一封給門人弟子，一封給弟子徐勤。給門人的絕筆書寫道：

我專為救中國，哀四萬萬人之艱難而變法以救之，乃蒙此難。唯來人世間，發願專為救人起見，期皆至於大同太平之治，將來生生世世，歷經無量劫，救此眾生，雖頻經患難無有厭改，願我弟子我後學，體吾此志，亦以救人為事，雖經患難無改也。地球諸天隨處現身，本無死理，至於無量數劫，亦出救世人而已，聚散生死，理之常，出入其間，何足異哉？到此亦無可念，一切付之，惟吾母吾君之恩未能報，為可念耳。

光緒帝二十四年八月九日　康長素遺筆

給徐勤的信是託咐後事，請徐替他照料家人和侍奉老母。看來康確實做好了必死的準備。不過經濮蘭德的一陣好言相勸，最終還是打消蹈海自盡的念頭。

康有爲隨濮蘭德下重慶號輪，改乘英國兵艦，後又換乘英國公司的一艘輪船，並立即函電告知澳門《知新報》的何穗田等，囑救其家人，給廣州的雲衢書屋、萬木草堂拍發電報，囑咐趕快移家澳門。電報到時，家人已逃。在兩艘英國兵艦的保護下，康有爲乘坐的輪船安然駛抵香港，至此，康有爲算是暫時逃過了劫難。

梁啓超在〈記南海先生出險事〉一文中說，當時上海志士十數人聞變後，共謀設法救康，曾密乘小船往吳淞，欲相機行事，見官方搜捕正急，無從下手，想康必無生還之理，遂忍痛而返。另據說政變後梁啓超也做了必死的準備，在準備去死之前囑託日本朋友辦兩件事：一是救光緒帝；二是救先生。有這麼多人願捨身或冒險相救，康有爲才得以死裡逃生。

據梁啓超和康有爲本人說，戊戌之役，康至少身冒十死。如果他早去上海辦報，在上海就擒必死；無皇上兩重詔書敦促，遲遲出京，必死；榮祿早動手一日，無論是在京或是在途，也必死；若遲一日出京，在南海會館被捕，必死；若夜宿天津，來不及搭船，必死；若搭乘招商局的海晏號輪，英人無從救，必死；若（二十一日）初六日不開船，或稍遲數時，必死；飛鷹快艇不是缺煤返航，定能追上重慶輪，必死；煙台道員若不是因事去膠州，在煙台截船搜捕，必死；上海道不請英領事協助緝拿，英領事無從救，也必死。凡此十必死，無一生還之理，能救其一，而不能救其他，康有爲竟然不死，一一得以逃脫，連康本人也覺得不可思議，把這一切歸結爲天意的安排。

梁啓超對天意更是深信不疑。「豈非天哉！豈非天哉！天之曲爲保全先生，曲線巧奇，若冥冥中有鬼神呵護之，俾留其生以有待者，豈無故歟？」看來康有爲確實命大，難怪他天天把「死生由命，富貴在天」掛在嘴邊。他所說的天意或許就是事物發展的一連串偶然吧，但更主要的是許多人願意救他，眞心救他，才使他一次次化險爲夷，轉危爲安。

事實上，康有爲逃過劫難的一連串必死而未死，全是他事後的總結，當時卻渾然不知，只是事後有些害怕。然而他的家族、家人，特別是高堂老母卻沒有康有爲悠然，爲逃命而顚沛流離，受盡驚嚇，歷盡磨難。

九月二十一日政變發生後，梁啓超立刻把消息電告上海的麥孟華等。上海的維新人士一面籌劃救康，一面給廣東方面發電，囑救其家屬。二十三日陳子褒發電給廣東公善堂的區謙之，要他迅速通知康家逃命。康家當時住在珠江南岸的花埭別墅，廣州城內有康有爲曾祖留下的雲衢書屋，康母和康家部分族人仍住在蘇村。區謙之派人分頭行動，自己深夜渡江直奔康家花埭別墅，因怕嚇著康家妻、女，只說是京師有變，叫他們立即轉移，一家老小聽說京城有變，知道康有爲凶多吉少，甚至猜想康有爲已經遇害，因而一家人哭作一團，在區謙之的不斷催促下，康家老小才強打精神，收拾行李，於次日凌晨登舟。

一家人剛離屋登舟，兩廣總督譚鍾麟派出的搜捕隊伍就圍住了屋子，原來譚鍾麟接到朝廷電令，命其督飭地方官員迅速嚴密查抄康梁財產，嚴拿家屬，追究康梁下落，懸賞購緝。譚遂於當夜派兵搜查廣州城裡的雲衢書屋，因康家無人住在那裡，故撲了空。第二天一早就派兵往城外康家花埭別墅而來，自然又是人去樓空。若康家不得消息，或無人催促，或遲走一刻鐘，或住在城內，都會有滅門之災。

正在蘇村鄉居的康母即勞太夫人，接到區謙之要其逃亡的消息，開始還有點故土難離，但她很掛念廣州的親人，立即讓僕人關純到廣州往迎全家去港澳。關純往廣州找到藏於舟中的康家老小，說明太夫人的意見。一家人見到關純，悲喜交加，當得知太夫人還在蘇村時，急得張夫人及孩子們哭泣不止。遂又讓關純回迎太夫人往港澳。在康逸紅的極力勸說下，勞太夫人才在關純的陪同下取道廣州往香港。可憐老太太雖一生辛苦，但還不曾如此顛沛。在去往香港的途中，她不敢坐上層船艙，怕被人認出，只好與衆人一起擠在氣味腥膻、嘈雜污穢的下艙裡，不敢言語，不敢顧盼，更不敢哭泣，因爲逮捕康家老小的緹騎（捕犯人的吏役）正四處搜查。到了香港，不知家人所在，只得又叫關純回廣州查問，才知家人到了澳門，關純返港再陪太夫人去澳，輾轉到澳後，又聽說康有爲已到港，復來港相見。老太太生平深居寡出，出則必有子孫相伴，似這樣奔來顛去、患難憂驚、隱泣吞聲、悽惶萬狀的磨難還從未有過。

一家人在香港劫後相逢，事變以來的驚恐，掛念親人的憂思，重見親人的驚喜，加上遭逢不幸的委屈，匯聚成滾滾熱淚，傾盆而下，個個都哭成了淚人，其場面著實讓人感動。尤其是康有爲見老母即抱膝跪哭，訴說自己的不孝之罪，國家沒救成，差一點害了老母，雖天幸得全，但讓老母憂懼驚恐，豈不是罪通於天！

譚鍾麟抓不到人，下令抄封康家財產。二十六日（農曆十一日）封花埭別墅。花埭之屋始建於一八九七年，一八九八年春建成，屋成後康家僅住進數月，康有爲滯留京師，連新屋的模樣也沒見到就被抄沒。據說後來花埭別墅變成了鬥蟀場。康爲此事感慨頗多，一九〇〇年秋在南洋時，連賦詩數首以記抄沒花埭之屋一事。其中寫道：

儒宮方二畝，花架蔽三弓。奉母堂開北，藏書牖向東。松陰低水碧，荷葉隔溪紅。著述思長隱，吾生作遁翁。

煙雨井旁宅，素馨田畔家。小橋通澗水，大樹隱雲霞。樓閣皆垂柳，比鄰盡種花。廿年營卜築，牽去客京華。

移家才數月，考室未能歸。春夢圖空憶，秋風事盡非。淒涼慨華屋，蕪沒話苔磯。不見珠江水，流澌對夕暉。

弱女猶能說，新居樂事聞。摘花僮出賣，落果母平分。刺艇嬉潮水，垂竿弄夕曛。洋桃十株熟，上樹共呼群。

昔作草元室，今為鬥蟀場。吾身難據有，物理識無常。滄海親看變，神京忽見亡。百年宅坊記，瓦礫盡堪傷。

詩句中有對別墅優雅景色的細細描繪，有對新屋落成的美好憧憬，又有對痛失華屋的無限傷感，同時又流露出世事變易，住者無住，無住而住，只有隨緣，非力能爲的感慨。

在查封花埭別墅時，連同康有爲的叔祖康國器留下的宅第及田園兩頃也一併被抄沒，康有爲最崇拜他叔祖的赫赫武功，而叔祖對康氏家族貢獻最大，如今因爲他的緣故，叔祖留下的家業也被抄沒一空。二十七日封雲衢書屋，康的藏書及新著書稿丟失殆盡。十月三日封蘇村老屋及祠廟。七日封萬木草堂，康家的三百餘箱藏書被付之一炬。與此同時，康的著作也在全國範圍內被查禁和銷毀。

當時的廣州和南海，緹騎遍地，逮捕嚴急。康家親友及鄉鄰驚恐萬狀，紛紛逃避，似乎凡與康家有聯繫的親友、故舊甚至街坊四鄰熟悉康家者，隨時會大禍臨頭。以至於銀塘鄉六姓及鄰鄉良登、象岡等鄉「並皆駭逃，數十萬戶，村落爲空」。這話不免有些誇張，但康梁一案連累的人一定不少，對四鄉八堡的撼動尤重，不啻是一次強烈地震。

據說清軍包圍梁啓超的新會老家時，一鄉人嚇得跑個淨光，其遠族的一個孕婦奔避途中，墮胎而死。康有爲的二姊、四妹外逃不及，藏於妯娌家中，高樓深屋仍感不安，不得不每夕一遷。父、母、妻三族數十人走避他鄉，他們沒有康有為幸運，有那麼多人相救。他們望門投止，多被見拒。人們害怕株連，故不敢開門相容。不但如此，更有人落井下石，趁機敲詐。不少親戚被人擄挾後索以重金，並以移交官府威脅，逼得衆親友只好就範。康有爲的舅父就是爲人所脅，交去千兩贖金後才得以生還。據康家僕人關純說，當時蘇村空巷淒慘，戶無炊煙，彌月不見人影，一片蕭條破敗之象。

康家的災禍是由康有爲引起，他爲自己給家族帶來的不幸而痛心疾首，也爲親眷們的安危牽腸掛肚。逃到香港後，他不斷派人往故鄉搭救眷屬。先是託陳維昭繞過三水訪迎康有爲的二叔和二姊、四妹及象岡眷屬，因逮捕嚴急，無法行走而作罷。後又派關純往迎康氏姊妹。關純也眞夠膽大，居然還從被查封的蘇村康家老屋裡拿走康家先人的木主牌位。

在康家遭難的危急時刻，仍有不少俠義之士挺身而出，冒險犯難，救護康家。香港義士何曉生曾託陳欣榮前往廣州營救康家老小，梁鐵君請英國駐廣州領事用小舟入鄉往迎康母，雖未救到，但其表現出的俠肝義膽，也使康有爲感泣不已。

更使康痛心和耿耿於懷的事，還有清廷對其祖先的侮辱。清廷捕康不著，查拿家屬無果，憤恨之下掘了康家的祖墳，封了先廟宗祠。在宗法社會和祖先崇拜的文化氛圍裡，掘墳封祠無疑是對祖先的莫大侮辱，也是對生者的極端報復，非深仇大恨者，不會辱及先人。對死者的冒犯也是對生者的打擊，因爲它從心理上、從思想上踐踏了個人最神聖、最崇拜和要極力保護的祖先形象。康有爲無法忍受先墳被掘、祠廟廢壞的打擊，祖先何罪之有？無辜受辱，豈不天大冤屈？因自己謬思救國，贊劃維新，使先墳被掘，列祖蒙塵，豈不是兒孫的天大罪過？但令康有爲稍微安慰的是，祖墳雖被掘，但先祖們的遺骨事先被轉移，不曾被毀。

據康有爲說，李鴻章在掘康家祖墳問題上，幫了康家的大忙，康有爲對此非常感激。當時李鴻章督粵，慈禧太后下令掘墳，李鴻章當然不敢抗旨，但又不想把事做絕，便暗中告訴康家掘墳的消息，讓其移骨。康與李的關係很微妙。康籌劃移民巴西的計劃時，曾得到過李的支援。戊戌變法時，李似乎站在后黨一邊。康在光緒帝跟前正紅的時候，李鴻章被撤去總理衙門大臣的職務。李的兒女親家楊崇伊又是維新派的死敵，參劾維新派的關鍵一本就出自楊手。但康有爲說戊戌變法時，李曾相助，顯然有矛盾之處。或許李對維新派的態度還算溫和吧！或許他與康在政見上是敵人，在私交上是朋友，不然很難理解康對李的感激和李對康家的寬容。

康有爲懷一腔救國救民的熱血，倡導維新變法，卻獲罪於守舊勢力，痛失胞弟康廣仁，也給康氏家族帶來滅門之災。多虧早通消息，康氏族人才倖免於難。百年老屋人去樓空，七百年康氏宗祠不見香火，一代名門望族再無昨日的輝煌，聚族而居的溫馨成了夢中的記憶，冠帶相望的榮耀成了經年的黃曆。父、母、妻三族親屬遠走他鄉，四鄰鄉民望風而逃，數十萬戶，戶無炊煙，村村皆空。這場劫難像一股颶風，吹得康有爲的故鄉地動山搖，瓦礫一片，更把康氏家族連根拔起，拋向遠方。從此康家告別家鄉，流落四方。

肩負先輩厚望的康有爲雖曾高中進士，使康氏家族有過短暫的輝煌，但他並沒有完成先祖康贊修等人寄予他光宗耀祖的遺願，相反卻使先祖蒙塵，家族遭厄，短時間裡使家族歸於敗落。但這種厄運和敗落不是康有爲的過錯所致，恰是他爲實現救國救民的理想所做出的犧牲，也是爲推動中國歷史進步而付出的必然代價。從康氏家族的悲劇命運裡，人們可以看到中國歷史進步步伐的艱難與沈重。

逃亡：天涯逋客的悠悠鄉情

新加坡是個華人聚居的地方，其風俗習慣與中國類同。一九〇〇年新加坡的元宵之夜是一個令人難忘的夜晚，一輪圓月隨著排天的海潮升騰而起，把它的銀光撒落在美麗的新加坡城，使這個喜慶中的城市更顯嫵媚動人。直衝雲霄的焰火爆竹，像是要跟天上的星星爭妍鬥麗。新加坡河岸的彩燈如銀河繁星，照得河水色彩斑斕。舞獅和長龍栩栩如生，把喜慶的氣氛推向高潮。在一座私人別墅的三層樓上，一群人正憑欄遠眺，像是在欣賞元宵之夜的美景，感受節日的歡樂氣氛。爲首的一個中年男子似乎爲眼前的景色所觸動，沈吟片刻，立即取過筆墨，揮筆寫道：

海月團團又上元，波橋影靜市聲喧。刺天珠爆爭星麗，照水銀燈夾岸繁。
舊國煙花重此見，新亭風景泣何言！忽憶前年燕市夜，酒酣擊筑夢中原。

作詩者正是流亡海外的康有為，其他數人是隨康有為而來的梁鐵君、湯覺頓、康同富等。康受新加坡華僑領袖邱菽園之邀，來新加坡避難，元宵之夜，他與眾人登樓觀賞元宵夜景，目睹繁華，耳聽喧鬧，仰望明月，不禁觸目傷懷，百感交集。明月下的故國元宵同樣很美，同樣熱鬧，可惜物是人非，自己有國難投，有家難回，故國不堪回首，百日維新變成了夢中的記憶。逋亡之人，雖有回天之志，卻又從何下手？徒有愴懷悲慨而已。登樓眺望，月照征人，最是撩撥逋客（意旨逃亡或隱居的人）滿腔慨歎的時候。「花近高樓傷客心，萬方多難此登臨。」（杜甫：〈登樓〉）康有為此時的傷感想必更甚於唐代大詩人杜甫。可憐康有為海外流亡十六年，其間雖有鮮花和掌聲歡迎，有待以貴賓的禮遇，有妻子女兒陪伴，但更多的是對故國往事的追憶，對戊戌百日的咀嚼，對赤縣神州的回望，對聖主安危的擔憂，對老母親人的思念；還有對去國離家的傷感，對淒涼境遇的憂怨；更有身處異國的孤寂，天涯逋臣的悵望，觸目傷懷的悲歎。每每憑窗眺覽，登高極目，或臨水登山，佳節勝景，他的思緒都會飛回故鄉熱土，想起他的變法事業，他流亡海外時期的詩作，是當時情感的眞實流露，也最眞切地表達了一個海外遊子，一個天涯逋客去國離鄉的愁思，家國身世的傷感和對華夏故國的眷念，如他的〈荻園投書邀往星坡答謝〉一詩寫道：

飄泊寰瀛九萬程，蒼茫天地剩餘生。狐裘瑣尾泥中歎，羊節淒涼海上行。
夢繞堯台波縹緲，神驚禹域割縱橫。九州橫睨呼誰救？只有天南龍嘯聲。

流亡海外的逋客，顯然是末路蹭蹬，就像那持節牧羊的漢代蘇武，淒涼地在萬里海域上漫遊。夢牽魂繞的瀛台聖主啊！還有那割裂欲盡的華夏故國！有誰去救您！又如他在新加坡登高望遠時，見水環千家，有如故鄉澹如樓風景，感慨賦詩道：

小橋通海枕波流，兩岸千家數百舟。廿載銀塘舊山夢，忘情忽依澹如樓。

悠悠的鄉情總揮不去，澹如樓時時晃動在他的眼前，當他與女兒同璧在丹麥一公園徜徉漫步時，忽見一片水鄉景色，大觸鄉思，故鄉澹如樓景色又歷歷在目：

廿年讀書處，憶我澹如樓。飛閣臨波影，圓窗照道周。

橫塘堤樹密，對岸畫堂幽。豈意長飄泊，離鄉已十秋。

再聽聽他在加拿大文島時的感慨吧！

思君念母客萬里，憂國懷人又九秋。最是痛心當八月，經年鬚髮白盈頭。

一首〈登樓〉詩或許更能表達他的憤激和愴痛：

蓬萊回首望神州，大海波濤蕩不收。憂甚陸沈天莫問，深深春色獨登樓。

最令康有爲傷感的也許是自己和家庭因變法所遭受的苦難，和不能奉詔救皇上的愧疚。下面兩首詩就是最好的說明：

五年不得戲采衣，回首中原萬事非。弱弟冤魂慘柴市，先骸邱壟伐松圍。
一身報國經多難，萬里思家未得歸。日對須彌雪花落，側身東望但雲飛。

最傷奉衣帶，鬱鬱五年中。滄海嗟無俠，臨淄又乏功。

一籌嗟莫展，萬電竟誰通。北望瀛台路，蕭蕭易水風。

事實上，戊戌年八月五日這天把康有爲的人生劃分成兩個時期。在這以前，他是時代的旗幟，領導潮流的舵手，當朝天子的座上客，維新變法的領袖，他處在中國政治漩渦的中心，意氣風發，雄心勃勃，欲把古老的中國推向近代化的軌道。在這以後，他是朝廷通緝的要犯，沒有歸案的逋客，身負皇命的特使，凄凄惶惶的重耳，持節牧羊的蘇武，天涯飄泊的旅人，心向祖國的遊子。從戊戌年八月五日這天起，他開始了十六年的流亡生涯，雖然逃過了十必死，但他逃不掉朝廷對他的追殺，排遣不去變法失敗的苦悶，也忘不了身上肩負的使命。在香港作短暫停留之後，康有爲於十月十九日（農曆九月十二日）偕梁夫人及弟子、僕人一行，懷著滿腔悲憤、無限凄涼的心情，乘坐日本「河內丸」號輪離開香港，踏上了海外流亡的征程。

第一站是日本。日本人對康有爲的到來還算客氣，不僅提供生活費用，還派兵保護。梁啓超早已逃到日本，康梁劫後餘生，他國相逢，難免百感交集，萬千感慨。康住在東京明夷閣，常與弟子們重話舊事，賦詩唱和，倒也暫時忘卻心中的傷痛，穩住了突突直跳的驚魂。日本的政界要員、社會名流也常來問候，首相大隈重信、文部大臣犬養毅、外務大臣副島種臣、內務大臣品川等，成了康家的常客。桂湖村曾以日本寶刀相贈，日野秀逸還專門邀康去家裡一觀書畫古藏。很短的時間內，康家門庭若市，車水馬龍。但康有爲不是來吃閒飯的，他來日本的主要目的是要說動日本政府，幫助光緒帝復位。但日本人對幫助光緒帝復位一事不感興趣，而且淸朝政府頻頻抗議，要求日本交出逃犯，甚至準備派殺手行刺於康，康這時待在日本既無趣也不安全，不得不另謀他求，遂於一八九九年春離開日本，轉道加拿大赴英國，準備再「痛哭秦廷去」。

康在加拿大受到華僑的熱烈歡迎，英總督設宴款待，總督夫人還請人特爲康畫了像，對此，康旣激動又感謝。很快地，他飄洋過海到了英國倫敦，下榻於前海軍部長柏麗斯家中。柏君是個熱心的人，康有爲避難香港時，就對康指天發誓，要誓死以救皇上，被康稱爲是「雄才熱血，不可多得之人」。柏君還眞有些仗義，他向議會提出一個議案，請本國政府幫助推倒慈禧政權，還政於光緒皇帝，實行立憲。據說議會還就此投票，以十四票之差，該議案未獲透過。不知這事是眞是假，但有一點是明確的，英國人和日本人一樣狡猾，他們考慮的是誰掌權對他們有利，康有爲的籲請被他們當成耳邊風，可歎康萬里而來落得個「秦廷空痛哭」的下場，只好傷心地離英而去。

康回到加拿大，乃著意搞起了保皇會，以光緒皇帝爲旨，因而發展成有百萬之衆的世界性組織，並創辦了報館，辦起了干城學校，訓練軍事幹部。康有爲信心百倍，決心大幹一番，正當他準備把保皇行動付諸實施時，忽接母親病重的消息，遂決定取道日本回香港看望母親。船到日本海岸，日本人變了臉，禁止康有爲上岸，康不但難堪而且危險。因為康若得不到日本的保護，很可能給清廷的截殺提供機會。當時清政府已電令駐日公使和沿海各省督撫大員，命他們派人跟蹤康有為，「設法捕拿，期於必得，倘經弋獲，必予重賞，慎勿任其潛逃。」幸虧前內務大臣品川彌二郎出面，說服政府，康有為才得入境。

過橫濱時，有人縱火燒了保皇會的《清議報》報館，存心跟康有為過不去。康匆匆離開日本，再乘「河內丸」號輪回港。朝廷執意要殺康，即懸賞五十萬元購其頭顱，並特命李鴻章督兩廣，意在俟機緝拿戊戌黨人。一天夜裡，一刺客正要入門行刺，明晃晃的利刃差點兒就要架在康的脖頸上，驚得康有為大呼快閉門！快閉門！幸虧衛兵及時趕到，刺客才逃之夭夭。後刺客又買下康家鄰居的房屋，欲挖地道，以炸藥轟塌康家的房子，炸死康有為，因及時發現，康又逃過一難。

香港很難再待下去，就在這時，邱菽園熱情相邀，康欣然應允，於是他辭別老母，匆匆南行。一九〇〇年，康有為在南洋籌劃勤王大業，想趁八國聯軍攻陷北京的機會，起兵勤王，直搗京師，請光緒帝復位，再續維新，但終歸是秀才論兵，言多而行少，還沒等康有為佈置就緒，就被鄂督張之洞一巴掌打了下去。眼見中原陸沈，神京成墟，聖主蒙塵而不能相救，自感有辱使命，辜負皇恩。回想自己萬里投荒，絕域窮途，苦心孤詣，誓救聖主，無奈勤王未成，回天無力，徒有仰天長歎，老淚縱橫，憂痛肝腸。正當康有為憂憤難平之時，刺客又至南洋，一日數驚，亦驚亦憂，這是多麼難捱的日子啊！

一天夜裡刺客又來行刺，可憐車夫替康有爲挨了一刀，掉了一隻臂膀。因康及早轉移，才又撿回一命。

康有爲天幸何多？磨難何多？十六年流亡海外，時時都與死神相伴，雖然每次都得倖免，但他還是有必死的準備，遺囑就收在腰間，後事也有吩咐，死亦不足悲，可悲的是君危不能救扶，母病不能歸侍，神州陸沈空有憂思，病姊臥床不獲一視，後顧無子愧對列祖，望斷天涯歸程無期。

在新加坡檳榔嶼，康有爲再陷窘境，爲籌集勤王經費，他典盡衣物，幾乎到了彈盡糧絕的地步。更慘的是在印度大吉嶺，康有爲險些餓死。一九〇一年秋康有爲入印度，遍遊印度山水。一九〇二年春，康有爲卜居印度大吉嶺。大吉嶺是印度北方的一座山城，這裡背靠須彌雪峰，俯臨絕壑深淵，曲徑深深，松濤萬頃，確是雪山幽絕，佛國淨土。在這裡，康有爲把全部精力投入到《大同書》的著述，並終於得以完成。他雖然給人們描繪了一個「一一生花界，人人現佛身」的理想世界，登上了人類大同理想的頂峰，自己卻深深陷入了絕境。

「幽棲日對須彌雪，孤憤難回禹域天。家在神州徒惆望，壯羈絕國已華顚。」羈旅異鄉，歸國無期，與老母親何時才能團聚，自己的理想何時才能實現？

恰值隆冬時節，大雪封山，交通斷絕，白茫一片，冰涼世界，更添遊子心中的悲愴。康有爲中年得子，稍有寬慰，但隨之而來的又是沈重打擊。「生兒大吉嶺，葬兒亦於彼，小墳向中華，後顧無有嗣。」在糧餉斷絕的時候，自己又臥病在床。「大雪壓廬探薇盡，亂雲蔽壑擁床眠。丈夫餓死誰知得？每念君親淚似泉。」紛紛揚揚的須彌雪，似乎要帶他去極樂世界。英雄末路、壯士悲歌，確實有一種悲壯之美。也許是佛國多慈悲，就在康有爲臥床等死時，雨雪漸停，道路漸通，物資得以接濟，康再次獲救。

印度是一個古老而神秘的國度，但見古刹陰森，佛塔嵯峨，宮殿瑰偉。康有爲一心尋訪佛跡，又在他的旅程裡留下一次次不尋常的經歷。一次他與女兒康同璧去雞足山探訪伽耶靈塔，回來時，夜色已深。深夜茫茫，黑不見道，路無行人，只有林木森森，風聲蕭蕭。他們乘坐的牛車進入兩山夾峙的山間古道，迷失方向，不見來時路，行了四個時辰，仍不知所往，康有爲不禁驚出一身冷汗，身挾弱女，手無寸鐵，而行於萬里之外，又處絕域異國的曠野深山中，置於深夜無人之境，更非來時的故道，不免讓人毛骨悚然。

他疑心車夫有異謀，欲加害他們父女。每問去市中還有多遠，車夫都回答說有三英里，再行二三時，又說還有三英里，康更加懷疑車夫，因而也更加緊張。他心想自己屢遭危難，常與死神相伴，對生死已視如平常。唯念弱女初次出遊，即遭險難，如何面見高堂老母。自己沒有死於大難而死於此地，這就是天命啊！繼而聞虎嘯狼嗥聲，送行的僧人說：此地多虎狼，常有食人者。康有爲益加震恐。夜深天寒，腹餓身冷，父女倆偎依在一起，相互慰藉，以觀其變，午夜一時轉入故道，望見燈火人家，二時半才回到客店中，一顆懸著的心才算落地。康有爲說這是他北京出險後，從未經有過的死亡之旅。經此險後，遊興頓減，歸心遂生。事後他賦詩以記此事：

絕域深山宵失道，狼嗥虎嘯風腥人。弱女抱持行半夜，驚魂又作再生身。

哲孟雄之旅又是一場對康有爲的生死考驗。康有爲與女兒同璧從大吉嶺出發，乘馬遊須彌山，目的地是哲孟雄。他們穿行於荒山野嶺之中。投身大自然的懷抱是康有爲解脫痛苦的最好辦法，冒險、膽大也是康有爲的性格特點之一。一天，父女倆正在深山密林中的羊腸古道上跋涉，道窄路滑，天色將晚，仍不見人家。眞是「夕陽西下，斷腸人在天涯」，上是絕壁千仞，下是危崖萬丈，澗水轟鳴，浪聲滔滔，古木陰森，望不到盡頭。前有虎嘯狼嗥，後有毒蛇出沒。猩猿長鳴，空谷回音。鬼影婆娑，驚心動魄。如果猛獸毒蛇襲來，或失足墜崖，必慘死無疑。康有爲左手持刀捫蘿攀壁，右手扶同璧抱持而行，步移寸許。更險的是穿過兩崖間的古道鐵橋，父女倆不知出了幾身冷汗。幾個時辰過後，他們終於穿過恐怖的森林，見到星光和燈火，他們爲生還而慶幸，不禁欣喜倒地，燃上篝火，斟上美酒，飲酒笑談至天亮。事後賦詩說：

危崖千尺走泉聲，重過鐵橋心尚驚。記得無燈攜弱女，捫蘿摩壁夜深行。

印度是他海外飄泊的一個驛站，在印度所經歷的磨難只是他人生劫難的一個縮影。他三周大地，走遍四洲，遊三十一國，行六十萬里。足跡所到之處，飽覽名山勝水，憑弔文物古跡，考察政教風俗，觀摩文明成果，至於看海上日出，觀北極風光，發思古幽情，作中西對比，更使他的旅程豐富多彩。十六年的流離生涯中，他穿行於驚濤駭浪之上，徜徉於生死峽谷之間，「在德遘目疾，延醫無藥餌。腹痛摩洛哥，不敢入郊鄙，洪濤渡西洋，巨浪泛其履。」「身經百億萬千劫，我是東西南北人。」在他的旅途上，總是橫亙著數不完的艱難險阻，康有爲自認這是天將降大任於他，先苦其心志，勞其筋骨，空乏其體。他就像是流離異國的公子重耳，肩負特殊使命。又像是持節牧羊的蘇武，永遠心向祖國。

康有爲的海外十六年是他爲一次不成功的變法實踐所付出的慘重代價，也是他徬徨無依、悽惶萬狀的人生逆境，更是他遍嘗百草、尋求救國藥方的探尋過程。不論他這一時期是多麼消沈、傷感、悲憤，其主張是多麼不合時宜，他都値得同情，値得景仰，因爲他的流亡承負著國家和民族的苦難，分擔社會進步的陣痛，他是爲救國而獲罪，又爲救國而流亡。

重返銀河鄉・哀弟康廣仁

民國二年十一月四日清晨，廣州城珠江岸邊的長堤碼頭一帶，數千名軍警荷槍實彈，整整齊齊地站滿整個碼頭。江面上六艘軍艦列陣以待，似乎要進行一場重大的軍事行動，又像是執行一次特殊的使命。又見廣東政界要員、社會名流、紳商士民數千人齊集碼頭，珠江兩岸數萬群衆也夾岸而立，翹首以盼。突然，三艘巨輪由下游逆江而來，進入人們的視野中。

三輪由遠而近，前面兩艘是軍艦，甲板上整齊地站著數百名軍警，後面一艘是客輪，上面輓幛獵獵，白光映照，顯然是送葬的船隻。夾岸而立的數萬群衆，和碼頭上數千名軍警、各界人士，看來是在迎接這艘客輪的到來。那麼，客輪上的死者是誰？死者的家屬又是誰？能招來如此規模的歡迎和注目，成爲廣州城的頭號新聞。原來是海外流亡歸來的康有爲，乘坐海明輪護送母親勞連枝和弟弟康廣仁的靈櫬回故鄉安葬。就在上個月，康有爲從日本奔葬歸港，母親病逝時，他正在日本醫院就醫，母親的喪事是由張夫人和堂弟有銘、有霈辦理的。幼博戊戌殉難後，草葬於北京城南的南下窪，庚子年間，康有爲遣人北尋幼博墓攜骸南歸，暫厝於澳門山寺中。康有爲回港後的第一個心願就是將母親和幼博的靈櫬移葬故鄉，使他們的靈魂有一個永遠的安歇之所。

二櫬離港時，香港總督派警察數百人前往護送，廣東都督龍濟光派寶壁號、江漢號兩艘軍艦及數百名海軍來港護喪。港督特許中國艦艇入港停泊，許軍隊登岸送葬，這在香港開埠以來也是少有的。正如港督對前來護喪的廣東警長鄧瑤光所說：「有港八十年來，未嘗許中國兵列隊登岸，今破例特許者，敬康先生也。」

護送靈櫬的艦船快到廣州時，廣東都督龍濟光、鎮守使龍觀光乘軍艦迎於江上，入海明輪弔喪並拜見康有爲。護喪的艦船緩緩駛入長堤碼頭。廣東民政長李開侁率衆依次入弔。沿河上下，輓幛蔽野，祭文如雲，弔唁的賓客摩肩接踵，廣州城裡萬人空巷，沿江兩岸擠滿了觀看的人群。這是一個空前盛大的送葬場面，連一向以見多識廣著稱的廣州人也頓覺慚愧。康有爲未曾料到送葬的船隻會驚動這麼多人，這只是路過而已，死者生前更是連想也沒想過會受到如此禮遇。

更隆重壯觀的場面在這天午後出現了。護送靈櫬的船隻啓航，向廣州西南的南海銀塘鄉方向進發。都督省長特派海陸軍及鄉勇數千人前往送葬，另派軍艦六艘，快艇兩艘護送，加上送葬賓客乘坐的船隻，載運士兵的艦艇，組成一支浩浩蕩蕩的送葬大軍，沿江西進。沿江兩岸的衆人爭相追逐觀望，多有望塵莫及之感。船駛入珠江支流，小輪拖著大輪，緩緩駛向蘇村。

夜幕降臨，月色如銀，康有爲站立船頭，心潮澎湃，沿河兩岸是他曾經多麼熟悉的故鄉熱土啊！十七年前他從這裡走出。腳下的這條河又是多麼熟悉的河流啊！十七年前他曾乘船往返於故鄉和廣州之間，並從這裡走向京師，走向全國，甚至飄洋過海遊遍四洲。如今他踏上了故鄉的熱土，帶著他那累累傷痕和萬千感慨，扶著母親和胞弟的靈櫬，回到這既熟悉而又感陌生的故鄉。「白首奔喪還，朝市久變置。重入黃埔江，若隔人間世。重望白雲山，毀壟難爲祭。重返銀河鄉，見塔若夢寢。重上澹如樓，摩挲七松翠。愴然化鶴歸，人民似非是。」人事滄桑，恍如隔世。

「昔我往矣」，還是大清國的江山，「今我來矣」，已是民國的天下。怎不讓人徒生滄桑之感。朝思暮想的故鄉啊！海外遊子終於又回到你的懷抱，但你已不是我夢想中的模樣。「慚將黨禍驚鄰曲，愧乏恩施及里人」，故鄉的父老鄉親啊！因爲我的緣故，使您多有驚嚇，讓您空爲我操心。如今請允許我向您請罪問安。康家的列祖列宗啊！不孝孫謬思救國，贊畫維新，弄得列祖蒙塵，幾戮老弱，先墳被掘，廟祠被封。自戊戌蒙難，不孝孫身經十死，異國奔亡，三周大地，歷盡艱辛，今復還故鄉，祀掃先墓，陳牲奠酒。

最令他號泣哀哉的是自己連累老母客死異鄉，害得胞弟慘戮柴市。母親去鄉十六年，日夕望鄉不得歸，如今只能魂歸故里。不孝兒在母親生年不能奉母養，不能報母恩，徒讓母親流離顛沛，終日依閭相望，思親念子。母親病重不曾獲一視，有子若無。日夕思見幼博，今則以兩棺同奠於舟中，母子相見於黃泉，這都是兒子的不孝啊！

自己受先父遺命，撫弟十六年，弟終得以英挺自立。爾後與弟風雨對床十六年，討論學術政事，贊畫百日維新。自南海會館與弟相別永訣。弟蒙冤慘戮，至今又是十六年。弟懷雄絕之才，雷霆之力，而不得少施，即蒙天下奇冤，遭慘痛之戮。十六年中，朝市易主，而弟之慘冤不曾得一雪，不曾獲一恤。十六年中，弟之慘冤深諱不敢告母，不能奉弟之神靈於家，不能葬弟之棺槨於鄉。是自己辜負了先父的遺命，沒有保護好弱弟。如今只有撫櫬歸鄉，自己將何以面對先父和列祖列宗？如何向他們交代？

康有為正在哀痛沈思之時，船隊駛抵西樵山下，只見兩岸萬燭齊明，燦若白晝，軍警數千，列隊歡迎。及拂曉，船入蘇村，泊於銀河橋側。橋前喪棚高聳，三棚相連，相望如入雲霄。二靈櫬經過之處，夾道以竹為架，懸輓聯數千，素練颯颯，長達數里。康氏家廟諸祠及七檜園盡飾以素練祭幛，白布帷球，一片白色的世界。靈櫬過蘇村前街，經陳、徐、黃、康諸族祠巷前，繞康公廟至墓地。數十里鄉鄰，不分男女老少，都奔走來觀。

天還沒亮，村外長堤上早已擠滿了前來觀看的人群，凡與蘇村人有戚誼關係者，都來訪其親，以便能觀此盛禮。甚至有嫁女定期者，也更改婚期，以便能一睹這大場面。墓地周圍廣搭竹棚，以別賓位。共分省港遠賓、鄰鄉之賓、本鄉之賓、女賓、族戚等。都督龍濟光派來軍樂隊五支，軍隊一千多人，儀仗隊數百人。清鄉督辦李世桂、會辦潘斯凱、南海縣知事陳嵩澧等同來護喪。軍佇列陣持槍開道，軍樂隊隨後，再後是靈車和長長的送葬隊伍，在哀樂聲中，二里多長的送葬隊伍迤邐而行。數萬鄉民夾道觀瞻，肅穆而立。下午三時下葬，以幼博烈士附於先廟。

第二天康有爲祭掃康家祠墓。從奔走國事到流亡歸來，康已有十八年沒有奉祠祭祀了。他早早來到祖廟，積滿塵埃、殘破不堪的康氏祠堂顯然被人清掃整理過。他跪在先祖的靈位前，奉上牲醴庶饈等祭品，燃燭焚香，哭而奠之，對列祖訴說自己不孝、久時不能奉祠祭祖的理由，訴說自己的滿腹冤屈和流亡海外的苦難經歷，訴說康家的不幸遭遇，祈求列祖列宗的原諒。下面是康有爲寫的〈久亡還鄉祭先廟告祖文〉：

惟孔子二千四百六十四年（用孔子紀年是康的變法主張之一）癸丑十一月十七日，末孫康有為乃得以牲醴庶饈祭於列祖之靈曰：嗚呼，惟爾末孫，遘閔蒙難，身經十死，不圖生還；惟爾末孫，異國奔亡，三周大地，復還故鄉；惟爾末孫，大劫躬歷，十有六年，朝市變易；惟爾末孫，謬思救國，冀贊維新，幾戮老弱，掘我先塋，封我廟祠，邈十八年，莫親獻爵。天道茫茫若有知，人道憂患多傷離。遵行門阼，仰瞻桷楣，醴清稻芳，饈珍牲肥，惟吾列祖靈其饗之，棲燎蒸光，明靈達饗，昭穆列序，妣考臨上，載歆載寧，佑予末孫無喪，尚饗。

在列祖列宗的神位旁祔上幼博的靈位，當然是康有爲的意見。按祭祀之禮，有功有德和有恩於後代的先輩可享祭先廟。康幼博爲國而死，沈冤難雪，屍骨不歸，魂魄無依，今得以還鄉，祔於先廟，即是對死者在天之靈的慰藉，又稍釋生者的愧疚之心。況且幼博死得悲壯英勇，死得其所，被海內外志士追認爲烈士，這是康家的光榮，享祭先廟，理所應當。康有爲在〈幼博烈士祔廟告祖文〉中寫道：

> 孔子二千四百六十四年癸丑，十一月十六日，伯兄有為以亡弟清朝候選主事幼博烈士，祔祀於祖，陳牲醴庶饈而祭之曰：嗚呼，浩氣還乎太虛，遺烈勝於青史，遘難遭閔，歷劫備厄，凡十有六年，始得升祔於祖，載見顯考，昭穆有序，苾芬酒醴，肥馨牲黍，有始有卒，永祀後古，惟爾有神，其歆其祐，尚饗。

祠堂祭祖完畢，康有爲又來到先祖墓地。己亥年間（一八九九年），康家祖墳被掘，因早得消息，族人將遺骸秘密挖出後保藏了起來，風聲過後又重新安葬。康有爲在墓地徘徊良久，在每個墳前燃上紙錢，奉上牲饈祭品，哭而祭之。在〈久亡還鄉祭告先墓文〉中說：

> 嗚呼，予小子獲罪，不撫松楸者，十有八年矣。惟我國危莫救，惟我家難是疚，惟我先墓莫泛掃。朝市變，人民易，大劫遘，今重省馬鬣，陳牲奠酒，感愓愓於予心，神明是牖，惟我先祖之靈其鑒之，尚饗。

祭祀是一種情感表達的方式，表示對故去親人的報答和懷念，實質上是親人之間企圖超越生死界限進行交流的一種願望，然而，這種情感表達方式遠遠超出了情感需要，成爲一種凝聚宗族激勵後代的手段，發揮了敬宗收族的作用，同時又體現了一種宗法關係和祖先崇拜思想。深通禮法的康有爲，知道孝親敬祖的意義和自己的責任。移柩還鄉是他對死者一種無言的告慰，一種永遠的懷念，一種摯愛的表達，一種贖罪的方式和一種心願的了結。他最牽掛的人是母親，最親近的助手是幼博，最感對不起的人也是他們。因此，他流亡十六年歸來的第一件大事就是爲他們做些事情，盡些責任，以稍平愧疚之心。

祭祖掃墓是他流亡歸來所要做的另一件大事，久不奉祠墓無疑是大不孝，祖先因他而蒙塵，更是不孝之至。祭祀祖祠，可稍減自己的不孝之罪，了卻十八年的心願，盡一些子孫應盡的義務。以他的身份和地位，事實上是康家的掌門人和族長，拜祭先祖更是他的神聖職責。最重情感、最講孝道的他，自然把祭祀祖先看成是頭等大事。盛況空前的移柩還鄉儀式和隆重的祭祖活動，雖出乎康有爲的意料，但畢竟是他願意看到的，先祖親人若地下有知也肯定會激動不已，爲康有爲給他們帶來的殊榮和熱鬧而高興、滿足、快慰。

當天晚上，康有爲設宴招待客人和鄉親，以示答謝。深夜十二點乘快艇去了廣州，送葬客人也連艫而去。至此，移柩祭祖的活動算是結束，康有爲了卻了一樁心願，安然定居上海，蘇村又恢復平靜，康母和幼博靜靜地安歇於故鄉的土地上。

8 離合悲歡總關情

月明人依樓

一八七六年農曆臘月，隨著新年的臨近，蘇村的鄉民們正忙著置辦年貨，興奮地準備著新春佳節的來臨。康家延香老屋的院子裡張燈結綵，披紅掛綠，爆竹聲聲，更是熱鬧非凡。一家老小臉上掛滿喜悅，顯然他們有比過年還高興幾倍的喜事。原來他們在辦婚事。新郎官就是康家大公子康有爲，年方十九歲，正在禮山草堂跟朱次琦先生讀書，剛從學堂裡叫回來。新娘子是張雲珠，字妙華，年方二十二歲，溫良賢慧，鄰鄉張玉樵先生之女。張玉樵早與康家有來往，見康有爲少年早慧，氣度不凡，心生喜愛，遂將女兒許給康家。

洞房花燭夜，無疑是人生最美好的時光，送走賀喜的客人，小倆口回到洞房，幾分羞澀加上激動，兩人的心怦怦直跳。突然一大群男女湧進洞房，後面還跟著不少孩子，他們說笑吵鬧，有些話不堪入耳，甚至還對新娘子動手動腳，原來這裡的風俗就是如此，新婚之夜，街坊鄰居及衆親友鬧洞房，戲弄新娘，常使新娘哭笑不得，沒有哪個新婚婦女能逃過此關。

康有爲不忍再聽，也不忍再看，憤然站起，高聲抗議，並以親情禮法爲根據，說得衆親友啞口無言，只好沒趣地走開。戲新娘本是陋習，康有爲以禮法相拒，雖失和於鄉親，但敢於與傳統陋習相抗爭的勇氣，一開始就使他的婚姻有幾分革新、幾分浪漫。

康有爲這次成婚，是長輩們包辦的結果，但新娘實在找不出可以挑剔的地方。通情達理，溫順賢慧，雖沒有閉月羞花之貌，但紅潤的臉龐、明亮的眼睛、淺淺的酒窩、勻稱的身材，也把新娘襯托得嬌巧嫵媚。更可貴的是，新媳婦過門後對婆婆畢恭畢敬，至孝至誠，做家務事也是盡心盡力，勤勤懇懇。對丈夫溫存關愛，體貼入微。因此，這個由家長包辦的婚姻還算美滿。一段纏綿之後，康有爲又回到禮山草堂讀起他的聖賢之書。

兩年之後，他們的第一個孩子長女康同薇出生，康有爲按捺不住初爲人父的喜悅，但對小寶寶的出生似乎沒有太多關注，而是把主要精力放在思想道路的探索上。禮山草堂的三年苦讀並沒有使他找到自己安身立命之所在，沒有找到救國救民的道路。於是他辭別九江先生，告別嬌妻，拋下愛女，一個人跑到西樵山白雲洞靜思獨學去了。

可憐張雲珠新婚不久就獨守空房，產後正需要丈夫的關心和幫助，卻又不在身邊。她很想攔著丈夫不讓他去，但拜師讀書是正事，不能阻攔，而到白雲洞裡修仙學佛，總感覺有些不務正業，但她很理解丈夫探尋人生眞諦的焦灼心理，和尋找救國道路時的內心苦悶，也領教過他的倔強個性，因此還是違心地爲丈夫放行，並細心地給他準備了行李。她開始品嘗相思的苦酒，終日盼望丈夫能早些回家，一首詞人溫庭筠的〈夢江南〉，也許最能表達張雲珠這一時刻的心情。詞中寫道：

梳髮罷，獨倚望江樓。過盡千帆皆不是。斜暉脈脈水悠悠，腸斷白蘋洲。

從早上獨依樓頭，直到太陽偏西，數盡村邊銀河裡過往的船隻，也不見丈夫的歸舟。儘管斜暉脈脈，似乎有情，也難慰寂寥。河水悠悠，也流不盡無限相思愁怨。年華易逝，青春難駐，怎不讓妙齡少婦徒生哀傷？當然張雲珠不一定像詞中描寫的少婦那樣憂怨悲切，丈夫也沒有遠隔千里，就在三十里外的西樵山白雲洞，去的時間也不算長，從春到秋。她思念丈夫，也有不少離愁別緒，但她更關心苦思苦讀的丈夫，時常差僕人送些好吃的東西和換洗的衣衫。

到了秋天，康有爲被叔父揪了回來，說是參加科舉考試，但他一回來就一頭栽進澹如樓，讀書不止，久坐積勞，直至臀部長起了骨刺，除吃飯時間外，別想見到他。因此給妻子和孩子的時間與關懷自然很少，但賢慧溫順的張雲珠哪敢有過多的奢望，看到丈夫讀書那麼辛苦，倒是生出無限憐憫。康有爲二十八歲那年，因讀書太用功而患上了頭痛病，大病半年，請來的醫生都束手無策，康自認爲必死無疑，於是整理筆記遺稿，躺在床上，從容等死，妻子和母親守在床前淚水漣漣，是她們的哀痛給了他求生的最後一試，康查書自創藥，病勢好轉，在妻子的精心護理下，得以痊癒。

有爲在鄉居苦讀的幾年裡，她以自己的瘦弱之軀替丈夫挑起生活重擔，婆婆年紀大了，只能動口指揮，具體的家務事還得張雲珠一人操辦。那時的康家並不富裕，日常生活必須精打細算。張雲珠盡量把生活調理得好些，以便丈夫能專心讀書。康有爲得益於賢內助的全力支援，全沒有後顧之憂，不爲生活發愁，才得上讀天文，下讀地理，以至宋明理學，詞章考據，經、史、子、集，讀盡天下之書。一生學力，培基於此。

正如女兒康同璧所說：「然先君一生事業，得內助居多。」張雲珠不但在生活上做好後勤服務，事業上也十分理解丈夫，處處站在丈夫一邊。一八八三年，康有爲不給女兒同薇裹足，全族人都「駭奇疑笑」，不理解，獨有妻子堅決支持。當康有爲外出時，族人試圖給同薇強行裹足，張雲珠「識大義，特不裹」，使得族人很尷尬。後來辦不纏足會，張雲珠又積極協助，全力支持。爲此事，康有爲對妻子很是感激，也非常佩服。

從一八八二年去京師參加順天鄉試時起，康有爲出遊的次數愈來愈多，時間愈來愈長。北出幽燕，南去港澳，東抵上海，西至桂林，登萬里長城，謁孔林，遊江漢，望中原，足跡踏遍中華大地。尤其是數次的京城鄉會試，一去就是一年半載。每次出門，都是張雲珠親自爲其準備行裝，臨行前叮囑再三，出門時親自送行，出門後牽腸掛肚。

記得一八八八年五月北上京師參加鄉試，直到第二年臘月才回到家裡。這是一個多麼漫長的等待啊！「梧桐樹，三更雨，不道離情正苦。一葉葉，一聲聲，空階滴到明。」（溫庭筠：〈更漏子〉）梧桐夜雨，潺潺不絕，哪管離人之情正苦，長夜不寐，也怪不得梧桐夜雨聲聲。豈止是離愁難遣，她更多了一份擔憂。聽說丈夫上書皇帝言國事，隨時會獲罪下獄。她的心懸到了嗓門，天天祈禱上蒼保佑丈夫能平安回家。每次丈夫外出，她的心都隨丈夫而去，飛越千里萬里，免不了一番「思悠悠，恨悠悠，恨到歸時方始休」。她摯愛丈夫，整個身心都在他的身上。但她不輕易流露自己的情感，常把愛與痛苦埋在心裡。

一八九一年康有爲在廣州開館講學，把家也搬到了廣州，住在曾祖留下的雲衢書屋裡。授課之餘，康有爲也常陪妻子和女兒外出看看風景。珠江岸邊的花埭是花的世界，以盛產各種花木聞名。每到春天，這裡繁花錦簇，馨香一片。康有爲便帶上妻子女兒，有時也請來母親，乘船到花埭，一邊欣賞，一邊購買，最後是滿載而歸。每當秋高氣爽，皓月當空，有爲也常攜妻子女兒泛舟珠江，但見波光粼粼，燈火萬家，江月滿船，一家人觀景賞月，悠然愜意，盡享天倫之樂。他們常爲這秋夜美景所陶醉，有一次全家人秋夜泛舟，康有爲詩興大發，揮筆寫詩以記：

乘風萬里壯心降，一舸鴟夷學泛江。認得舊時明月在，神仙兒女倚篷窗。

但這樣的時刻不是很多，更多的時候是有爲奔走國事。他帶給妻子最多的也許是相思、擔心、憂怨、依閭相望和默默忍受寂寞。張雲珠生活中的悲與喜、苦與樂，已與丈夫的命運和事業相連。一喜俱喜，一悲同悲。康有爲多次科舉落第，張雲珠比他還傷心；當康有爲中了舉人、當上進士時，她激動得熱淚盈眶；當康有爲因治理同人局而遭劾受汚，「謗言騰沸，幾死於是」的時候她更是提心吊膽，爲丈夫的安危擔驚受怕；當康有爲著書被劾，「粵城謗不可聞」，被迫遠走他鄉時，她憂心忡忡，時刻惦念出門遠行的丈夫。康有爲的成敗榮辱都在她的眼神裡和情緒中表現出來，康有爲每一本新著問世、每一變法理論提出和每一步變法的腳印，都在她的記憶中找到證明。

她雖沒有參與變法，但與聞了變法運動發展的整個過程，並和這一過程同呼吸，共命運。事實上，她是變法事業的同路人和最忠實的支持者。

張雲珠以她的勤勞、賢慧贏得婆婆的信任和其他家庭成員的尊敬。家中的大事多由她操持。像康有爲所說的「築室花埭，將終隱焉」的大事，也是張雲珠所爲。康有爲深爲花埭的景色吸引，很想在那裡購地建房，隱居終生，但沒等他著手這件事，就攜女兒同薇到上海去了。從購買地皮到建造新屋，再到喬遷新居，康有爲都不在家，全靠張雲珠一人主持。這在康有爲一八九七年秋寫給妙華夫人（張雲珠）的信中，可得到說明。信中說：

妙華夫人覽：花埭屋不知辦不？終以有一層地檯板，雖貴些，亦少不得，但用老譚，粗粗可耳。現卓如處尚可挪款，此屋亦管放心為之。若偉奇遲遲，則親過花埭，請偉奇或伯父與老譚商定速辦。

看來花埭之屋建與不建、怎麼建，還得張雲珠拿定主意，具體經辦。果然，在張雲珠的精心主持下，一座用材考究、設計典雅、富麗堂皇、景色如畫的田園式別墅在花埭落成。可歎康有爲連影子也沒見著，就被藉沒。難怪他爲此事感慨無限：「住者無住，無住而住，只有隨順，非力能爲。」「人生原逆旅，我身非我有，而何一室哉？」單憑家屬對花埭別墅景物的口頭描繪和介紹，康有爲就寫詩數十韻以記華屋之美，並對華屋之失痛惜不已。由此足見花埭別墅的景象非同一般。

康有爲整天忙著著書立說，上書議政，又是京城赴考，又是四方遊學，哪兒有閒心去管家裡的事情，家務的重擔自然落在張雲珠和幼博身上。幼博外出謀事後，張雲珠就成了家裡的大掌櫃，一人撐起這個大家庭。從日常生計到孩子讀書，從人事往來到家庭建設，都是她張羅，即使是康有爲的二太太、三太太們，也要聽她吩咐。從康有爲給張雲珠的信裡可說明這一點。信中說：

得二月十二日書，知老母及各人平安為慰。薇往澳甚妥，當稟母慰之。庭款籌得即寄回。國事艱難，未暇它及。婉絡不學，或囑到澳，從薇教之。

女兒同薇去澳門求學，當然是張雲珠安排的，連康有爲的二太太梁隨覺（字婉絡）是否要進一步提高文化水平的事，也需張雲珠操心。在另一封信中又說：「老母想已出城，少病不可，囑婉絡小心事親。」大太太能夠指使二太太，足以說明她在家中的地位和威信。

一八九八年春花埭別墅建好後，張雲珠率領家人住了進去，就在他們還沈浸在喬遷新居的喜悅中時，忽然接到京師有大變的消息，一家人以爲康有爲已經死難，還是張雲珠強忍悲痛，處變不驚，組織一家人打點行李，連夜移家舟中。一家老小剛剛出門上船，緹騎們就包圍了宅院。全家人大難不死，香港重逢，從此過著另一種生活：他們流寓他鄉，舉目無親；他們一日數驚，險關塞途；他們「一家骨肉三洲地」，離多見少。

從戊戌年秋張雲珠在香港送走康有爲和梁隨覺那一刻起，她就生活在等待與悵望之中。她沒有隨康有爲飄洋過海，因爲家中還有年邁的婆婆，有兩個未成家的女兒，有哀哀寡歡的謹娛母女，有需要照顧的親朋舊眷。她留在家裡，一家老小就有依靠，遠方飄泊的親人就有歸宿，康有爲就有一個大本營，並且能安心地去從事他的「勤王救上」活動。

雖說康有爲的流亡生活充滿艱辛和驚險，也有無限離愁和傷感，但畢竟有年輕妻子陪伴左右，有衆多弟子和華僑的保護，不少時候還很風光。然而，張雲珠的境遇遠不如康有爲。她要操持這個家，她要服侍婆婆，管好孩子，照顧族人。她要小心謹愼，東躲西藏，防止清廷加害他們一家老小。更主要的是，她還要忍受寂寞與相思之苦，既擔心遠方親人的安危，又盼望親人早日歸來團聚。

十六年中康有爲雖曾數次回港，但都是來去匆匆，沒等她說出心中的愁苦，康有爲就又揚帆遠去。「追思香港倚樓日，蒙難糟糠只泫然。」多少個月明之夜，她倚窗相望，無限思念隨著月光飛向遠方的親人；多少個風雨之秋，她迷茫惆悵，就像無根的浮萍不知所來、不知所往，一種難言的苦衷纏繞著她。寒去暑往，星轉月移，她等待又失望，失望又等待。「終日望君君不至，舉頭聞鵲喜。」喜鵲的叫聲曾給她帶來過希望和歡喜，親人就要歸來，但「過盡千帆皆不是」，又是一場空喜，最終還是「細雨夢回雞塞遠，小樓吹徹玉笙寒。多少淚珠無限恨，倚闌干。」她在潺潺細雨中醒來，夢中的親人仍遠在天涯，心中的淒涼怨恨怎是玉笙能夠傾訴得了？思念的淚水啊！不知流了多少，憑欄遠望，「倚遍欄干幾曲」，「寸心千里目」，望斷天涯路。

康有爲當然不會忘記這位患難與共的糟糠之妻，每隔一段時間也來港省親。逢上妻子的生日，他也常寄些禮物或寫幾句話表示祝賀與關懷。

一九〇一年張雲珠生日那天，遠在新加坡的康有爲登山望海，想像妻子此時一定是「綺羅心，魂夢隔，上高樓」，憑欄遙望，思念我這天涯逋客，不禁愁腸百結，思緒萬千，遂以酒和詩表達他對妻子的思念之情：

香霧清輝隔兩年，海山北望月方圓。女兒採得山花百，絕頂靈山作壽筵。

一九〇九年，康有爲住在新加坡檳榔嶼，邀請張雲珠來此團聚，從戊戌蒙難到檳榔嶼相見，已是十二個寒署，張雲珠始有家庭園林之樂的感覺。

康廣仁遇難後，義士梁鐵君冒險去北京，尋得遺骸，密運至澳門，暫厝於山寺中。每逢春秋祭日，張雲珠都親自過澳祭奠，以慰烈士英靈。在張雲珠的操持下，烈士墓前的香火不斷，青煙常繞。若廣仁地下有知，一定會非常感激兄嫂的關懷，並能深切體會出家庭親情的溫暖。

一九一五年十二月，袁世凱作起了皇帝的美夢，由民國大總統搖身一變成了「中華帝國皇帝」。這種倒行逆施立即遭到國人反對，梁啓超的學生蔡鍔乾脆在雲南扯旗造反。康有爲更與袁皇帝有不共戴天之仇，戊戌年的舊帳還沒算，戊申年（一九〇八年）光緒帝又死得不明不白，傳聞爲袁氏所毒殺，康在海外寫了一篇慷慨激昂的《討袁檄文》，結果袁還是當上了大總統。如今袁竟篡謀國器，僭越帝號，「慘慘滔天巨，神州恐陸沈」，若不加以討伐，怎對得起國人和先帝，於是他策動弟子徐勤回粵討袁。

但起事的經費從哪兒來？張雲珠不愧是賢內助，她深明大義，顧全大局，毅然用康家在香港的房舍抵押，借得二萬金，以充軍費，解了義軍的燃眉之急，徐勤得以率十九艘戰艦攻粵。張雲珠可謂是經歷過驚濤駭浪的女性，從戊戌前的滿城謗言，到戊戌年的深夜出逃，再到民國時的籌款反袁，她所遇到的都是艱難險阻、哀痛窮愁、淒風苦雨、天地晦冥的人生難堪之境，但她卻能臨變不驚，遇事不亂，泰然處之，從容應付，表現出一種難能可貴的行爲。

一九一三年康有爲奔喪回港，將母親和幼博的靈櫬送回故里後，遂歸隱罷遊，定居在上海，一家骨肉得以團聚，張雲珠也結束了苦思苦等的生活，但這時她已成了兩鬢斑白的老人。安穩的日子還沒過上幾年，一九二二年五月二十一日夜，張雲珠坐化而終，享年六十八歲。據說她死前還在戲院看戲，當天身體並沒有不適的感覺。夜半安然坐化，無拖無累，無痛無苦，悠然而來，飄然而去，可謂是人世修行與造化的最高境界。

張雲珠共生育五子女：長女康同薇，次女康同璧，秉承父親的智慧，母親的賢慧，並受其父的影響和教育，才學過人，有膽有識，青少年時期就追隨父親從事變法事業，是其父事業上的得力助手。三女同結、四女同完，生後數日、數月而殤，第五子是男嬰，生後即夭。也許是因爲這個男嬰的夭亡，造成康家傳宗無人的危機，才使康有爲萌生納妾育子的念頭。

在風風雨雨近半個世紀裡，張雲珠與康有爲甘苦患難，風雨同舟，歷盡艱難險阻，重複著聚散離合。在這期間，她有過相思之苦，有過失望和迷茫，但她謹守禮法，默默奉獻，以瘦弱之軀撐起康氏大家庭，爲康有爲的變法事業做出極大的犧牲。康有爲賴有這個賢內助才得以免除後顧之憂，一心奔走國事。他對這位患難與共的糟糠之妻，既感激又敬重，當然也有深厚的感情。張雲珠去世後，葬於江蘇金壇縣茅山西暘鎮油叉頭村邊池塘畔。

康有爲親爲亡妻執紼送喪，悉如古禮。在康有爲給亡妻寫的祭文中說：「四十七載同糟糠而共患難兮，悼傷逝於千秋。」他又在亡妻的墓誌銘上寫道：「茅山之雲，仙靈所存，與子共患難，今已樂子之魂，救國無成，康家不寧，鬱此佳城，永以妥子之靈。」以此表達他對亡妻的深深懷念。

據康有爲的拜門弟子劉海粟回憶：在張雲珠下葬前，康曾找過他，要他物色一名畫師把亡妻的遺容畫在棺材蓋上，以寄託哀思，並說：「我給亡妻買了朱漆的棺木，想到她隨我一生，吃盡辛苦，我在海外流亡，她日夜不安，燒香念佛祝我無恙。我在歐陸見有人把死者遺容畫在棺材蓋上面，再罩上槨下葬。中國古今無此先例，我想這樣辦一下，於死者無益，可以令生者心安而已。」從康有爲的沈痛話語中，可感覺出他對妻子的無限深情和不盡歉意。

康的話是肺腑之言。自從張雲珠嫁給康有爲，就少有團圓的日子。康有爲以變法而獲罪，一家人跟著遭殃，張雲珠更是「吃盡辛苦」，且不說爲這個家庭操心勞神，單就爲親人的安危擔心受怕，提心吊膽，受盡思念之苦的折磨等精神負擔，就已遠遠超出一般女性所能承載的重壓極限，她具有女性的衆多優點：勤勞善良，溫柔賢慧，富有愛心，更重要的也許是默默奉獻。康有爲的事業和成就有她的功勞，有她的汗水與淚水。康有爲深感愧對妻子，他想用隆重的葬禮、結實的棺木，加倍的周到和親自執紼送喪表達一種揪心的歉意，一種不盡的感激，一種永遠的懷念。

另據劉海粟回憶，自張雲珠去世後，康有爲在一年多的時間裡沈默寡言，常常獨自一人在一天園中找個避風的角落曬太陽，有時坐上半天，不講一句話。這是多麼沈重的心情啊！也許他一直都沈浸在失去親人的悲痛之中，也許他久久地陷入傷心往事的回憶之中，也許他在爲自己對不住患難與共的妻子而深深懺悔。在亡妻的周年祭日，康有爲想給亡妻寫一篇碑文，用最精練的句子、最恰當的詞語、最完整的表達寫出他對亡妻的情感和亡妻生前的品行。但每每下筆，都悲泣不止，遂賦詩兩首以表心跡：

夢斷魂銷又兩年，茅山無祚托荒阡。追思香港倚樓日，蒙難糟糠只泫然。
欲為表墓魏城君，舊事哀思入斷魂。酹酒行文猶未得，左家嬌女告阿芬。

逝者已逝，但思念「恰如春草，更行更遠還生」。

峨峨須彌雪

在連接太平洋與印度洋的麻六甲海東岸，遠遠望去，有一列突入海面的蒼蒼山脈，宛如畫屏，雄秀獨出，構成一種鎖鑰形勢。這就是南洋中的檳榔嶼。嶼中群山逶迤，長松滿壑，古木參天，青藤密繞。登高望遠，又見山花爛漫，芳草萋萋，天風浩蕩，海氣濛濛。每年的秋天，這裡更是蒼翠欲滴，景色宜人，在一座海濱小樓的後院，六株蒼勁的柳絲松正盡情地伸吐它們柳絲般的枝條，粗大的樹幹直插雲天，垂條細葉婀娜悠揚，莖幹如松，垂絲似柳，剛柔相合，篩月戛雲。樹蔭下，環境幽靜，空氣清新，或乘涼納暑，或品茶吟詩，或樹下望海，別有情趣。小樓的男主人也許是看中此處環境，所以常在這裡擺上桌椅，滿上香茗，拿來紙墨，刷刷地書寫不止。有些時候也在這裡步詩吟月，憩息品茗。

一九〇八年十一月的一天下午，房主在樹下正陪一老太太聊天，突然從屋中傳來嬰兒的哇哇哭泣聲，驚得兩人急忙站起，跌跌撞撞地返回屋子。原來這小樓的主人正是康有為，檳榔嶼是他海外飄泊的一個落腳點，往返香港南亞、西亞及歐洲、非洲都要經過這裡，他先後六次在這裡歇養，庚子年間，還曾經在這裡指揮過勤王之師。

他兩個月前剛從歐洲歸來，感覺自己轍環大地，遊遍四洲，已無可遊之地，遂欲罷遊東返，病臥檳榔嶼。他把母親從香港接來，共享天倫之樂。這個流浪的小家庭在檳榔嶼住下不久，就喜從天降，康有為的兒子——康家第二十二代傳人康同籛在這裡出生。剛才從屋中傳出的啼哭聲，正是出生才幾天的小傢伙的吵鬧，康有為五十歲得子，自然是驚喜無比，勞太夫人盼孫心切，簡直望眼欲穿，這次來檳榔嶼就有迎接小孫子出世的目的。聽到哭聲，他們生怕孩子受了委屈，因此急忙到屋內看個究竟。同籛的母親就是梁隨覺，終於給康家完成傳宗接代的任務，現在正甜甜地躺在床上休息。

一八八〇年，梁隨覺生於廣東博羅縣一個殷實的農民家庭，字婉絡，號樂隱，康有為暱稱她為婉姬。十八歲那年，經人介紹，嫁給年方四十的康有為，做了二房太太，年齡懸殊不論，還是妾的身份，很難說是美滿姻緣。但康有為當時已名滿天下，又是大家望族，這多少能使梁隨覺心理平衡些。

康有為主張男女平等和一夫一妻制，但「不孝有三，無後為大」的傳統觀念早在他的腦子裡紮下根。一八九〇年張夫人生一兒子，但隨之夭亡，此後張夫人再無生育，眼看自己到了四十歲，還沒有個傳宗接代的兒子，不免遺憾。經不住母親的勸說和鼓動，遂於一八九七年納梁氏爲妾，康納妾的最初動機也許就是爲了生兒子，但梁的美貌和溫柔很快就博得康有爲的歡心。梁氏不但長得年輕貌美，還能識文斷字，略通文墨，康更是對她恩愛有加。結婚不足兩月，康有爲就去了北京，直到第二年變法失敗才相聚於香港。可憐梁隨覺「結髮爲君妻，席不暖君床」，獨守空房一年多，福沒享上，已白受一場驚嚇，還差點兒丟掉性命。驚魂初定，康有爲便帶著這位年輕妻子踏上了流亡之路。

康選擇梁氏爲茫茫天涯路的伴侶，可能是因爲梁氏年輕，經得起風霜雪雨的敲打，易水蕭蕭，風塵萬里，天涯逋客，前途難料，梁氏與張夫人相比，在他身邊也許更合適些。另一原因也許是梁氏還肩負著生兒育女的任務。儘管形勢窘迫，但康仍沒有忘記想要個兒子的願望。流亡的小家庭開始是從香港出發，往東繞地球轉了大半圈，又回到香港，一九〇〇年初到新加坡。這一年是庚子年，又是一個驚心動魄的年份，年初是反廢立陰謀，七、八月間又有庚子之役。康有爲坐陣南洋，遙控指揮海內外的鬥爭。當他正在爲將要成功的勤王大業而飄飄然時，刺客似乎嗅到了他的蹤跡，也跟著到了南洋，害得康有爲不得不常換地方，以致成了驚弓之鳥，錯把日本朋友宮崎寅藏當成刺客而拒之門外。

庚子七月，康有爲一行來到新加坡的丹將敦島。這是麻六甲海中的一座孤島，島中有一百尺高的燈塔，照行過往船隻。康有爲就住在塔院的頂樓中。在這孤島上難得清閒，康有爲有足夠的時間陪身邊的年輕太太，「亡人得餘歡，境曠神愉閑」。終日和梁隨覺一塊或拾石弄水、或看雲賞月、或吟詩賦詞。海濱沙灘上多奇石，兩人打著赤腳，盡情地在空曠沙灘上奔來走去，見到奇形怪狀的石子就撿起來，累了，就倒在沙灘上休息，很有些浪漫情調。「日日崖濱來拾石，秋風吹浪聽瀟瀟。」有時他們會在海邊流連忘返，直到「晚霞倒海鏡」時，才回到住所。他們收穫頗豐，居然撿到百餘枚奇石。「丹島壓舟無異物，行裝怪石百餘枚」。對這些石子康有爲如獲至寶，立即寫信把這一消息告訴給母親，說：「婉絡拾得好石極多，留與薇璧」，後來果然把這些奇石當作禮物讓人捎了回去。

有時晚上他們也坐在山石上賞月，悠閒之中難免幾分惆悵，「半輪新月上微明，浩浩風聲挾浪聲。偶作瀛洲仙眷屬，不堪回首望神京。」他們在這個幾乎與世隔絕的荒島上度過了半個月的美好時光，雖不是世外桃源，但給人一種「寵辱皆忘」的感覺。正如他給母親寫信所說：「今年僅得此樂，眞可癒頭風忘憂患也。」他們爲這裡風景所陶醉，離開的時候，眞有些依依不捨。

從丹將敦島來到檳榔嶼，住在新加坡總督的督署內。康有爲給這個住所起名叫「大庇閣」。總督對康有爲一行「周到之情，崇待之禮，至優極渥」，生活用品一應俱全，還有軍隊保護，這使得康有爲有些難爲情。這裡雖然安全得多，但國內傳來的消息卻讓他沮喪哀痛到了極點，自立軍主將唐才常、林圭等三十多人被捕殉難，勤王大業功敗垂成，皇帝沒有救成，慈禧也沒有歸政，只落得「大庇閣中空歎息」。歎息之餘，讀讀詩聖杜甫的詩來排遣心中的鬱結，也許他與杜甫有著相似的經歷：忠君愛民，憂國憂時，一生不得志，流離飄泊。也許杜詩的悲涼、沈鬱、傷感更能表達他此時的心情，就像他在〈日誦杜甫詩消遣〉一詩中所寫：

亂離日已甚，憂思日已多。我欲託詩史，鬱結彌山河。每讀杜陵詩，感慨更摩挲。上念君國危，下憂黎之痾。中間痛身世，慷慨傷蹉跎……

不過這時康有爲仍有値得高興的事情，梁隨覺幾天來陣陣嘔吐，似有身孕，生子有望，値得慶賀，他立即把這一喜訊告訴家人，而且康有爲有把全家人接來同住的打算。全家人雖沒有同來，二女兒同璧卻以髫齡弱女，獨闖南洋，到檳榔嶼看望父親，很讓康有爲感動。

眼看在檳榔嶼已無所作爲，心想印度爲文明古國，與中國國情相似，且又實行英國殖民政治，必有可資借鑒的東西。事業上的一連串打擊，使他心力交瘁，頭痛病復發，印度有佛國之稱，正可尋訪佛跡，淸心靜養，另外，印度還有雪山適合臥山養痾，於是流浪小家庭告別檳榔嶼，一九〇一年十一月乘船到了印度，漫遊一圈之後，在大吉嶺住了下來。

大吉嶺是喜馬拉雅山脈南麓的一座小山城。這裡背依須彌雪山，白雪皚皚，腳下溝壑千仞，如處雲間，四周林木蔥鬱，曲徑深深，「大吉嶺頭山館新，雪峰天半對崑崙」、「俯臨絕壑看雲走，獨立高峰待月升」。也許這裡正是康有爲所要尋找的佛國淨土。他需要在這裡靜心養病，也需要沈下心來繼續構思他的大同理想社會，還需要歇歇腳讓妻子把腹中的胎兒生下來。

康有爲給小家庭的寓所取名叫「大吉嶺山館」，山館前是一片松林茂竹，康有爲又特意在林中築起草亭，修起石路，搭建竹棚，做了柴床，又從千里之外購來海棠、石竹等花木點綴林間。「目喜林園有餘地，更饒狂放繫秋千」。得此佛國仙境，且有佳屋美園，康有爲大有「長此定幽居」的打算。在這裡，他曉望雪峰，夜步明月，盪秋千，臥柴床，看飛雲，聽泉聲，掃落紅，著奇書，別有閒情雅致，一首〈山館林中繫秋千〉詩則更形象地描寫了這種山居生活：

雪峰天際正當門，曉望崑崙山最尊。孤臥柴床臨絕壑，頻穿竹徑過鄰園。
花枝礙帽時低首，落葉盈衣故不言。避地遍宜閑靜性，俯聽山市鬧聲喧。

最美的時刻也許是攜家人踏月夜行，月光下的大吉嶺景光奇絕，美妙無窮。康有爲常和妻子、女兒一起踏著月光，繞行大吉嶺。山路彎彎，林濤陣陣，嵐蕩茶園，雲穿松徑。「煙霧重冥山四合，樓台千萬火微明。」有時候，夜晚大風颳來，把園中的花草吹得東倒西歪，第二天早上康有爲忙令人將它們扶起。有時他也親自數點園中的花木，松有幾棵，芍藥玫瑰有幾株，日涉園林，夜步明月，或遊或坐，樂在其中。

比賞景步月更樂的事是大吉嶺山館的小家庭喜添丁口。一九〇二年四月梁隨覺生下一子，取名同吉，康有爲喜得兒子，更是一陣激動，看著兒子寬寬的額頭很像自己，不覺精神抖擻，自信康家後繼有人。「頭角峥嶸類老夫，聰明憂患本來俱。不知人世竟何是，聊託添丁且自娛。」

但短暫的喜悅之後，又是命運的肆意捉弄。剛剛從失敗的痛苦中掙脫出來，稍有些家園之樂，就遭到痛失愛子的打擊，同吉出生四十五天後夭亡，葬在大吉嶺的中華山園裡，因而有「生之大吉葬大吉，土墳三尺向中華」的詩句。康有爲悲傷至極，想到身後無人的淒涼身世，止不住老淚縱橫。「來去何因夢尙疑，笑涕成壞是阿誰。今朝先忌孤身拜，身後無人淚暗垂。」

是年的除夕之夜，康有爲登上山頂，回望曾經居住一年之久的大吉嶺山館，不免觸景生情，同吉兒生死於此，他彷彿聽見同吉兒在屋中啼哭。「最是情癡桑下宿，驚心阿吉似兒啼。」悲戚之情久久地縈繞他的心中。

或許是大吉嶺的秀麗風光給了他靈感，須彌山的皚皚白雪給了他淸靜，家國同悲的遭遇給了他悲憤，後顧無人的身世給了他蒼涼，他在大吉嶺發奮著述，先後寫成《論語注》、《大學注》、《孟子微》、《官制議》等著作，更重要的是，他在這裡完成了曠世之作《大同書》。

也許是受儒家大同學說的啓發，受佛教慈悲學說的影響，從青年時代起，康有爲就「日日以救世爲心，刻刻以救世爲事，捨身命而爲之」。他認爲自己來到這個世上，是「專爲救衆生而已」。因此才「不居天堂而故入地獄，不投淨土而故來濁世，不爲帝王而故爲士人，不肯自潔，不肯獨樂，不願自尊，而以與衆生親，爲易於援救」。他要普渡衆生脫離苦海，進入一種「一一生花界，人人現佛身」的大同極樂世界。儒學經典《戴記・禮運》中曾說：

> 大道之行也，天下為公，選賢與能，講信修睦。故人不獨親其親，不獨子其子；使老有所歸，壯有所用，幼有所長，鰥寡孤獨廢疾者皆有所養；男有分，女有歸。貨惡其棄於地也，不必藏於己；力惡其不於身也，不必為己。故謀閉而不興，盜竊亂賊而不作，故外户而閉，是謂大同。

這當然是一個美好和諧的理想社會。也許康有爲正是沿著這一思路走下去，加上自己的天才想像力，創造性地爲人們描繪了一個鮮花叢生、有樂無苦的大同社會。於是，他在二十八歲那年手訂大同之制。經過十七年的孕育構思，一種偉大思想的傑作呼之欲出，大吉嶺之作就是長期孕育結出的偉大果實，是他二十年宏願的最終實現。「廿年抱宏願，卅卷告成書。衆病如其己，吾言亦可除。人天緣已矣，輪劫轉空虛。懸記千秋事，醫王亦有初。」這是一個「救生人之苦」的良方，如果能除去衆生疾苦，自己雖死猶生。「千界皆煩惱，吾來偶現身」。

也許康有爲正是從自己的身世和周圍的人事及所見所聞，才深切感受到這個世界的憂患苦惱太多太重。普天之下，全地之上，人人之中，物物之庶，都充滿著苦惱憂患。這個世界就是憂患之世，天下之人皆憂患之人。「獄囚哀濁世，饑溺爲斯人。」蒼蒼上天，茫茫大地，不過是一大殺場大牢獄而已，天下之衆生不過是殘害生靈的衆生而已，生活在這個污濁世上的人們，不過是獄中的囚徒而已。人一出生就意味著痛苦，在人生痛苦中就有投胎之苦、夭折之苦。若是生在野蠻、荒涼的地方，或生而廢疾、生而爲奴、生做婦女，痛苦會伴他一生，人生之苦已是不堪忍受，人道之苦更是把人折磨得死去活來。鰥寡、孤獨、疾病、貧窮、卑賤都會把人推向無邊的苦海。不僅如此，人們還時時受著情感的捉弄。愚蠢、仇怨、勞賤、愛惡、牽累、願欲等造成的人情之苦，更是刻骨銘心。

不但是芸芸衆生苦不堪言，就是至尊至貴的帝王、聖神仙佛、貴人、富人老壽等也都有自己的無窮苦惱。如果說上述痛苦是生活自身釀就，那麼天災和人治之苦就是來自生活外部的強加，當然這種強加與生活本身有關。水旱饑荒、火山地震、瘟疫、火燒、水溺、屋塌、船沈等都是自然界強加給人的痛苦，而刑獄、苛稅、兵役、戰爭、階級、壓制、有國、有家等則是社會爲人們釀造的苦酒。

既然衆生皆苦，自己來到這個世上是專門爲救衆生而來，就有責任救饑拯溺，解除衆人的疾苦，使人們永離苦海。「諸聖皆良藥，蒼天太不神。」聖人的言行雖是拯救衆生的良藥，但終不是解除衆生之苦的根本辦法，因爲諸先群哲沒有找到衆生之苦的根源。

在他看來，衆生之苦的根源不外有三：天生、人爲、自作。去苦的途徑也有三：人智日開，技術日精，可解天生之苦；公德日進，政事日修，可救人爲之苦；理想日高，智慧日大，可勝自作之苦。但這些還不足以使人類永脫苦海，因爲衆生之苦的總根源還沒找出，而這個總根源就在於人類妄生分別。由於這種分別，使得人們只顧自己之樂，而不顧他人之苦；常以己之自由，而侵人之自由，相侵不已，報復不已。人私其人，家私其家，群私其群，國私其國，謀用是作，兵由此起，衆生之苦由此成。憂患苦惱，交迫並至，濃厚深重，永無窮極。而救治的根本方法就是：去國界合大地；去級界平民族；去種界同人類；去形界保獨立；去家界爲天民；去產界公生業；去亂界治太平；去類界愛衆生；去苦界至極樂。一切人爲的分別去掉了，人類進入到大同社會，天下萬世人人才永出苦海。

「人道只求樂，天心唯有仁。先除諸苦法，漸見太平春。」既然人道是去苦求樂，天地萬物的至道是以「仁」爲本，那麼從自己的「仁」心出發，以救生民之苦，而救苦之道，在於破除九界。除去種種苦難，才能逐漸實現大同之治。而康有爲所說的「一一生花界，人人現佛身」的大同之治又是什麼樣子呢？

在大同社會，全世界只有一個公政府，公政府設二十個部、四個院。二十個部分別管理全地球各方面事務。四院中的會議院主要管理各部相關之事及公共大政，由二十部官員公議；上議院，由各度分政府各舉一人組成，負責議定法律法規、大政方針，並掌管裁判、政教、文藝、評論之事；下議院是最高立法機關，設書記員，不設議員，由書記員用電話與各分政府保持聯繫，屆時召開電話會議，合全世界之人公議一切法律、規則、財政等；公報院，由全地球各度公舉數人，負責查報各地之事。公政府之下的各個地方按經緯度分成若干度，各度設自治公政府，受公政府指揮，負責上傳下達，其構成與公政府基本相同，設十四個曹（古時官署）和上、下議院及公報館。各度分政府之下又設若干地方自治局，做爲基層管理機關，自治局下設十四局和議院。各級公政府的官員、議員都由民主討論決定，任何人不得獨斷專行。公政府不再是專政壓制的工具，而是組織管理生產、分配、文教和公共福利事業的服務機構。

人民享有高度的民主自由，都有選舉權和被選舉權。在大同社會，沒有帝王、總統、世襲貴族，沒有階級和壓迫，沒有軍隊、監獄、法院和刑罰，沒有貴賤、主奴之間的等級隸屬關係，「無國土之分，無種族之異，無兵爭之事」。衆生本一性海，人類皆爲同胞，人人相親相愛，共謀公益事業。既然破除了九界，當然也沒有私產，因爲私有制才是一切罪惡和苦難的淵藪。

要致大同，必須消滅私有制，農工商各業，一律公有。農工商、交通運輸、採礦百業都實現了高度的機械化、電器化和自動化，生產力高度發達，產品極大豐富。人人自覺參加勞動，以勞動爲榮，以勞動爲樂，沒有了體力勞動與腦力勞動的差別，城鄉差別、工農差別也自動消失。人們按勞取酬，勞動之餘，人們有足夠的時間和場所參觀、學習和娛樂。各地方自治政府都設有博物館、圖書館、音樂館、美術館、公遊園、動物園、植物園、講道館、測候台、公報館等以滿足人們的不同需要。人們過著無苦而極樂的生活，衣食住行無不豪華舒適，一切用品無不精美先進。

僅就居室而言，每個工廠、商店、農場都建有公寓，免費居住。下等居室是「珠璣金碧，光彩陸離，花草蟲魚，點綴幽雅」；上等居室則「騰天架空，吞雲吸氣，五色晶璃、雲窗霧櫳、貝闕珠宮，玉樓瑤殿、詭形殊式，不可形容」。公寓周圍空氣清新，無噪音無污染，花木蔥鬱。每個人都可擁有一套設備齊全的住宅，所有住宅都有空調，四季如春。室內天花板和四壁繪有各種花卉人物，栩栩如生，並隨著季節的變化而變化。

此外，還有行室、飛屋等。行室是高大精美的房屋，像火車那樣，在大軌道上行走，隨意開往各海濱湖畔、山麓林野等旅遊聖地。飛室就是房子可以像飛機那樣隨時飛往各處。大同社會還特別重視醫療保健，人們每年都要檢查一次身體，醫術日精，進食日妙，人壽日長，由一、二百歲漸至百數千歲。

在大同社會，做爲社會細胞的家庭將被消滅。因爲家庭是一切苦難的根源，也是阻礙社會進入大同之世的最大障礙：各家教化不一，傳種多惡，人性不能盡善；養生不一，疾病者多，人體不能健康；貧富不一，不能受同樣教育，人格不齊不具；各私其家，不能天下爲公；有家就有牽累，心術必私，奸詐盜僞貪污之事必生，人性必惡；各私其家，不能實現公產，無從養全世界之人，則多貧窮困乏之人；各私其家，不能多得資金而辦公益事業；其他如夫妻反目、兄弟爭怨、一家之人相互牽累等都是致苦之源，因此破除家界、男女平等、各自獨立是實現大同之治的先決條件。

在大同之世，婚姻完全以愛情爲基礎，男女相愛，即可到當地的媒氏官處領取信憑，訂立「交好之約」。婚約長爲一年，短不少於一個月，感情好者可以續約。兩人的結合不是組成家庭，雙方無財產和人格上的依附關係。原來由家庭擔負的教養子女、贍養父母的責任，全部由社會承擔。社會關係變爲個人與社會的關係。一個人從生到死，都由公政府養之、教之、恤之，公政府有一整套的公益機構爲各類人群提供服務。凡孕婦皆入人本院實行胎教，大同之世最重胎教，最敬孕婦，孕婦是代天生人，爲衆生之母，在起居、飲食、娛樂等方面都享有最好的待遇，以期種性改良。墮胎為人種所關，是大同社會絕對禁止的。

嬰兒出生後三至六個月進入育嬰堂，教養之責全由政府擔任，不與父母發生關係。其後依次入慈幼院、小學院、中學院、大學院，每個青年都要接受高等教育和專業技術教育，以便服務社會。六十歲以後入養老院，享受晚年生活的快樂。人死送考終院安葬。病者有醫疾院，貧者有恤貧院。這樣一個人從生到死都由社會安排，從屬於社會，不再有家庭之累，也不會有私念之牽，因而能夠充分享受人生的極大快樂。

大同之世無疑是令人神往的美好社會，那是一個人間樂園，人人都過著快樂無比的生活，也許那就是人類社會的歸宿，是歷代聖哲先賢和教主們苦苦思索的救世藥方，也是芸芸衆生們企圖擺脫現實痛苦而夢寐以求的理想世界。

不論大同社會的方案有多少缺點和不足，離現實多麼遙遠，通向大同之世的路如何難走，空想成份多麼濃重，大同之世所展現出未來人類社會的美好前景，和由它所表現出的人類美好願望都是值得珍視的。至少它所表現出的願望是善良的，是一種至眞至善的追求，是對美好事物的嚮往。只要不是用現在的標準去衡量它，用嚴密的邏輯思維去評判它，都會贊成大同之世的偉大構思，肯定它的巨大思想價值，突破它的幻想外殼，我們會看到其中所蘊含偉大的思想火花和天才的思想萌芽。即使是幻想，也是人類社會的專利，人類若丟掉幻想，無疑等同其他生物，人類需要幻想，更需要偉大幻想、天才幻想。

康有爲的思想翅膀在大同之世的理想空間裡縱橫遨遊一段時間之後，不得不沈重地落回到現實的土地上，《大同書》剛劃上句號，他和小家庭就陷入了窘境。先是弟子梁啓超、歐榘甲、韓文舉等紛紛放棄保皇主張而傾向革命排滿，保皇會中的華僑也多言鐵血革命，這等於是背叛保皇宗旨，更是對恩師的不大恭，害得康有爲惶駭不止，不得不動用恩師的權威去維護保皇旗幟。兩封長信表明了他的堅定立場，〈答南北美洲諸華商論中國只可行立憲不可行革命書〉和〈與同學諸子梁啓超等論印度亡國由於各省自立書〉說道：革命萬萬不可，那是血流成河的事情，革命只會招致亡國，社會發展循序漸進，君主立憲才是濟世良藥，若捨保皇而言革命，就對不起仁聖的光緒皇帝，就是恩將仇報，就是不仁不義，不忠不孝。

他又是勸說又是威脅，使盡渾身解數，終於迫使弟子們重回了保皇的路上。雖然弟子們不再談論革命之事，但光緒復政的希望是何等渺茫啊！「大吉山頭住一年，中原側望總淒然。」回望故國，不禁悲涼。自己身處絕域，年華催老，雄圖空嗟，回天無力，每念君親，淚雨紛紛。「雁來書信無憑，路遙歸夢難成。離恨恰如春草，更行更遠還生。」瀛台路迢迢，易水風蕭蕭，神州空望，禹域難回。這種惆悵和悲憤隨著紛紛揚揚的須彌雪飄然而來，而且愈積愈厚。直到皚皚白雪阻斷了他與外部世界的聯繫，他的悲戚之情也變成一種悲壯和絕望。「囊餘十四錢，自分溝壑委。峨峨須彌雪，天半橫峻峙。望岳歌採薇，金石吟擁鼻。英雄方時來，霸王自高視。丈夫慣餓死，傭保亦何恥。」臥病絕糧，雨雪紛飛。

在他山窮水盡的時候，多虧愛妻梁隨覺的體貼溫暖，才使他稍得安慰。梁隨覺一路跟來，領略過不少異域風景，也享受過待以貴賓的禮遇。但同時吃了不少苦頭。旅途奔波的勞累，絕域異鄉的陌生，萬里飄泊的悽惶，她都得忍受。大吉嶺剛有些家園之樂，遂又遭喪子的打擊。與康有爲的姻緣本是爲生兒育女，可生死相依的經歷使他們的姻緣具有特殊的意義。

大吉嶺的日日夜夜，他們患難與共，甘苦同當，經受了一場生死考驗。這裡偏僻閉塞，生活清苦，全靠梁隨覺精心調理，安排一切，康有爲才得以安心地遁入他的理想王國。在康有爲最爲苦悶的日子裡，梁隨覺常拉著他到風景極佳的地方走動，幫他解悶消愁。在「大雪壓廬採薇盡，亂雲蔽壑擁床眠」的時刻，梁隨覺鎮定自若，反覆勸慰丈夫，並在生活上想盡辦法，勉強維持。在內心裡，她也做好了陪丈夫赴死的準備。獲救後，夫婦倆相顧無言，唯有淚雨千行。他們都爲患難眞情而感動，爲絕處逢生而激動。

一九〇三年春，梁隨覺再次懷孕，爲了保住腹中的胎兒，也爲了胎兒順利分娩，還爲了久遊思歸的鄉情，更爲了東山再起的機會，康有爲決定離開印度，取道回港。當時康有爲久處絕域，思親念母，哀時感世，心情愈益沈重，加上差點餓死的經歷，很想離開這個地方。梁隨覺懷上六甲後，就更不願待在這裡。恰在此時，康有爲得知后黨核心人物榮祿死去的消息，估計國內政局有變，是一個東山再起的機會。榮祿是戊戌政變的主謀，維新派都栽在他的手裡，榮的死無疑使康有爲等大出一口惡氣。

至此，康有爲久久壓抑的心情得以舒展，小家庭又有笑聲。烏雲忽散，孤月將圓，一種久未有過的輕鬆愉快感覺掛在一家人的臉上。「逍遙遊去也，故國整歸鞭。」於是他們整理好歸去的行裝，辭去英人的保護，離開印度，一路漫遊，經緬甸、泰國、爪哇、越南等，於這年的十月回到香港。正當一家人爲久別重逢而高興時，梁隨覺又爲康家生出一個女兒，即康同復，雖不是男孩，但全家人還是爲再添人口而欣喜。

一九〇四年春，康有爲再攜梁隨覺環遊世界。梁隨覺可謂是近代中國女界見識最廣、去過地方最多的人之一。亞、歐、美主要國家和地方都留下了她的身影。在義大利，她與康有爲一起遊龐貝古城遺址，觀維蘇威火山，看羅馬鬥獸場，逛古廟，參觀博覽會、大學和議院。在法國巴黎，她登上艾菲爾鐵塔，俯瞰巴黎，遊羅浮宮博物院，慨瑰寶異器之多。在德國，遊威廉第一故宮，憑弔萊因河古戰壘。在美國，訪華盛頓故居，遊黃石公園。其他如黑海泛舟，看紅海月出，巴黎觀劇，紐約看樓，遊倫敦，過丹麥，走瑞典，去挪威，到埃及等，不斷地往返歐美、南亞之間。據說在歐洲國家中，他們唯一沒遊歷過的國家就是俄國。康有爲非常崇拜彼得一世，很想去俄國一遊，但得知俄國政府想結好清廷，準備康一入境，就將其拘捕，引渡給中國，因此沒有成行。

康有爲夫婦倆相依爲命，萬里飄泊，或海濱步月，或依窗話舊，或拾石弄水，或對酒當歌，或風餐露宿，有苦亦有樂，嘗盡人間的酸甜苦辣。在康有爲的影響和薰陶下，梁隨覺的文學水平很有長進，常常和康有爲唱和對詩，吟月誦梅，別有樂趣。

一九〇六年，梁隨覺在瑞典生下七女同環，歐洲倦遊思歸，於是康有爲帶著小家庭於一九〇八年八月經地中海泛舟印度洋往檳榔嶼。船在印度洋中，康有爲佇立船頭，俯仰平生，感懷萬端，寫出〈人間〉詩二首，頗有佛家「頓悟」意蘊，詩中寫道：

人間不如意，情愛造因微。歡喜生煩惱，功名有是非。青山且面壁，明月自漁磯。宜釋冤親否，安心是所歸。

泛舟渺無住，現世亦多更。癡怒猶人相，盈虛觀我生。菜從肉邊煮，藕自淤中橫。無礙蓮華色，清涼自火坑。

船到檳榔嶼後，小家庭在這裡住了下來。這裡是他們經常落腳的地方，康有爲在這裡籌劃過勤王大業，也在這裡留下過痛苦的回憶，小家庭剛安頓下來，康有爲就從香港接來母親，母子他國重逢，無比高興。不久，梁隨覺生下兒子同籛，一家人歡天喜地。康有爲更是一掃往日的悲觀傷感，後顧無人的愁思也煙消雲散。五十歲得子，激動的他有些不知所措。勞太夫人更是萬分欣慰，爲紀念這一歷史時刻，康有爲特意將寓所命名爲「南蘭堂」。這年的年底，勞太夫人和將要臨產的康有爲第三夫人何旃理也一同回港，一九〇九年正月初四，何旃理生下兒子同凝。兩個月不到，康有爲連得二子，實爲大喜過望。

不過就在他連連得喜的同時，突然得知光緒駕崩的消息，猶如五雷轟頂，萬箭穿心。光緒帝對他有知遇之恩，他的命運、事業和一切希望都寄託在光緒帝的復位上，光緒帝活著，他就有希望。如今光緒帝駕鶴西去，他的保皇大業也就付諸流水，一切希望歸於破滅。一九〇八年除夕之夜，康有爲獨自一人來到海邊，北望故國，灑酒祭奠光緒帝之靈。感懷思舊，愴然淚下，兩首感懷詩最痛切地表達了他對光緒帝的思念：

鼎湖龍去只號天，南海波臣泣墜淵。大業未成殂中道，驅驅莫效感終年。
孤忠永憶橋山劍，末命哀傳玉几篇。慘澹明良何代事，蕭條宇宙一泫然。

十載周遊大九州，戊申戊戌一春秋。孤臣死罪慚衣帶，國步艱難累冕旒。
斧扆尚思天北極，玉棺競降殿東頭。歲闌絕海看濤雪，追念維新涕泗流。

得子的欣喜和失君的悲痛交織在一起，使康有爲哭也不得，笑也不得，但如果不是兩個兒子降世，他也許會被光緒帝的死訊擊倒。帶著這亦悲亦喜的複雜情緒，他和他的小家庭又踏浪遠行，再遊歐美。

一九一一年冬，康有爲在日本須磨，聽家人來信說，籛兒長得很像他，活潑可愛，逗得一家人樂不可支，老祖母非籛兒不歡，而且已經會背三十多首詩詞。這使得他激動不已。五十得子已是甚幸，如今後繼有人，青箱可託，可惜自己不能盡人父之責，遂寄玩具汽車一部，並賦詩以記。

籛兒吾所愛，五十子生初。風骨凝端秀，神明得靜舒。嘉名得延壽，佳氣喜充閭。隔歲方摩頂，吾家得貳儲。老天顧似我，大母最憐渠。戲彩為天舞，含飴送月諸。甫行騎竹馬，學語賣漁魚。嬉喜多陳俎，追隨解整裾。讓梨呼姊弟，懷桔落庭除。犢舐情傷老，牛牽齒折予。豈唯覓棗栗，頗知解文書。誦我詩三十，知人數百餘。大賢猶望汝，天意可從余。驥子好非癖，哀師嬌不如。傳宗識麟風，鄰舍別龍豬。欲以青箱託，深驚白髮疏。逋臣猶瑣尾，愛子竟離居。顧復何從及，殷勤亦兄且。他時學禮過，猶望帶經鋤。所愧為人父，飛行寄汽車。

「大賢猶望汝」，「欲以青箱託」。他希望兒子能保持康家的文化傳統，並發揚光大，甚至超過自己的作爲，成爲「大賢」、「大儒」、「大有用於國家的人」。同時從詩文中也可看出他濃濃的舐犢之情，愛子之意。據說他對同籛、同凝二子疼愛但不溺愛，有些時候還相當嚴厲。每月給孩子零用錢，都是女兒五元，兒子二元，從不因是男孩而特別照顧。

母以子貴，因梁隨覺生了同籛，加上她與康有爲海外患難的經歷，牢固地樹立了她在康家的地位。妾的身份漸漸模糊，並在回國後成了事實上的康家內掌櫃。張雲珠年事已高，精力有限，其他幾個妻妾又太年輕，沒有說話的份兒。因此在定居上海後，家務事多由梁隨覺處理。一九一七年因張勳復辟事，康有爲躲在北京美國使館中的美森院裡達五個多月，是梁隨覺風塵僕僕到北京去探望他，送來溫暖和關懷，免除了康有爲不少寂寞和難堪。康有爲在外有事要辦，多是囑梁夫人辦理。

從一八九七年梁隨覺嫁到康家，至一九二七年康有爲去世，他們攜手並肩，相濡以沫，走過了三十年的風風雨雨，稱得上是患難夫妻。其間，梁隨覺雖有過失望和誤解，嘗過受冷落的滋味，但更主要的還是心心相印，相互理解和相互關愛。據說，康有爲去世時，留給妻子兒女的一身債務，後事由梁夫人料理，她賣掉住宅，還清借款。她還是個有心人，對康有爲生前的一紙一字都珍視愛護，蒐集和保存了不少康有爲的信札手跡，成爲瞭解康有爲晚年生活的重要資料。後梁隨覺隨子同籛移居台灣，一九六九年去世，享年八十九歲。

觸我慧想度愛河

一九〇七年三月中旬的美國西部非士那地區，春意正濃。一個風清日暖的下午，非士那市劇院的演藝廳裡不時傳出雷雨般的掌聲，數千人的演藝廳座無虛席，不過他們不是在觀看演出，而是在聽一個激動人心的演講。只見前台上一位中等身材、器宇軒昂的長者正聲若洪鐘地講述救國主張。他那天賦的演說才能，深入透徹的說理和富有感召力的言辭，激起聽衆的強烈共鳴，不時贏得陣陣掌聲。整個演講跌宕起伏，場面熱烈。

這位天才演講家正是康有爲，上個月初，才攜女兒同璧和梁夫人從英國利物浦來到紐約。農曆二月初五恰好是他的五十大壽，弟子同人及各地憲政會員紛紛爲他祝壽請安。自從與革命派展開論戰以來，他就不遺餘力地宣傳君主立憲主張，在華僑中頗有影響力。他應邀到美國各地演講，每次演講都獲得巨大成功。他又乘勢發動歐、美、亞、非、澳五洲二百餘埠的中華憲政會的華僑向清廷上書請願，由自己起草文稿，要求開國會、遷新都、除漢滿、練海軍、改民政、造船、牧馬、製鐵、鑄械等，以圖自強，從而表達了海外立憲派的主要立場。

三月中旬他來到非士那。一場慷慨激昂的演講，除了贏來華僑的一致歎服外，還贏得一份意想不到的愛情。原來他在台上滔滔不絕地演講時，台下有位十七歲的姑娘正瞪大眼睛，聚精會神地聽講。她時而起勁鼓掌，時而肅然敬聽，時而又熱淚盈眶。她深深地爲演講者的儒雅風度、深邃思想和淵博學識所折服。她就是何旃理，一個當地華僑的女兒。演講結束後，何旃理直接找到康有爲，請求約時詳談，康有爲慨然應允。就這樣，一次偶然的相遇，一個短暫的接觸，釀成二人的一段生死情緣。

何旃理，又名何金蘭，英文名Lily，一八九一年生於美國非士那一個種植園主的家庭。父親是華僑，祖籍廣東開平，很崇拜康有爲，常在家裡懸掛康有爲像，並經常給子女講康有爲戊戌變法的故事，孩子們對康有爲十分景仰。在這位老華僑的十個子女中，女兒旃理最爲出色。她聰明美麗，能歌善舞，從小受到良好的教育，通曉四種語言，熟悉中國文化，更兼有一顆赤子之心。當她聽說康有爲就要來非士那演講時，很是興奮，她想一睹這位偉大人物的風采，聆聽他的救國高論，於是風塵僕僕地跑了幾十里路程，去聽康有爲演講。一場演講下來，康有爲的形象在她腦子裡揮之不去。百聞不如一見，自從第一眼見到，她就更加崇拜這位了不起的人物，不僅如此，她的心也被康有爲的風度、文辭和才學所征服。經過幾次單獨交談，兩人都有相見恨晚之慨。

何旃理性格開朗，熱情奔放，又生長在思想開放的美國，時興自由戀愛，她毫不猶豫地向康有爲表明自己的愛慕之心。這支迅速射來的愛情之箭，著實讓康有爲大吃一驚，他沒一點心理準備，再說自己已有兩位妻子，又到了知天命的年紀，若再娶妾，是否合適？別人會怎麼看？但他不能不爲她的天生麗質和熱情浪漫所動心，特別是那深情脈脈的眼睛，洋溢著青春氣息的面龐，灑脫自由的氣質和見多識廣的涵養，更使他心跳不已。他終於無法撲滅心中的愛情火苗，不自覺地當了愛情的俘虜。

多年的海外生活，耳濡目染外國的鄉風民情，容易使他掉進愛情的「陷阱」；政治上的失意，事業上的打擊，也容易使他放縱自己的行動。也許是天意安排，康有爲的生活需要愛情花朵的點綴。他學西方人的樣子，談起戀愛，而且談得那樣投入，那樣如癡如醉，連康有爲本人也莫名其妙。「卿生美洲非士那，我生亞洲南海波，渺爾風馬牛不及，何因相遇附女蘿。辛卯我刻《僞經考》，卿乃墮地生之初。卿年十七我五十，豈意婚後耶輪羅。」這也許就是人們常說的「緣分」吧。有緣千里來相會，無緣對面不相逢。緣分會超越時空界限，不計年齡差異，把兩顆眞誠摯愛的心連在一起。

兩人花前月下，海誓山盟，康有爲離開非士那後，他們就鴻雁傳書，傾訴衷腸，不到半年時間就寫了百封情書，滾燙的語言連著滾燙的心，兩人已無法分開。這年的十月份，康有爲將要離美赴歐，雙方挑明關係，決定結爲夫妻，要做天上的比翼鳥，做地上的連理枝。於是兩人分頭行動，各自說服家人。何旃理把自己的打算告訴給爹娘時，爹娘直翻白眼，差點兒被氣死。但他們最疼愛旃理，抵不住旃理的軟硬兼施，無奈之餘答應了這門親事，但要求康家要明媒正娶，公開場合何旃理應以夫人身份出現。康有爲這一邊，康就是家長，在家裡說一不二，大夫人、二夫人就是有一千個不滿意，也奈何不了他。

兩人的婚禮如期在美國舉行，雖然簡單，但很莊重。康有爲的堂弟康有霈當時在美國，參加了他們的婚禮。婚後兩人比翼雙飛，舟車偕行，航海梯山，問學議政，須臾不能分離。可憐梁隨覺被冷落一邊。

也許兩人的不同文化背景及由此反映出的不同文化薰陶，在他們相處時最易產生思想火花；也可能是康有爲平易近人的風格，待人以誠的態度，最適合何旃理的心理需要；也可能是康有爲乾脆果決的個性、敢做敢爲的魄力，和重感情不重現實的浪漫主義情懷，最易引起何旃理的感情共鳴。而何旃理熱情開朗的個性、潑辣大膽的舉止、充沛的青春活力，使康有爲煥發出一種從未有過的生命激情，也使他找回青春永駐的感覺；至於何旃理的語言天賦、琴棋書畫方面的才藝、能歌善舞的特長，則滿足了康有爲做爲領袖人物的社交需要，使他有一種如虎添翼、如魚得水的快意。有這樣一位才貌俱佳、色藝雙全的妻子陪伴身邊，康有爲感到得意、滿足、愉快和興奮。如果說張雲珠是糟糠之妻，梁隨覺是患難之妻，何旃理便稱得上是紅粉知己。

從康有爲飽蘸激情的詩作和夫婦倆的浪漫之旅中，人們可以感覺到兩人的結合是多麼完美，他們在一起時又是怎樣的眞情投入、激情澎湃。在瑞典，他們泛舟稍士巴頓湖，清歌水暖，漪濤低唱，水光之美和歡愉的心情交融在一起，化作層層愛情的漣漪伴著船棹的搖動，佔滿整個湖面。在瑞士，他們登上離奇峰峰巓，遠望群峰，峨峨昂首，雪峰刺青天。俯視山腳，雲橫如帶，霧濃如海，雪峰霧海，景色奇絕。他們眞的到了瓊樓玉宇，享受著天仙般的待遇。在檳榔嶼，他們在南蘭堂後望海。「冥冥海浪草青青，椰葉松絲垂草亭。茗罷打球當晚步，相攜望海酒微醒。」有時他們也繞行檳榔嶼，觀山望海。「遊山觀海醉酒，臥簟聽歌夢醒。簾影燈影花影，浪聲蛙聲蟲聲。」望海與醉酒，花影與燈影，浪聲與蛙聲，相應成趣，別有意境，他們陶醉在和諧美妙的良辰美景裡。他們也常常帶著小寶寶同凝漫步在海邊沙灘或林蔭草地，看著孩子在地上滾爬，其樂無窮。「沙上兒嬉不歸去，晚蟲唧唧晚煙低。」他們不一定都是歡歌笑語，也有愁思，有傷懷，但他們的心永遠貼在一起。

一九一〇年立春那天，康有爲校定完他的詩集，攜旃理來到海邊，想放鬆一下連日來緊繃的神經，他們倚亭欄望海，但霧雨迷濛，擋住了視線，困頓加上陰沈的天氣，不免淒然感懷。「淒迷山海霧冥冥，校罷新詩似夢經。獨有朝雲陪寂寞，茅亭賞雨倚雲聽。」有些時候旃理也會望海思家，想念遠方的親人。特別是秋天樹葉凋零的時候，更易觸發人們的愁思。「木葉亦已隕，秋風昨夕生。繁花紅萎地，茵草碧連城。搖落仍生意，蕭條對晚晴。漸看華月上，萬里共圓明。」一九一〇年除夕傍晚，他們漫步在新加坡的海濱沙灘，夕陽殘照，雲物淒淒，感念故國，遂生浮海居夷之感。新加坡的憩園是康有爲小家庭隱身立足的地方。這裡地勢崇隆，林木幽深，花竹嫣然，康有爲與何旃理在這裡度過了難忘的歲月。

一九一一年二月的一個晚上，兩人水塘步月，還憩園聞木樨香氣，頓覺心曠神怡。「月明如水浸湖堤，淡淡金波煙何低。白石蓮花見燈影，紅泥檳樹送輪蹄。祖師禪意通葡萄，居士香聞證木樨。繞屋循廊光可輟，花陰樹底霧微迷。」在日本須磨，康有爲自築新屋，取名叫「天風海濤樓」，樓前就是大海。新樓成後的一個月圓之夜，康有爲、何旃理登樓望月，月光如瀉，海風拂面，給他們無限遐想。「明明今古須磨月，夜夜飛雲送入樓。海色天容行朗朗，松聲濤浪辨悠悠。人天斂籟常盈耳，舟屋翻書笑打頭。空相音聞得清淨，烏皮幾在且休休。」

就這樣，何旃理隨康有爲遊遍「英德法奧瑞丹瑞，還居檳嶼與星坡」。後來東遊日本，「日本箱根覽絕頂，湖光瀲灩憶金波。」不僅走了許多地方，飽覽風景名勝，還「王公卿士皆習見，王宮名都皆踱摩。百國寶器與百戲，古今大觀目網羅」。可謂是見多識廣，「中國女子廿齡者，知識閱歷唯卿多」。「唯卿多」不敢肯定，但他們在一起時的無限快慰、不盡纏綿和詩情畫意卻讓人羨慕，令人感慨。

何旃理的文化素養和通曉四國語言的優勢，幫了康有爲大忙。做爲憲政黨領袖，康有爲免不了要與各界人士打交道。他往返於各國之間，出入公卿王府，何旃理緊隨左右。她既是秘書，又當翻譯，交際應酬，得心應手。每次出席宴會或接待來賓，若何旃理在場，常常是氣氛活躍，關係融洽。但也有不融洽的時候，不過多是內部矛盾。旅居瑞典時，一次康、何乘馬車外出參觀一個時裝表演，車行至半途，梁隨覺也乘車追了上來，表示要一同前往。何旃理心生惱怒，兩個夫人同時出現在公共場合，將成何體統？遂打道回府，使得一家人大爲尷尬。

一九一一年康有爲遊日本，住在弟子梁啓超的雙濤園內，師生久別重逢，分外高興。他們朝夕縱談，日相唱和，聽濤看月，其樂融融。但何旃理卻與梁啓超的太太李蕙仙難以相處。李夫人是前清尚書李端棻的妹妹，出身名門，已過不惑之年，要她禮讓小師母，確實有些爲難。而何旃理才貌雙全，見多識廣，對這位弟子的夫人也有些不以爲然，因此，每當兩個小家庭在一起時，便不免有些難堪。爲了避免這種難堪場面，康有爲只好搬到須磨去住。

何旃理爲康家生下一男一女，同凝兒生在香港，同琰女生在日本須磨。據說生同琰時，何旃理夢見瑞火入窗，隨後就生下同琰，一生下來，左足末趾就有顆紅痣，更奇怪的是她不哭不鬧，永遠都是笑臉相迎，似乎對這個世界無限嚮往。康有爲曾寫詩記述同琰的出生經過：

> 瑞火投窗入，雞鳴聞汝嘶。見人唯作笑，終日不聞啼。廣額父風似，低眉佛相齊。朱砂痣足指，未是過來謎。

或許是由於康同琰出生的傳奇色彩，或許是在她身上重現了母親的身影，康有爲晚年非常疼愛這個女兒，而康同琰也確實表現出來。悲哀的是一九二八年她在家門口過馬路時因車禍而死，死時只有十八歲。

對康有爲來說，一九一三年和一九一四年又是兩個黑暗的年份。先是他母親病逝香港，康有爲攜眷歸來，剛把母親和幼博弟的靈柩送回故里，苦命的姊姊康逸紅又於一九一四年春病故。一家人在上海辛家花園住下不久，何旃理就患急病身亡。據說她患的是猩紅熱，沒等救治就撒手人寰。一年多的時間，連遭三喪，都是至親至愛的人。康有爲外憂國事，內愴家難，五內俱焚，肝腸寸斷。尤其是何旃理的去世，對他是最沈重的打擊。七年來他們朝夕相處，形影相伴，剛剛踏上祖國的土地，就天上人間成了永訣，臨終不曾留一言，未曾作一語，終年僅二十四歲。生病前她正準備回美國探望雙親，卻不想成了永遠的遺憾。康有爲撫棺長慟，傷心欲絕。

在何旃理去世後的一段時間裡，他茶飯不思，精神恍惚，一天晚上，大約是何去世後的第十天午夜光景，康有爲朦朧中夢見金光滿屋，爍爍照人，突然從金光中現出一尊金身神人，身高丈許，峨冠廣披，周身燦爛奪目，不可近視。神人緩緩走到康有爲的床前，身軀變小如常人，對康有爲畢恭畢敬，康有爲睜眼細看，竟是愛妻何旃理。驚得他急忙翻身坐起，但何旃理已飄然而去。

他再也無法入睡，遂將他的千般相思凝於筆端，寫下了一首綿綿千言的愛情悲歌

《金光夢詞》，堪稱詩中佳作。雖不似白居易的《長恨歌》那樣有名，那樣感人，但也是和血帶淚的傾訴，是至眞至誠愛的表述，一字一句都是自己的眞情實感。

詩中寫道：

中宵室生白，金光耀天地。晃蕩而震爍，忽現尊神至。金身半丈六，冠帔制瑰異。金光四噴射，莊嚴難迫視。非復人世裝，但覺照眼麗。邐迤近視小，彷彿認似是。低首襝衽前，三肅向吾致。驚聞卿神耶，瞥捩寤不寐。金蕤散有無，異香留芳膩。吾神猶惝恍，真人想天際。他化與焰摩，下降偶遊戲。妙光及化樂，上騰還別記。諸天多天女，豈卿能自記。金光別世界，或彼佛來暨。胡不樂天上，墜向人間試。濁世塵苦辛，女身苦甚矣。何以不畏來，又不且長住。或者已得度，不染亦不避。為何不帝后，為何不將吏。為何不牯牛，為何不囚隸。為何不貴冑，而降位媵貳。海外長相共，歸國去何以。與我何因緣，為有業報蒞。天女多凡心，卿或不謹此。匆匆廿四年，鬱鬱想謫置。凡心為兒動，降貶不赦爾。目下兩淚痕，累卿煩惱備。今茲超度去，可還本來位。命終生兜率，示現見茲例。人間共七年，天上七日耳。空中打磨陀，曾何足計只。醫藥竟致誤，永訣從此已。卿生美洲非士那，我生亞洲南海波。渺爾風馬牛不及，何因相遇附女蘿。辛卯我刻《偽經考》，卿乃墮地生之初。卿年十七我五十，豈意婚後耶輪羅。生長園圃娛花木，從我汗漫遊娑婆。英德法奧瑞丹瑞，還居板嶼及星坡。王公卿士皆習見，王宮名都皆蹠摩。百國寶器與百戲，古今大觀目網羅。受學美國妙才慧，窈窕來媵宜室家。寫畫鼓琴用娛悅，誦詩習禮善舞歌。晚居日本櫻花鬧，東西京俗頻考邁。日光箱根覽絕頂，湖光瀲灩憶金波。其年四國之語通覶譯，請教之旨識別差。贊吾改制商立教，靈魂不死信無訛。現身數奇雖短識神永，人間閱盡留無他。中國女子廿齡者，知識閱歷唯卿多。神我，業，緣既已了戀復那。彌留神識完清定，但言容毀失山河。一子一女亦緣忘賤貴，謫世命受聽偏頗。瑞典惱怒有他意，當是他業同發科。吾喪我者還猶發狐裘與姪荷。未嘗一言囑子女，須臾目瞑歸山阿。緣盡即行不少眷，來去無滯豈有渣。昔言地獄亦可入，今茲天界可散華。萬華七寶光爛爛；妙嚴世界逾恆沙。吾乃文度多傷者，觸我慧想度愛海。薰此億劫聞聲聞，證他世界婆伽婆，偶來閻浮下臨睨，哀我眾生度楞伽。雖現此身不垢淨，吃肉邊菜其無訶。不離淫癡仍作業，可有來生安樂窩。顯示淨土豈見導，神遊諸天意雲何。華嚴妙證現彈指，非非想入吾所家。

康有爲把何旃理比作天女，或許是因爲他對愛妻的完美形象無法解釋清楚，只有天上的仙女才那樣高尚完美。他寧願相信妻子就是天女下凡。也許他眞的以爲妻子就是天界仙女，月中嫦娥。不然怎麼會來去匆匆，「緣盡即行不少眷？」又怎會託夢來看，「異香留芳膩？」

何旃理生前所畫的國畫多有康有爲的題詩，思念正苦的時候，看看遺畫，也許會得些安慰，每次翻撿遺畫，遇上沒題詩的畫面，重新題上，以此抒發他綿綿不盡的思念之情。

天女化為舍利弗，本無障礙女男身。散花究竟涅槃覺，學書初學衛夫人。
發願為吾全寫詩，畫樓春暖日臨池。空將十紙摹梁鵠，留與家書説衛漪。
魚山學行覃溪筆，留得書丹在我家。不寫簪花傳化度，自然高渾發清華。
月霣風寒注逝川，去年此夕奈何天。房櫳久閉塵凝簟，書畫搜遺墨滿箋。
兒女悲啼倚燈下，形容綽約步階前。更無入夢腸空斷，且費扶鸞問散仙。
智師一字五萬錢，千字文無人間煙。旃理臨之冰雪仙，忽思纖手拂箋年。
濃豔凝香帶葉妍，粉痕墨暈態猶鮮。而今落盡殘紅後，讀畫題詩更惘然。
一枝濃豔發遺香，剩粉殘箋空斷腸。色相華嚴常示現，殿將畫譜拾群芳。

每逢周祭或清明時節，康必親臨墓地祭奠，涕淚哭訴，長跪不起，直到他去世都是這樣。爲了永遠紀念何旃理，康有爲請當時的年輕畫家徐悲鴻，根據何旃理的遺照畫了一幅水彩人物像。畫面是一位少婦，身穿清代服裝，頭綰高髻，儀態端莊，亭亭玉立，楚楚動人。

一段生死戀情，一首愛情悲歌，讓人不禁灑下同情的熱淚。

9 鐘鳴鼎食之家

天游化人樂逍遙

一九一七年農曆二月初五中午，在上海新閘路十六號辛家花園的游存廬裡，觥籌交錯，歡聲笑語，一片熱鬧景象。一位臉膛紅潤、精神抖擻的長者正端坐正堂，酒興正濃，頻頻與衆人舉杯痛飲。原來這裡正在舉行祝壽活動。這位長者就是康有爲，其他人是以徐勤爲首的康門弟子。這一天是康有爲的六十壽日，衆弟子早早從四面八方趕來爲恩師祝壽。聽著弟子們的祝福話語，想到弟子們二十多年追隨自己，不忘師恩，一種滿足、自豪、幸福的感覺油然而生，高興勁兒一來，難免會忘記自己的酒力，開懷暢飲起來。

花甲之年，無疑是人生的一大轉折，在元旦那天，他無限感慨，揮筆寫下了二三五韻的五言長詩，用詩的語言記述了他求學、救國、變法維新、流亡絕域、歷盡艱辛的坎坷一生。他似乎從自己的一生遭遇裡得到啓發，「人外天海闊，逍遙無歆冀。」宇宙本無量，諸天並同氣，地球不過是宇宙中的微塵芥子，何況一國一地呢？而一家一身之憂患又何足掛齒？自己的患難得失又算得了什麼？雖然自己已經變老，但浩氣依然壯厲，赤子之心尚稚，置身無窮無盡的宇宙中，不憂亦不喜。雖然江海浩蕩，人事難定，而悟得天人之理眞諦的人自會從心所欲，遊戲其間。但事實上，他仍沒有破絕樊籬，一心想著復辟清室和虛君共和的主張。

就在他剛過完六十大壽的數月之後，就急切切地跑到北京參與張勳復辟一事，被廢的小皇帝溥儀又登了基，復了位，他卻被張勳一幫人排斥在決策機關之外，僅得一個弼德院副院長的虛銜，虛君共和的主張自然沒能實現，更糟糕的是復辟失敗，他成了新政府通緝的復辟主犯，害得他待在美國使館裡半年不敢露面。不過經這樣一番折騰，康有爲清醒許多，感覺自己眞的回天無力，不如避開這紛爭的世界，找一塊清涼淨土或湖山勝景，築室營家，忘卻煩惱，好好地享受人生，安度晚年。「老經憂患將忘世，一室經營卻掃除。」於是他開始對房地產發生興趣，幾年內就營建了數處宅院，「日攜婦子步蒼台」，「潛存獨樂始於今」。過著一種不同於以往的逍遙自在生活，眞的開始了他的人生轉折。

戊戌變法以前，康有為在廣州有兩處宅院，一是他曾祖康雲衢留下的雲衢書屋，再一處就是他自建的花埭別墅，政變時被抄沒。海外流亡期間，曾在瑞典首都近郊的南湖買得一島，曰「避島」，築室曰「北海盧」，準備長期隱居於此，但終因心念祖國而沒有隱居下去。辛亥年間，又在日本須磨海邊築室曰「納東海亭」，又叫「天風海濤樓」，後遷到須磨湖邊的奮豫園，因回港奔喪而棄去。

回國後定居上海，租住新聞路十六號辛家花園。據說這個花園式住宅屬大買辦盛宣懷家，佔地十畝。園中有長橋曲廊，池塘假山；有白藤紫竹，芳草綠茵；還有七曲小橋，爛漫櫻花。兩幢宮殿式的小樓矗立其間，閟淸院、蓮韜館、聞思齋等典雅別致的附屬用房布列左右。

康有為對這座花園有特殊的情感，不僅是因為他在這裡生活了八年，也因為他與愛妻何旃理初來滬時，曾在這裡留下一段美好的時光。在補讀樓，他們夫妻倆，還有女兒同琰常常席地而臥，很是隨意自在。而他也常常把買來的書籍隨便堆放，結果滿樓上下都是書。「買書漸擴百城富，席地原無一物留。」他們原本計劃在這裡住一個月，再東渡日本。可能是因為這座花園太美，使得一家人不忍捨去；也可能是倦遊思鄉，不願再離開祖國，留在國內會有更多的事情要做。他們終於沒有東渡，在這裡一住就是八年。

這裡有何旃理的臥室，甲寅年臘月，何在這裡去世，從那時起，何旃理用過的那個房間的房門就再也沒有打開過，一閉就是七年。也許康有爲怕驚動愛妻長長的睡夢，也許他怕觸目傷感，不能自已。「最是月明懷錦瑟，凝塵閉閣費思量。」正因爲愛妻長逝於此，才使康有爲對這裡有了永久的懷念，永遠的記憶。

花園雖好，畢竟是租來的，不能長此居住，更不能傳給子孫。於是康有爲決定自築新宅，遂於一九二〇年春買下上海愚園路的一塊地皮，第二年春天一座精心設計、佈局巧妙、環境優美、用工考究的花園式建築群落成。花園佔地十畝，鄰街爲左右兩座西式樓房，主樓爲一座中式兩層樓，名叫「延香堂」。故鄉蘇村有「延香老屋」，那是祖父康贊修爲紀念孫子康有爲出生而特意命名的。如今再延書香的任務該交給下一代了，因此說「延香堂」的命名既是對先輩囑託的交代，是對康家傳統的繼承，也是對後世子孫的一種囑託，一種期望。

延香堂是用來供一家人居住的，樓下還有一個大客廳，可以在此舉行不小的舞會。庭院中間是一座「三本堂」，專門供奉昊天上帝、孔子和康家祖先的神位，也叫「神廳」。康有爲認爲「天爲生之本，祖爲類之本，聖爲敎之本」，爲人之道當然不能忘本，因此每逢朔望，康有爲必率家人焚香祭拜。園中還有一座「竹屋」，外型像竹子做成，內爲木質結構，是供休憩和招待客人的地方。另有雇員住房及廚房、倉庫等。

非山水不能成盛景，平平的地面未免單調。於是康有爲匠心獨出，在園中間掘了一個大水塘，當然能夠划船、養魚。兩座木橋架在水上，置上橋欄，走在上面悠哉悠哉，「杖屨兩橋行醉吟」該是多逍遙！挖出的土塊也有用場，堆成假山，植上花木，築上茅亭，更是別有意境。「半起河山橫域內，樂回日月入房中。」廣植花木也必不可少。僅櫻花樹就有四百餘株，而且是泊自日本。桃花樹數百株，紅梅數十株，其他如梨樹、海棠、葡萄、紫藤等木本植物，以及牡丹、芍藥、杜鵑、玫瑰、菊花等花卉應有盡有。僅這些還不夠有趣，天上飛的、地上行的、水中游的孔雀、鹿、猴、驢、金魚等也榮幸地被請進了康家大院。用康有爲自己的話形容是：

滿園花放醉泥人，桃杏梅櫻百樹春。豔豔紫荊霞散錦，皚皚棠棣，雪飄茵。杜鵑啼雨彌多怨，蝴蝶迎風別有神。家國感傷逋客老，林池春夢物華新。

這個漂亮的園林住宅，自然令人陶醉。「自在天游入非想，默存獨樂始於今。」有趣的是，他給這處宅第起了一個好聽的名子，叫「游存廬」。晚年他自命天游化人。天游化人是馳騁於九天之上、徜徉於寥廓之間，心遊物外、欲念甚少的人。心與天游的人懂得諸天無量，人生在地球這顆星球上，等於是生在天上，就爲天上之人。天天作天游的人，目睹諸天的無量無涯，再來俯視人間，就像是南柯蟻國一樣，心胸自然開闊。這樣一來，身家之憂、天下之憂、現世之憂和未來之憂渙然冰釋。千秋一瞬，山嶽一丘，欲念既少，身心泰然，方寸平和，福在其中，無物攖心，這才是天游的眞諦。

康有爲人生的最後幾年多是在游存廬度過的。雖然他也經常到外地旅遊或到杭州、青島的別墅住一段時間，但游存廬是他的根據地。

在這裡，康有爲的身邊集聚了爲數不少的人口群體。有據可考的妻妾有六人，六人中何夫人、張夫人去世得早，其他四位是常住人口。子女方面，收養的和親生的共有十人，除了同薇、同璧等出嫁外，都需要康有爲扶養。其親屬人口還是小部分，多數是親眷故友、門生黨人。流動的食客少者十餘人，多者三十餘人。加上家庭雇員四十人左右，估計康家的常住人口達六十餘人。據康有爲的兒媳龐蓮說，康家四天就要吃掉一擔米，採購食品時，要用汽車去運才行。這簡直就像一個康有爲領導的小康社會。

維持這樣一個大家庭確屬不易，不過康有爲很樂意看到這種熱鬧場面。凡門生、黨人、親友、同鄉前來做客者，他都熱情相待，若有人前來投奔，他更是來者不拒。用弟子徐勤、梁啓超的話說就是：「居恆愛才養士，廣廈萬間，絕食分甘，略無愛惜。」這正是康有爲豪爽仗義、勇於承擔責任、有恩必報、重情義不重結果的性格。

他很重親情，講責任，收養和資助了不少親友故舊。像姪女同荷、外甥游師尹、母親娘家的表親、堂弟有田等，至於草堂弟子、黨人故交若有困難，他也必竭盡全力。弟子潘若海死時曾託康有爲照顧他十五歲的兒子潘其璇，康不但收養了這個孩子，還送他出國留學，後來又成了他家的女婿。其他如何易一與康有爲交情至厚，曾在康家住十年之久，他死後，兒子何展猷就投奔到康家。大畫家徐悲鴻在成名前也曾是康家的一名食客。

有這麼多人吃飯用錢，開支自然很大，月支出少說也得二千元以上，這在當時是個天文數字。每年數萬元的花費從哪兒來？康有爲很有賺錢的本領。回國時，他曾帶回一筆憲政會的經費，華僑和一些國內外團體及軍閥官僚也時有捐助，但僅有捐款仍不敷所用，變賣房產、倒賣地皮也是一筆不小的收入。他把政府發還的廣州房產賣掉，以所得款項在上海買進地皮，隨著地皮的不斷漲價，獲利頗豐。還有一項就是賣字營生。

康是書法大家，又是名人，前來求字者絡繹不絕，但不能白白忙著，以價論字，倒也公平合理。於是，他不斷地在各大報刊上登出廣告，明碼標價，如「楹聯四尺者二十元加一尺加二元，小中堂三尺內十二元，小條幅三尺內十二元」等等。雖然價格昂貴，但行情一直看好，月收入居然千元左右。另外，他還有古董字畫收藏與鑒賞的專長，做些字畫古董方面的生意，也能賺錢。流亡時他買過不少文物古董，若急著用錢，也會忍痛割愛出售一些所藏珍品。儘管收入不算少，但要維持自己的體面生活和解決幾十口人的吃飯問題，仍顯不足。沒錢用時，只得向銀行和私人借貸，結果常常債台高築，以致身後爲妻子兒女留下六、七萬元的債務，臨死家裡連一副棺材也買不起，還是軍閥張宗昌給了三千元，才得以辦完喪事，一代名人淪落至此，豈不慘哉！

興建在杭州西湖邊上的一天園，是康有爲晚年的得意之作。說起西湖，康有爲眞的與它有緣。戊戌變法前的一八九七年，他與長女同薇遊西湖，見「湖光山色涵幽綠」，「翠蓋紅裳蕩碧漪」，不禁爲西湖美景折服，於是笑著對同薇說，若他日興房建屋，就在這裡。時隔二十三年，康有爲果然將他的願望變成現實。一天園座落在突入湖面的丁家山上。丁家山又名一天山，故名爲一天園。站在這裡，遠看三面環山，近看三面皆水，湖山一覽，水天一色，佔盡無限風光。全園佔地三十餘畝，分內園和外園，其造景之美、佈局之妙、構思之奇，都匠心獨運。內園又叫「人天廬」，建在山頂，是一天園的主體建築，包括廖天台、天游堂和開天天室等。廖天台是觀月望遠的地方，天游堂是居住之所，開天天室則是爲看景賞花所建。「人天廬」落成時，康有爲賦詩說：

天上人間七往還，而今遊戲在人間。民生同患何忍去，木石與居猶自頑。
茅舍槿籬盤磴道，茂林修竹抗崇山。結廬人境心仍遠，呼吸通天開九關。

他描寫廖天台說：

一天山頂作高台，呼吸參廖雲四開。三面山環三面水，萬枝松擁萬枝梅。
吐吞日月南亭下，起滅煙嵐東海來。腹坦西湖抗萬户，老夫登望興悠哉。

描寫開天天室說：

高齋高抗一天山，岩壑橫臨屋四間。前作長廊花樹亞，後憑絕壁水波環。窗中列岫排青入，座上來雲虛白閑。想入諸天化人也，時從碧落數螺鬟。

山巔以下爲外園，主要有天風步虛廊、水晶域、石老雲荒館、松雲徑、飲淥亭、與木石居、桃花源等景點。園中亭台錯落，雲徑盤繞，「百松夾徑垂垂下，萬木漫山處處腴。」水晶域是「廿二玻窗三面成，俯臨絕壁倚天清。水晶宮裡生虛白，晃是天中放大明」。桃花源是「三面湖波亦半島，百株桃花又漁舟。蓬萊婀娜宜忘世，湖水漣漪渺隔洲」。若漫步園中，你會有「神遊天外」的感覺。晴日裡你坐在涼亭中，泡上一壺龍井茶，啜茗賞景，則會有飄然欲仙的感受。更有甚者，在這裡可以「山邊射虎看人猛，湖上騎驢觀我生」。往遠處看，魚躍鳶飛，煙樓影淡，湖波浩渺，錢塘如練，「豁然別自開天地，盡攬西湖山與川」。往近處看，菊芳蘭秀，荷綠桃紅，茂林修竹，步步異殊，「芳草成茵環石徑，小池噴水傍茅亭」。有此人間勝景，難怪康有爲會有「花開花落可天意，避地避世忘人間」的感慨。

一天園成了康有爲忘卻紛擾世事的樂園。他在這裡高臥湖山，拄杖徜徉。「南山中看射虎，西湖上可騎驢」，悠遊自在，超凡脫俗，儼然是神仙過的日子。若是在隆冬季節，碰上瑞雪紛飛，繞園踏雪，更是醉人。

一九二六年農曆正月初十，一天園滿天飛雪，湖山鋪銀。康有爲在外孫麥僖曾的陪同下，踏雪夜行，彷彿到了瓊樓玉宇，滿天飛雪就像是「玉龍百華舞之爾，戰罷修羅鱗甲飛」；又像是「柳絮因風起」，「琪樹瑤花墜」，剛開始他們還以爲雪月交輝，但「繞山踏雪渾無月，雪影高寒梅下人」，僅是雪影就讓他們陶醉，若是雪月交輝又該是何種遐想？

有時他帶著子女住在園中，遊湖觀景，吟月賞花，盡享自然之美和天倫之樂。特別是秋天菊花盛開的時候，在水晶域玻璃房中擺上百十盆菊中佳品，邀來衆子女品評一番，再留影拍照，更是賞心樂事。「深立花中留拓影，笑評甲乙共諸兒。」一天園是他神遊諸天、與天共語的瓊宮玉宇，是他寄情山水、樂以忘憂的世外桃源，也是他遊戲人間、逃避現實的安樂窩。

觀海上日出，聽大海潮音，賞田園月色，看海市蜃樓，無疑是感受自然之美的另一種角度。爲了感受這種自然之美，康有爲於一九二一年在上海吳淞江邊上楊樹浦又建造了一座別墅，名叫「瑩園」，雖然簡單，但也別有韻味。在他的〈新築別墅於楊樹浦臨吳淞江〉一詩中寫道：

白茅覆屋竹編牆，丈室三間小草堂。剪取吳淞作池飲，遙呑渤海看雲翔。
閉門種菜吾將老，倚檻聽濤我坐忘，夜夜潮聲驚拍岸，大堤起步月如霜。

可見這是自然之美的另一種圖景。月夜如霜，倚欄聽濤，潮聲拍岸，畦田種菜，這該是多麼美妙、多麼愜意啊！

一九二三年六月，康有爲重遊青島，感覺自己像是「重入仙山畫裡來」，立刻就迷上了青島，很想在這人間仙境裡找塊立足之地，以便能常來常往。正巧青島地方長官招待他住在德國人統治青島時期所建的提督樓內；後來由借住變成租住，再由租住變成購買。他看中了這座樓的位置，面臨大海，可海濱漫步，可觀海聽濤，還可盛夏避暑。而且「園極大，價極少」，等於是半買半送。在寫給家人的信中他又說：「青島此屋之佳，吾生所未有。加以有大學辦，吾欲在青島辦之。」有大學可辦，有佳屋可居，豈不是兩全其美。得此佳屋，他暗暗欣喜，很快將這一喜訊告訴女婿麥仲華及諸外孫。在〈得青島德舊提督樓賦示曼宣婿及諸孫〉詩中說：

截海為塘山作堤，茂林峻嶺樹如薺。節樓舊日莊嚴地，今落吾家可隱棲。

康有爲得此佳樓，還有些傳奇色彩。傳說以前有幾個督軍之類的大人物住過這樓，都死於非命，因此這裡被認爲是「凶宅」，無人敢住。康有爲擅長看風水宅相，經過一番察看，得出結論是宅地犯了「白虎啣屍」的格局，只要變換格局，重新修整，就能逢凶化吉。

他自信能夠鎮住「凶宅」，加上天生大膽，於是毫不猶豫地買下此樓。他在園中加蓋了一座房舍，又添植了不少花木，一番修整之後，一座典雅秀麗的濱海別墅呈現在眼前，他給這裡起名叫「天游園」。天游園、天游堂、天游學院、天游化人，看來他眞的想做個「天人」。

比較上海與青島兩地，他覺得青島更適合家居。「青島氣候佳甚」，盛暑不熱，遠遠勝過上海，「滬無可留戀」，而且青島物價便宜，花費自然較少；更主要的是他想在青島辦一所大學。他準備把上海的房屋賣掉，遷到青島來住；還準備把大女兒家的幾個外孫接到青島讀書，再給大女婿在青島謀一差事。終因大學沒辦成，又留戀西湖的一天園和茅山墓地，才沒有如願。但他常帶妻妾們來這裡避暑。

好像他命定與青島有緣，在人生最後的幾年中，他看中了青島。生前長居於此的打算雖沒有實現，但卻永眠於此。他最終沒有鎮住「白虎啣屍」的宅相，在剛剛過完七十壽辰之後，就在天游園裡與世長辭。因而神秘的提督樓更加神秘，而他的死也成了不解之謎。

一九二七年三月八日（農曆二月五日）是康有爲的七十壽辰，他原擬在濟南舉行祝壽活動，後來還是改在上海游存廬裡舉行。就在壽辰的前一天，徐勤的兒子徐良由天津抵滬，送來廢帝溥儀的御筆「嶽峙淵清」四字匾額一幅，玉如意一柄，以賀康有爲七十壽辰。康有爲當即恭設香案，望北叩謝天恩。皇上能想著臣下，賜匾爲壽，豈不是天恩浩蕩？怎不令臣子感激涕零？

一陣激動之後，揮筆寫下了洋洋千言的《謝恩摺》，以此表達自己的感激之情，痛陳自己一生的不幸遭遇，訴說自己滿腹的冤屈：

梯山航海，行遍四洲，追日逐月，三周大地，歷經三十一國，行道六十萬里，出亡在外，十有六年。每當向若望洋，睨驚濤之拍拍；殘星落月，望北斗以依依。聽胡笳之悲鳴，思漢月以日遠。蘇武之節旄，齧之垂盡；班超之玉門，生還無期。上哀聖主瀛台之幽囚，下痛親友柴市之慘戮；內悲老母依閭之不見，外慮生民亂世之多艱，未嘗不肝隨肺裂，心逐魂飛，賦《遠遊》而悲秋，誦《大招》而不返。

他爲清王朝的滅亡而痛心，也爲自己回天乏術而悲歎。「周室鼎移，玉步頓改。望帝之杜鵑血盡，華表之遼鶴空歸。」他對於朝廷的耿耿忠心日月可鑒。這是一篇人生的最後總結，鮮明地表達了他一生行事立身的原則。其言也哀，其聲也悲，其志也堅，其心也頑！

壽辰這天，門人弟子及滿堂兒女齊集延香堂中，恭祝大壽，爭獻壽聯。其中弟子梁啓超所獻壽聯最佳，傳誦一時。上聯是：「述先聖之玄意，整百家之不齊，入此歲來，年七十矣！」下聯爲：「奉觴豆於國叟，至歡忻於春酒，親受業者，蓋三千焉！」壽宴很隆重，康有爲感到欣慰，但在心底也生出一絲悲涼，因爲此時正是北伐戰爭節節勝利之時。

歷史上的積怨和思想上的分野，使他對「革命」一詞深惡痛絕，他無法面對革命軍兵臨城下的現實，於是在壽辰後的第十天匆匆去了青島。臨行時，他親自檢點書稿，巡視家園，扶撫園中的花木，把自己的照片分贈給工友，並帶上自己的禮服。他似乎感覺到老天在向他招手，眞的邀他遨遊諸天，無不傷感地說：「我與上海緣盡矣！」

一九二七年三月三十一日五時，康有爲病逝於青島別墅中，葬於他自選的墳地象耳山。據說他死前曾應一同鄉之請到英記酒樓赴宴，席未終，腹痛大作，僅隔一日，就病逝在家中，醫生診斷是食物中毒，也有人說康死時七竅流血，屍體不僵，究竟死於何因，衆說紛紜，至今仍是一謎。

康有爲不但追求現世的山水園林之樂，也不忘爲九泉下的母親、弟弟和妻子找一塊風水寶地。蘇村雖美，但人事滄桑，經歷戊戌之難，康氏家族的成員飄泊四海，連個掃墓祭祖的人都沒有。康有爲是個至忠至孝的人，他要四時祭祖掃墓，特別是苦命的母親和冤死的弟弟最讓他掛心，儘管他已爲母親和幼博弟舉行了隆重的葬禮，但也因不能四時祭掃而惴惴不安。而且他認爲先輩的墳墓若葬在風水好的「龍穴」上，會福蔭子孫萬代，康家的祖塋地雖好，但還不夠理想。他想在離上海較近的江浙一帶選一塊風水寶地，把父母親及幼博遷葬於此，既可四時祭掃，又能福蔭子孫。

爲此，他探「龍穴」，察「龍脈」，勘風水，不辭勞苦，足跡踏遍江浙的山山水水，經反覆比較選擇，最終確認江蘇茅山就是「龍脈」所在，是他先輩墳墓的遷葬之所。於是他立即寫信給堂弟康有銘，請其幫忙把先墳遷來。信中說：

仲廉二弟：久不得問，想安善。頃十餘年亂，丫髻先墳不能躬掃，每念愴痛！而年月遊山，地學日明。更有佳地，惜弟不能來一觀。先祖墳未敢妄議，唯先考遺骸，應由吾子孫永遠奉事。而粵亂難歸，吾家不復還鄉。故決奉先考遷葬江浙。今派炎姪還辦此事。望弟到丫髻指示葬處，俾炎姪掘出，奉運來滬。此子孫千萬年之事，不勝至感。又先祖母陳太夫人墓，亦久不掃，亦擬奉遷來滬，亦有佳地可葬。望令炎姪掘出奉移。此事懷抱十餘年，時時欲辦，至今不得已，乃派炎姪歸辦。望弟必依；若弟有它，則怨弟矣。此子孫永遠之事，弟豈能任此怨？且吾無所不竭其力，弟亦不能阻，弟豈可為此任大怨乎？盼甚佳音。此問近址。

伯兄廣廈　八月十八日

可能是因爲康有銘不太相信堂兄的相地之術，對遷墳一事表示反對，因此康有爲不得不再去信說明探得「龍穴」的可靠性，以爭取堂弟的支持。在給堂弟的另一封信中說：

得書，備知弟忠愛之至。然今茅山之地，乃今年五月所得，默庵未之見也。此地在弟與默所見之地前十里已落大平原。走數里之盡結龍，既無疑矣。然吾於穴法尚或未及也。則又已探得土瓜，復何疑乎？吾生數十年，所得只有此一地。既一無所疑，故不待請人覆看，而可行大事也。若其前各地，吾本有疑，故請人覆之；故紛紛買之，而皆不用，可見也。吾之請陳亮，欲其看各地，非為覆茅也。弟如親愛，可來一看；且弟亦宜來送葬也。此覆

據說「土瓜」是具有某種特殊性質的土壤，狀如西瓜的球形硬土塊，故名「土

瓜」，又叫氣土。有「土瓜」的地方就是「龍脈」結穴之地，也就是下葬的正穴。爲了找這種「土瓜」，康有爲親自坐陣茅山，雇多人挖坑尋找，也不知挖了多少坑，找了多少天，大概是挖坑的人有些不耐煩了，趁康有爲不在場，手造了一個「土瓜」來敷衍康有爲。得「土瓜」的地方就在青龍山南坡，康有爲自信看風水的本領高超，「土瓜」勢在必得，當「土瓜」出現時，他自然欣喜萬分，哪還有時間懷疑它的眞僞呢？於是，他得出結論：「吾生數十年，所得只有此一地。」

很快地，他母親和幼博弟便遷葬於此，何旃理和張雲珠也葬在這裡。在葬母祭文中說：「茅山鬱鬱，實翼金陵，秀髮飛揚，翳集仙靈，積金作屏，獅峰獻英，遂吐青龍，地蔭匯榮。嗟籲擇藏，八年未成，奔走徬徨，今乃獲營。」有這麼好的風水寶地，勞太夫人和幼博在地下不知是何感受，是爲躺在「龍穴」上而洋洋自在？還是爲再次成爲他鄉孤魂而哀傷不已？對於康有爲的一片孝心和摯愛之情，他們應是非常感激的。

東瀛客去無留意

一九一四年六月的一天下午，上海的浦江碼頭熙熙攘攘。隨著一聲汽笛長鳴，一艘客輪由遠處駛來，碼頭上立即迎來一批遠道而來的船客。船一靠岸，一股人流就湧到岸上。人流中，一個十七、八歲的姑娘正怯生生地順著人流往前走，邊走邊東張西望，似乎在尋找什麼目標。忽然，她聽見一個童聲喊道：「鶴子阿姨！鶴子阿姨！」循聲望去，一位男童正向她頻頻招手，孩子的身旁還有兩位年輕女性也向她示意。她迅速衝出人群，奔到孩子面前，一把抱起孩子。原來她就是市岡鶴子，從日本來，應康有爲之邀，飄洋過海來康家做客。前來碼頭迎接鶴子的是何旃理和兒子同凝及一名女傭。

做爲特邀客人，鶴子的到來受到康家熱烈歡迎。這不僅是因爲她來自異國他鄉，也因爲她早就是康家的朋友。康有爲住在日本須磨「奮豫園」的時候，鶴子就受雇於康家。這位小保姆聰明伶俐，做事勤快，長有一雙會說話的眼睛和苗條的身段。與康家相處久了，發現一家人對她很友好，特別是康有爲慈祥溫和，就漸漸對康家產生好感。又見來康家的客人都是些氣度不凡的中國人和日本名流，常常談笑風生，雄辯滔滔，鶴子認爲康有爲一定是個了不起的大人物，不免心生敬意。

當她得知康有爲是中國維新運動的領袖，領導過一場轟轟烈烈的變法維新運動，到過許多國家，走過很遠的路時，不禁崇拜起眼前這位長者來。還有同凝，活潑可愛，天天跟在鶴子身邊；鶴子非常喜歡同凝，沒事就陪他玩遊戲，教跳舞，唱日本兒歌，總是玩得很開心。

何夫人對這位小保姆非常滿意，甚至與她以姊妹相稱。這種融洽的關係給雙方都留下深刻的印象。尤其是康有爲的慈祥、熱情和善談容易使人接近，而鶴子的天眞直率、勤快活潑和青春嫵媚也散發出一種迷人的魅力。鶴子常陪康有爲夫婦外出旅遊，她主要做些勤務工作，有時也做嚮導，當翻譯。他們一起遊東京，去箱根，望富士山，參觀早稻田大學，拜訪社會名流。這使鶴子大開眼界。

空閒時候，鶴子就纏著康有為問個不停，從家庭婚姻到戊戌變法，從中國風俗到歐美見聞，無所不問。而康有為也樂於講解，一說就沒完。不知不覺中，身份之間的鴻溝開始消失，年齡之間的距離也蕩然無存，鶴子悄然愛上了康有為。她那火辣辣的眼睛和大膽的挑逗，不免使康有為怦然心動。但這時康有為與何旃理還在愛河裡徜徉，似乎沒有足夠的理由再納小妾，於是他很禮貌地把他與鶴子的關係限制在理智的範圍內。

一九一三年秋，康有為一家準備回國，臨行前的幾天裡，鶴子顯得失魂落魄。她喜歡在康家做事，捨不得同凝，更想天天見到康家的主人。康有為懂得鶴子的心思，他又何嘗捨得與這位可愛依人的小保姆分別呢？他告訴鶴子他們要回國一段時間，再來日本，到那時又可天天見面。康有為一家老小定居上海後，改變了東渡日本的計劃。但他沒有忘記日本須磨的鶴子，與鶴子依依惜別的場面時時浮現在眼前，於是他修書一封，邀請鶴子來中國做客。「做客」當然是個幌子，眞實的意圖恐怕還是思念。鶴子接到康的來信，又驚又喜。以康的身份能記起異國他鄉的一個小保姆，並熱情相邀，足見他是個至情至性的人。徵得家人同意後，她立即決定前往上海。

在上海康家，鶴子受到熱情接待。她發現上海的康家比在日本時大得多，住宅也氣派得多，家裡的人也像在日本一樣對她友好，而且家中客來客往，川流不息，其熱鬧場面和融洽的氛圍令人心生羨慕。她對這個大家庭更是好奇，也更加喜愛。沒過多久，她就融入了這個大家庭，正式做了康有爲的第四位太太。

婚後鶴子很得康有爲疼愛。康有爲晚年更加寄情山水，足跡踏遍祖國的名山大川。每次出遊，多由鶴子相伴。蘇州園林、茅山風景、無錫梅園、鎭江金山、古都南京等都留下他們的身影。他們還喜歡去海濱青島、泉城濟南、東嶽泰山、名城曲阜。夏天，他們一起到青島避暑，在天游園裡倚欄望海，在海灘上攜手步月，在浴場裡劈波斬浪。他們常一塊去杭州一天園，蕩舟西湖，遊三潭印月，人天廬裡望秋，廖天台上觀景。在秋夜月圓之時，他們踏著月光徜徉在西湖岸邊。

在〈十月十五日攜鶴姬遊三潭印月步月〉一詩中，康有爲以輕快的筆調記下他們在一起時的美好時刻。

湖中島嶼蕩漣漪，山作園牆湖作池。步盡長橋三十折，八年來看月明時。

康有爲對愛妾都有暱稱。何旃理爲何姬，鶴子爲鶴姬，姬是一種美稱，女子美者稱姬。何旃理去世後，鶴子在康有爲心中更佔位置。

一九二三年春季的一天，康有爲突然心血來潮，揮筆爲鶴姬寫下了一副對聯和一張條幅。對聯是：「破煩入佛想，化性復天心」，條幅是「以喜爲食」。也許這正是鶴子的性格特點，是她爲人處世的眞實寫照。遺憾的是，鶴子婚後一直沒有生育。康有爲的兒媳龐蓮說鶴子在康有爲死後出走，大概是又回到日本。也有人說鶴子在康有爲活著的時候就回到日本。若是這樣，是什麼原因使她離開康家？人們進行了種種猜測。最大的可能就是鶴子是日本人，文化背景不同，生活習慣有所差異，使她在許多方面還是難以適應中國的家庭生活，加上相處日久，各位太太之間難免有矛盾，離家出走也許是她最好的解脫辦法。

可能是出於獵奇心理，日本人鴻山俊雄曾寫過一篇題爲〈一代鴻儒康有爲和爲他服務的日本女性〉的文章。作者以採訪人的身份，搞了一個「鶴子自述」，把鶴子歸國的原因說得很離奇。文章譯成中文後，曾被不少書籍引用。其實這個「鶴子自述」有不少漏洞，它的眞實性值得懷疑。爲便於說明，現摘錄「自述」如下：

我前年春天害了一場大病，這年我已經七十四歲了，晚境淒苦，也感到自己在世的時間不會很長了。於是，我把自己曾是康有為第四夫人的這段經歷告訴了女兒綾子。……綾子得知在中國台灣還有一個同父異母的弟弟康保延，於是去年（一九七〇）她專程到台灣尋弟認親，這樣，姊弟得以相認。

我生於明治三十年（即一八九七年），小學畢業後，十六歲那年（一九一二年）經居住在市內的熟人介紹，到康家當女傭。因為我平時在神戶常常見到歐美人和中國人，所以我到中國人康有為家幫傭一點也不感到有什麼不安。當時康家有康有為、夫人（何金蘭）和一個年幼的兒子（康同凝）。我後來才知道這位何夫人已經是康有為的第三位夫人。

我在康家的工作是打掃房間，有客人來訪時，把客人引進客廳，跑出跑進傳達和接待等。在須磨度過了一年左右，康有為決定全家遷回上海。

上海是我從來沒有見過的大城市，高樓林立，人口稠密，與我熟悉的神戶完全不同。使我這個十八歲的小姑娘非常驚訝。我受到康家熱情而又周到的接待，順利地來到座落在法國租界的康有為的寓所（上海愚園路一九二號，天游園康公館），他們對我遠道而來都感到非常高興，並把家裡人一一介紹給我。這時，我才知道，康有為除了第一夫人（即元配夫人張妙華）外，還有第二夫人（即梁隨覺），以及從須磨隨康有為回來的第三夫人（何金蘭），由於她們都有孩子，全部成員就有十餘人，這樣的大家庭在日本是不可想像的。

康有為先生喜歡日本情調，我記得家中的一些燈籠都是特地從日本弄來的。康先生藏書十分豐富，那書房簡直像個小圖書館。他還收藏著一些古董。我在他家沒有多少事做，只是有時用雞毛撣子彈書籍上面的灰塵，遇上教英語和教鋼琴的家庭教師來了，我就跟著大家一起學英語或鋼琴。……我就是在這樣優越的環境下度過了我在中國十多年的生活。

康有為的元配夫人雖然生了兩個女兒，但她生的男孩夭折了，於是又娶了二夫人，這位梁夫人除生了長子同籛外，還生了兩個女兒，康先生帶到日本來的三夫人何女士，也生了次子同凝。在中國封建社會有盼子孫滿堂的傳統習慣。沒有男孩可以納妾，即令這樣，元配夫人也可以諒解，所以這些夫人不像日本的妾那樣被人瞧不起，她們生活在同一幢屋子裡還可以和睦相處。另外，也有身份高或者有錢有勢的人家，也有一些婦女主動願意委身為人妾的。這種情況不全一樣，有的是自願的，有的是被迫的。我聽說康有為的第二夫人是後一種。

我雖然做了康有為的第四夫人，但我沒有和康先生同過房。

在我將要度過二十歲生日的時候，我與康先生長子康同籛發生了感情，當時，同籛也是二十歲，在上海的一家大學讀書。隨著時間的推移，我們這種不正當的關係竟使我懷孕了。我知道，我這種行為在中國是最令人厭惡的。因為我畢竟是康先生的四夫人，竟然與他的兒子發生了這種不倫關係。那時我又客居異國，也無可商量的人，懊悔之餘，我只對同籛講了此事。幸好還沒有其他人知道，我就於大正十四年（一九二五）回到了日本，結束了我在中國康家的十年生活，回國後生下了女兒綾子。從這以後，康有為曾來信要我再回上海，再回到他身邊。因為我已與同籛生了孩子，我就放棄了回中國的念頭。到了昭和十四、五年（即一九三九、一九四〇）時，康同籛曾經透過別人打聽過我們母女倆，找尋過我的住處。當時，我早已把自己身世隱匿了，他自然找不到我們。

我只知道康同籛在鐵路局當工程師，別的情況我也不知道了。

「自述」中說一九一四年鶴子一到上海，就順利地來到座落在法租界康有爲的寓所（上海愚園路一九二號天游園康公館）。事實上，康有爲一家一九一四年定居上海時，租住了新閘路十六號辛家花園，直到一九二一年才遷到愚園路一九二～一九四號，而且愚園路的康公館也不叫天游園，而叫「游存廬」。鶴子在辛家花園生活了七、八年，應該不會記錯家庭住址吧！

「自述」中又說鶴子雖然做了第四夫人，但沒有和康有爲同過房，這顯然不符合生活邏輯。從康有爲的詩作和信函中可以瞭解到他們兩人的關係非常密切，不然，康有爲也不會鶴姬長鶴姬短地叫個不停。況且在鶴子之後，康有爲又娶了五夫人廖定徵，六夫人張光，廖夫人生有一女，這又該如何解釋？

「自述」還煞有介事地說鶴子二十歲的時候與康同籛發生了曖昧關係，並生下女兒綾子。鶴子生於一八九七年，到一九一七年二十歲，而康同籛生於一九〇八年，一九一七年時還不到十歲，又怎麼說是他們年齡一樣大？又哪兒來的相愛？還有其他漏洞不再一一指出。這說明「自述」的炮製者不瞭解康家生活的眞實情況，僅是憑道聽途說或主觀臆想就杜撰出一個離奇的故事，當然不足爲信。

一天園裡有新歡

九月的一天園花意正濃。從山腳到山頂擺滿了五顏六色的菊花，甚至長廊裡和開天天室、天游堂等屋子裡也成了菊花的世界。黃紅紫白爭奇鬥艷，五光十色燦若雲霞。幽香飄遠，霞光照動。康有爲正和一位年輕女子在花叢裡走來走去，指指點點，品評花的品種和顏色。這位女子就是康有爲的第六位夫人張光。

九、十月份是杭城菊花盛開的時節，每到這個時候，康有爲都會在一天園裡住上一段時間。他愛花如命，每到一地，每居一處，都要與花爲伍，看花賞花育花成了他的嗜好。幾天來，他與新婚妻子張光徜徉在一天園中，看著滿園滿室的萬千枝菊花，欣賞著西湖上的一片秋色，感覺自己眞的就是天游化人，正神遊於諸天之上。

張光，字明漪，小名阿翠，年方十九歲，出身西湖艇家，家境貧寒，以划船爲生。一九一九年初春的一天上午，康有爲與他的弟子正在西湖上泛舟，忽然聽見遠處飄來一陣美妙的歌聲，循聲望去，只見前面一艘遊船上，一位划船的姑娘一邊輕輕地蕩動雙槳，一邊哼著動聽的漁家小調。康有爲凝神細看，見那艇家少女身姿婀娜，眉淸目秀，樸實的外表下透射出青春的魅力，紅撲撲的臉蛋上，洋溢著撩人的美感。康不免爲之心動，於是，便差人去瞭解這位艇家少女是否已許配人家。他得知艇家女名叫張光，待字閨中，便立即叫媒人前往提親。

張光一家四口，有母親和兄弟各一，父親早死，家境不是很好。張姑娘雖覺得年齡有些懸殊，但心想如果能靠上康有爲這棵大樹，倒也衣食無憂。於是這門婚事很快定了下來。是年五月，康有爲與張光在上海新閘路辛家花園寓所裡舉行了簡樸的婚禮，張光正式成了康的六太太。

即使這樣一個簡樸的婚禮，也轟動了上海灘，成爲人們感興趣的新聞，各家報紙都作了報導。前去祝賀的門人弟子、親朋故交、文人墨客川流不息。不過，康有爲的幾房妻妾及子女均反對這門親事，婚禮那天，紛紛找藉口溜出家門。

另據弟子劉海粟回憶說，大師母去世後，康有爲非常傷心。學生們怕老師悶出病來，便請來一位姓張（劉誤記爲姓伍）的船娘，划著小船，帶著酒餚讓老人在湖上散散心。這位張家姑娘性情溫柔，長得五官端秀，天生麗質，雖沒有文化，但會做一手好菜，對康有爲很是恭敬。學生們一番醞釀，徵得姑娘同意，便將她娶到了一天園。開始時康執意不允，學生們一陣勸說之後，船娘便成了小師母。但劉海粟所說的大師母應是張夫人，她去世於一九二二年，而康有爲與張光的結合是在一九一九年，想必是劉記錯了時間。但無論康是主動或是被動，老夫少妻卻是事實。

婚後兩人甚是恩愛。他們在杭州「一天園」度了蜜月，然後在西湖臥龍橋十八號郭莊住了一段日子。康有爲是個重情感、講責任的人，對幾個妻妾都很關心，也很疼愛。

也正因爲他的浪漫多情，才使他到處播撒愛情的種子；又因爲政治上的失意，才讓他想從妻妾們那裡得到安慰。如果說因無子而娶妾還能得到人們理解，四妾以後的幾次婚姻只能被看作是濫用感情。梁啓超說老師是「愛質最重」，也許是有道理的。

張光是最年輕的小妾，得到康有爲的百般呵護也在情理之中。康有爲外出常由張光陪同，即使在上海家裡見客，也讓張光出面應酬。有一次，康同環的同學龐蓮來康家玩耍，康有爲聽說龐蓮的父親龐青城就是孫中山的秘書，於是想認識認識這個革命黨人的女兒。當時，龐蓮與同環正在房間裡談笑，猛見康有爲從門縫裡張望，慌忙起身叫道：「老伯，您老人家好！」康有爲很是尷尬，即刻拂袖離開了。張光也在場，還是她示意同環兩人繼續談下去。

康有爲對這位愛姬的娘家也很關照，哥哥張壽祺和弟弟張錦文都做了康家的傭工。他還帶著這位愛姬去茅山、遊蘇州、到普陀，看過不少地方。在康有爲生命旅程中的最後幾年裡，張光成了最溫存的伴侶和最受寵愛的太太。康有爲特意請了家庭教師教她讀書，自己又親手教她書法。後來，張光確有長進時，康有爲興奮地大筆一揮，贈她一副對聯：「懲忿窒欲改過遷善，仁民愛物知命樂天」。

由於他們婚後多年無子，一九二五年張光收養一個女孩，取名康靜谷（曾爲杭州市第三人民醫院醫生）。令人感動的是：在康有爲人生旅程的最後時刻，他關心的事情就是張光的「供會」一事和印刷他寫的《謝恩摺》分贈給賀客。「供會」是一種民間經濟互助活動，發起人聯合若干有固定收入的相識者，組成一會，每月每名會員必須拿出若干錢來「供會」，這樣日積月累地來儲蓄生息。等到有急用時可以「標會」，取得一筆款項。康有爲在青島病重期間寫給上海的家信特意交代要爲張光「供會」，並認爲這是一個「至要」的事情。信中寫道：

告楠可查六太之會已供不？未供應供。或在青島、大連供可不？至要。即覆。今寄歸吾寫之謝恩摺，可點石（即印刷）一千，與詩同送作謝禮。

對張光來說，「供會」是件很重要的事。病中的康有爲時時想著這件「至要」的事，並且要求立即覆信。這足以表明康有爲最重感情，做事不擇小大的特點。

一九二七年三月康有爲在青島去世，對張光是最沈重的打擊，年紀輕輕就要守寡。據說康有爲生前在遺言中曾說讓張光改嫁。他還給張光留下一箱字畫，張光把這些字畫看作她的生命，每當懷念康有爲的時候，就打開箱子看他的字畫。康去世後，張光離開上海，隱居於一個偏僻的農村。劉海粟對這位師母很是同情，曾專程探望過她。劉海粟回憶說：

幾年後我憑弔康山，心情悲戚。出於對先師的思念，我希望能夠去看看這位六太。當我在陋巷中找到她的時候，六太很有禮貌地接待了我。一間搖搖欲墜的小平房，門都曬裂了縫，牆上掛滿康師手跡。舊條台中央供著一尊觀音，顏色發黑的小銅香爐中，點著廉價的殘香。未亡人身穿素衣，洗得非常潔淨，髮髻上紮著白頭繩。見到面，我們都很自然地想到康師。她側過身去雙肩不住地抽搐，我也感到鼻腔發酸。一個年輕的婦女在那樣的時代潔身獨處是很不容易的。她用手帕擦擦兩眼，睫毛上餘淚未乾，就忙著給我張羅茶水。「我們小户人家，男人死了改嫁，不當一回事，所以，前兩年媒人來得不少。我哥哥弟弟也勸我嫁出去，我不肯，他們並不勉強。鄉親們知道我替康聖人守節，對我很敬重。日子過得不錯！」六太違背了康師遺命，未曾改嫁，自然是出於封建意識，老人有知，也會和我一樣地不安與惋惜。我給她留下一點錢，她再三懇辭，不肯接受，我只好默默記下地址，將錢放在桌上，匆匆告別，回到了上海。後來我只給她捎去過兩回錢，再也沒有見過她。

這又是一幕愛情悲劇。她畢竟與康有爲一起生活了數年，而且感情一直深篤，她覺得康有爲是個偉大人物，是令人景仰的聖人，自己不應當改嫁，而應當爲他守節，這樣才能對得起丈夫在天之靈。且不說這種守節行爲對錯，單就張光對康有爲珍藏的那份純樸情感就足以讓人感動。

正如康有爲的弟子陸乃翔、陸敦騤在《南海先生傳》中所說：

> 先生日美戒殺，而日食肉；亦稱一夫一妻之公，而以無子立妾；日言男女平等，而家人未行獨立；日言人類平等，而好役婢僕；極好西學西器，而禮俗、器物、語言、儀文，皆堅守中國；極美民主政體，而專行君主；注意世界大同，而專事中國；凡此皆若甚相反者。蓋先生深得二元三世之學，故備舟車裘葛之宜。其理想窮極天人，包羅萬象；其行止不離尺寸，素位而行。先生嘗言思入無方，行必素位。生平最受用素位之義，故以長素自號焉。蓋以為身經萬劫，無所不歷，無然畔援，無然歆羨，只有素位而行，適時之宜，放乎天命而休焉。

康有爲就是這樣一個矛盾的人物。其說和其行總是南其轅而北其轍，教人難以理解。僅就情感而言，他對妻妾的感情都很眞切，但總是不能專一；他最重情感，「事親則孝，事君則忠，族姻則親，師友則篤」，但卻到處播撒情種，演出數幕愛情悲歌。對耶，非耶，任有世人評說。

10 薪盡火傳

晚清女界一英才：康同薇

在百日維新的日子裡，康有爲最爲忙碌、最感振奮、最爲得意的事情莫過於晝夜奮筆疾書，向光緒帝進呈變法理論著作《日本變政考》、《俄彼得變政記》、《波蘭分滅記》等。其中的《日本變政考》最爲重要，變法內容、變法步驟及變法綱領都包含在這一著作中。皇上頻頻地催要，康有爲快快地編寫，「一卷甫成，即進，上復催，又進一卷。」皇帝看得入迷，康有爲忙得不亦樂乎。就是這本引起皇上極大興趣、忙得康有爲不可開交的著作，與一個女孩的數年努力分不開。這女孩就是康有爲的長女康同薇。是她根據父親提供的大量日文資料，將其譯成中文，才使父親得以完成這本重要著作。

康同薇，字文僴，號薇君，生於一八七八年十二月。有一個勇於改革的父親和一個通情達理的母親，使她從小免去了纏足之苦。她的榜樣作用還影響了妹妹們，康家的新一代女性都不再纏足，也不穿耳洞，她還成了不纏足運動的開路先鋒，父親和叔叔常拿她做例子，現身說法，說明天足的好處和纏足的危害，推動不纏足運動向全國發展。

家庭環境的影響和父親的有意培養，使同薇自小就對新生事物感興趣，像自強之道，救國之法，興革之事，她都能說出一二。小小年紀就成了父親的得力助手，和事業上的積極追隨者。家學淵源、自身天賦和後天努力，使她打下一個良好的文化知識基礎，歷史地理、文化典籍、西學知識皆有較深的造詣。父親說她「天資頗穎，勤學強記」，確是事實。

康有爲一八八六年就開始收集資料編撰《日本變政考》，但他不懂日文，很傷腦筋，於是鼓勵同薇學習日文，以便將來派上用場。同薇也不負父望，幾年下來，日語水平直線上長，閱讀和翻譯原著原文綽綽有餘。她翻譯了大量的日本書籍，正是在同薇的幫助下，康有爲才集十年之力完成了《日本變政考》、《日本書目志》等重要著作。這是同薇對變法事業的重要貢獻。

同薇十五歲的時候，就開始幫父親做事。康有爲認爲：「欲窺孔子之學者，必於《春秋》。」後世之所以進步，變亂之所以減少，那是《春秋》所含思想發揚的結果。《春秋》微言大義，包含孔子改制的思想。在闡釋《春秋》經義的典籍中，有古文經學派的《左傳》和今文經學派的《公羊傳》、《穀梁傳》三家。康有爲摒棄了前者而信服後者。他說《左傳》但爲魯史，不傳經義，要想把握孔子改制思想的奧義，仍要從《公羊》、《穀梁》二傳入門。而且《左傳》爲漢儒劉歆的僞作，是劉歆採擇《國語》的內容編纂而成。

爲了還《國語》之原貌，需要一番審視甄別，去僞存眞的功夫。而這個很有意義的學術任務就由同薇承擔。這是一種創造性的活動，也是一項繁重的文字工作，要有淵博的學識和極大的耐心，對於一個十五歲的孩子來說，是一件多麼了不起的事情。據說這項工作做了十多年，直到一九一一年才有眉目。除了這種去僞存眞的工作，同薇還以二十四史爲根據，編輯整理《各國風俗制度考》，做爲父親從事維新變法的參考，並以此驗證社會人群進化的道理。

康有爲非常關心女兒同薇的成長。同薇看什麼書、學哪些科目都得到父親的悉心指導。在康有爲的理想中，同薇最好做個報館主筆或編輯記者，成爲一個知識女性。在他寫給女兒的信中說：「汝現在仍以多讀中書，學習中國文章，俾可充報館主筆之才爲最要。」事實上，他是按這一理想來培養同薇的，同薇也確實朝著這一方向發展。

爲了當報館主筆，她奮發閱讀，不斷練筆，寫出的文章很有氣勢。一八九七年二月二十二日《知新報》在澳創辦，同薇眞的成爲一名記者。又由於她掌握了英、日兩門外語，因此兼職翻譯。《知新報》極力宣傳康有爲的維新主張，鼓吹康有爲的變法理論，評議時政，報導中外近事，介紹西學，是維新派的重要宣傳陣地。就這樣，康同薇成爲維新變法運動的積極鼓吹者。她在《知新報》第三十二、五十二期上發表的〈論中國之衰由於士氣不振〉、〈女學利弊說〉等論文有相當見地，是她關於維新思想的代表作，也是我們研究維新派早期思想的重要文獻。在〈論中國之衰由於士氣不振〉一文中她寫道：

重矣哉士之於國也，強弱繫焉，興廢繫焉，教化繫焉，風俗繫焉。不知先王之道，不窮天人之化，不明政治之故，不達諸教之理，不審各國之事，不究物理之微，不諳古今之變者，非士也；觀奸凶亂國，王室凌遲，兆庶塗炭，四鄰交逼，上下窮困，盜賊迭起，社稷將亡，而不疾首痛心、扼腕痛哭思振之者，非士也；觀聖教式微，禮樂廢壞，外教紛布，內民託庇，人之視我為野番，以我為無教，而不深引愧恥，痛自激勵，思救之者，尤非士也。若夫士則仰觀造化，俯察宗教，綜覽今古，橫審中外，以聖人之學，治天生之民。故國家隆替，視士氣之昌微；奸佞之乘權，因士氣之衰靡。蓋士氣之是非，眾所繩準也。

在這裡，她提出了什麼是「士」的標準，「士氣」與國家民族興衰的關係，強調

「士」要愛國救國，擔當起他應該擔當的責任。接著她引證中外事例說明「士」盛則其國強，「士」寡則其國弱的道理。中國積弱積貧，數十年變法而不強的原因就是士氣不振。那麼，是什麼原因造成中國士氣不振呢？她認為這是由士習的積弊、歷史的傳統和文化取向造成的：

中國士氣之不振，抑有故焉。漢初道雜，黃老亂真，發點之始，痼毒既劇。逮及晉世，崇尚釋道，清談之誤，因以亡國。有唐繼起，士節掃地，奔走權門，恬不為怪。宋儒獨善，自謀既優，流風所暢，為害亦烈。自明迄今，士習之弊，亦有數端：貞逸自高者，則絕世離群，山林深密也；風流自命者，則沈酣詩酒，馳逐聲歌也；迂闊遠事者，則委於國運，安於朝廷也；考據之家，則禽魚草木，嚼之愈甘，賈、馬、杜、鄭，旋其脅下；尤其下者，皓首詩章，終老帖括，舉凡民生之疾苦、郡國之利病、種族之存亡、宗教之興替，不啻楚弓得失，渺不相關。

如此一來，士氣之不振可想而知，人才之乏可想而知，士節之不保可想而知，這就是中國所以變法數十年而不能自強的原因啊！

最後，她呼籲要像公車上書那樣，激勵士氣，合天下之士氣，專心國事，中國必可救，國家必能強。她的目標很明確，就是要爲維新變法服務，喚起知識份子的愛國熱情，積極地投身到維新變法的運動中。

在〈女學利弊說〉一文中，她介紹了歐美國家的女子教育情況，闡明女子教育與國家強弱之間的關係，認爲「國之強弱視乎人才，才之良窳視乎幼學，而幼學之基在於女學」，提出「遍立小學校於鄉，使舉國之女粗知禮義，略通書札，則節目舉矣；分立中學校於邑，講求有用之學，大去邪僻之習，則道德立矣；特立大學校於會城，群其聰明智慧，廣其才藝心思，務平其權，無枉其力，則規模大立，而才德之女彬彬矣，起二萬萬沈埋之囚獄，革千餘年無理之陋風，昌我聖道，復我大同，於嗟中國其毋塞才雍智而自窮。」康同薇對中國女子教育的重視和對女學的精闢論述，在近代教育史上有先導作用，在女學思想發展史上佔有重要地位。

一八九八年七月，康同薇在上海與梁啓超的夫人李蕙仙等共同創辦了《女學報》，這是中國最早由婦女主辦、以婦女爲閱讀對象的報刊，其開創意義不可低估。

在庚子勤王的那些日子裡，同薇是父親在香港的全權代表。她要侍奉祖母，寬慰母親，照料家務。父親有什麼吩咐，都要她去操辦，有重大事情，也寫信告訴她。

康有爲聽說有人在香港報紙上撰文攻擊他，就立即寫信叫同薇去見港督夫人，爲自己辯護。英國人救過他的命，現在又保護他，怎好開罪於他們呢？他告訴同薇說：「汝等可專意西文，見有攻我者可辯之。」八國聯軍攻陷京城後，他想假列強之力迫慈禧下台，於是告訴同薇，「吾黨欲再起，萬不可使其速和，汝暇可多作文，交香港《士必報》，言若那拉（葉赫那拉，即慈禧）再臨朝，諸賊柄政，必再殺西人云云以聳之。」同薇充分發揮自己的文字特長，不斷撰文爲父親辯污止謗，或配合父親的事業需要作輿論宣傳。從康有爲寫給女兒同薇的多封信中可看出，大到勤王大業的成敗，小到家中瑣事的安排，都商於同薇。她雖是女輩，但做起事來雷厲風行，很有父風，因此甚得父親的信任，大小事都交給她做。

一八九九年，同薇與麥仲華在香港成婚。麥仲華是康有爲的弟子，字曼宣，號曼殊室主人，廣東順德人。他的哥哥麥孟華是康有爲的得意弟子，少時與梁啓超齊名，在草堂弟子中有梁麥之稱。康有爲曾評價他是「神識高遠，志意沈毅，獨立無悶，德器深廣」，康廣仁稱他爲「寶器內藏，人不識之」。他參加過公車上書，在上海參與創辦不纏足會，做過《時務報》的撰稿人，是戊戌變法時的核心人物之一。據說袁世凱稱帝前曾兩次召他相見，並許以教育總長的位置，他都拂衣不見，並運動倒袁。及袁世凱稱帝，他怒不可遏，以致氣火攻心而死。他一生追隨康有爲，忠貞不貳，可說是康有爲的忠實弟子。

麥仲華早年師從康有爲，後留學英日，學貫中西，才識過人。他的才學和爲人被師母張夫人看中，有意選他做女婿，而他也正求之不得。有才女作妻，還有一個大名鼎鼎的岳父，也算是麥家與康家有緣分。康有爲對這個大女婿很滿意，弟子加親情，關係非常融洽。他常寫信給同薇，要她照顧好麥家。但也有誤解的時候，麥仲華嫉惡如仇，思想有些激進，戊戌維新失敗後，竟和梁啓超、韓文舉、歐榘甲等人一起主張放棄保皇實行革命，這等於是背叛康有爲。弟子中也有繼續保皇的，如羅普，羅普的妻子是麥孟華的妹妹。有一天，康有爲見到兒女親家麥柏君，半是生氣半開玩笑地說：「你有眼睛，選到一個好女婿（指羅普）。我無眼睛，選到一個不好的女婿（指麥仲華）。」不過自從麥仲華放棄革命主張後，又成了一個好女婿。

一九〇八年四月，康有爲正在瑞典漫遊，麥仲華偕康同薇萬里而來，探望岳父大人。康同璧也專程由美國趕來。這使康有爲非常感動。一家骨肉相聚於異鄉，該是多麼溫馨！但很快地，女兒女婿們又要離他而去，這又勾起他的無限傷感。在送女兒女婿歸行時，他無不感慨地寫道：

次第花開百草生，來遊一月閱枯榮。海田世事看成劫，眷屬蒼生未免情。桑下盤桓為六宿，壺中離別又重經。我來專為尋煩惱，去去人無何所營。

戊戌年間，麥仲華追隨康有爲搞維新變法，曾編纂過《經世文新編》一書，專採近人通達時務之言論，以轉移風氣，爲新政提供參考。庚子勤王時他在日本負責聯絡策應之事。後曾在多地任政府官員，一度在香港擔任電報局局長。麥仲華生性耿直，看不慣官場中的不良習氣，不管是在哪兒任職，總是公事公辦，既不求人，也不接受別人的託請。康有爲在青島買下提督樓後，考慮青島物價低，學費便宜，同薇的子女又多，若來青島就學，能夠節省學費，於是寫信叫同薇一家搬至青島住，並提出要爲麥仲華謀一官職。對於岳父的一番好意，麥仲華婉言謝絕。

康有爲知道女婿的爲人，不好再說什麼。碰巧麥仲華過五十壽辰，請岳父寫幾句勉勵的話，康有爲乘機把女婿教訓了一頓。他在〈祝麥曼宣五十壽詞〉中寫道：

> 昔孔子美子路不忮不求，何用不臧。及子路終身誦不忮不求之詩，孔子又翻然曰：是道何足以臧？長婿麥曼宣，天性耿介，不忮不求。自十八歲從吾遊，既乃學於日本英倫，官於粵港京師。今年五十矣，……夫受天之厚，宜推於人。乃孔子主仁，言人者壽。故仁者人也，從二人，即今克魯泡金謂人道相助之義；董子謂中心物愷，惻怛愛人；孟子謂推斯心足以保四海，不推心不足以保妻子；佛言慈悲尚捨。若與人不相助，則非主仁，以奉天事天矣。曼宣來乞言，曼宣乎，不忮不求，亦不足為臧也。更推相助之仁，以祝純嘏之錫，自求多福，祈天永命，其庶幾乎！

你麥曼宣不是「不忮不求」嗎？那你就學一學「仁」學，明白人道相助的道理。

康有爲在有生之年沒能抱到自己的孫子，不過外孫、外孫女卻有一群。他對外孫們很是疼愛，一些外孫乾脆就住在他家，由他供養上學，看著滿堂兒孫，甚感欣慰。外孫麥健曾一周歲生日時，遠在南洋的外公欣然賦詩，表達自己對長孫的關愛和對第三代傳人的企盼。詩中寫道：

去港忽兩載，抱孫一周年。錦繃知慧甚，戈印孰持先。
能解老人意，應傳太史篇。亂離何日見，催老撫華顛。

麥健曾在美國留學，獲博士學位，任廣州財政局長、北平鐵道管理學院教授、香港中文大學高級講師。他對外公的思想和學術有較深研究，並提供不少研究資料。

麥僖曾是康同薇的第三子。他常住在外公家，甚得外公疼愛。祖孫倆一塊在一天園裡踏雪夜行，在青島海濱漫步，又一起在北平遊園，很是歡娛。康有爲晚年的著作《諸天講》就是在僖曾的幫助下完成的。成年後，麥僖曾曾供職於溫州海關。

康同薇生育十一子。次子偉曾夭殤，三女倩曾早逝，五子儼曾是建築工程師，六女倖曾任職於外國使館，七女儁曾、八女佳曾、九女信曾，情況不詳，十女像曾，任職於四川自貢鹽務局，十一女任曾，任職於北京醫學院。

夕陽下，當年唐僧西天取經的雷音寺遺址顯得格外蕭瑟，斷垣殘壁中長滿蓬蒿。幾位遊人似乎被眼前的淒涼景象所觸動，久久在頹垣蓬蒿間盤旋，不忍離去，其中一位女孩像是若有所思，不相信這兒是當年法顯、三藏的取經之地。她就是康同璧，和父親康有為及僕人、導遊等來這兒尋訪佛跡。她為「大教經劫」而歎息，也為自己身歷「西天」而自豪。

「舍衛山河歷劫塵，布金殿壞數三巡。若論女士來遊者，我是支那第一人。」康同璧認為她是第一個到過「西天」的中國婦女。是不是第一，無從考證，不過她確實去過很多地方，十八歲就跟隨父親走南洋，居印度，漫遊歐美。她見多識廣，才學過人，是那個時代中國婦女的佼佼者。

康同璧，字文佩，號華鬘。戊戌變法的時候，雖不像姊姊那樣做記者，當翻譯，發表文章，編輯書稿，直接參與變法活動，但她的才氣、膽識一點也不亞於姊姊，而且她的乾脆果斷、敢做敢為的性格更像父親。

一九〇一年，康有為病臥檳榔嶼，同璧聞訊，隻身赴南洋看望父親，遂留在父親身邊照料生活。在印度，她陪父親尋訪佛跡，飽覽名勝，探幽歷險，幾經危難，表現出一個女性少有的膽勢，因而深得父親信任。一九〇二年十二月，同璧還港省親，並受父親委託，往歐美演說國事。這是一個艱巨的任務。康有爲信任女兒能堪當此任，並對同璧的歐美之行寄予厚望。臨行時他賦詩十首送勉同璧，表達他對女兒的愛憐、勉勵和期望，同時抒發了他的絕域窮途、壯志空懷、思國念家的感慨。現錄數首如下：

汽車飄瞥去，轉瞬沒孤煙。送汝唯雙淚，思親又五年。長安幽失日，大漲冥稽天。家國無窮恨，都來湧眼前。

歐美幾萬里，幼女獨長征。豈不憐孤弱，其如哀眾生。流涕言故國，哀激結名卿。女權新發軔，大事汝經營。

民權乃公理，憲法實良圖。此是因時藥，真為救國謨。光明布宗旨，感激為馳驅。聖主猶無恙，蒼蒼意豈無。

波濤太平海，還港半郵程。破浪翻雄志，全身念所生。在家殊作客，往事異談經。驕吝宜淘汰，無存兒女情。

絕域吾垂老，雄圖空自嗟。艱難思舊國，涕淚落秋笳。頭白鬚彌雪，心搖躑躅花。離別孫抱兩，惆悵未還家。

一九〇四年，康有爲漫遊歐洲各國，遠在美國留學的同璧趁假期又遠涉重洋到歐洲看望父親。在丹麥，父女倆受到丹麥首相接見，雙方進行了愉快的交談。首相說同璧是他見過的第一位中國婦女，印象很好。恰在這時，正在牛津大學留學的門生羅昌聽說康有爲正在丹麥漫遊，也立即趕來相見。

羅昌，字文仲，廣東寶安人，庚子勤王時在日本負責策應聯絡工作，曾先後留學日本早稻田大學、日本陸軍大學和英國牛津大學。這次與恩師他國相見，請安話舊，很是高興。三人乘船往遊挪威，見沿途綠樹芊綿，紅樓相望，風景絕佳，不禁爲這裡的美景而陶醉。同璧即刻取來美酒，買來鮮蝦，三人憑欄對酌，把酒臨風，其喜洋洋。康有爲詩興驟來，隨口吟道：

頻經國難忽華顛，南北重逢已五年。美酒空為人送老，飛船且作客遊仙。
好山縹渺欲飛去，大海盤旋幾變遷。且喜奇才能磊落，又來弱女慰纏綿。

就在這次歐洲之旅中，同璧與羅昌訂下終身。同璧曾先後就讀於美國哈佛大學和哥倫比亞大學，讀書之餘，陪父親走遍歐美，對父親的思想觀點瞭解最多，宣傳最力，維護最堅，她是父親事業上最忠實的追隨者，也是著名的社會活動家。辛亥革命後，歷任萬國婦女會副會長、中國全國婦女大會會長、山東道德會會長。

羅昌學成回國後，曾在民國政府做過國務院秘書，先後擔任過中國駐新加坡、倫敦和加拿大的總領事、廈門海關關長，還在北京大學、北京師大、北京女子師大擔任教授及系主任、文學院院長等職，學術上精於國際法、世界古代史及拉丁文學等。

不管是在何處任職，一有空閒同璧便帶子女來上海探望父親，陪父親聊天觀景，這給晚年的康有爲很大安慰；康有爲也希望和子女在一起。有意思的是，他常常像一個孩子王，帶著一大群子女及外孫，不辭勞苦地奔南走北，一會兒去杭州一天園賞菊，一會兒又去青島看櫻花，一會兒又偕諸外孫到茅山掃墓，從子孫的天眞和童趣中得到快樂。他遊玩中也不忘教育子孫，因時講解，因材施教，還擅於發現他們的特長。他讓麥僖曾爲他抄寫書稿，讓羅榮邦爲他翻譯天文著作。

羅榮邦是康同璧的長子，幼時在倫敦、新加坡及渥太華等地讀書，曾就學於上海聖約翰中學，十四歲就幫外公翻譯天文書，外公的《諸天講》能夠著成，多虧了他的幫助。外公手書金、木、水、火、土、天王、海王諸星名稱爲奬勵，贈予榮邦。

一九四九年的時候，在傅作義召開的華北七省參議會上，康同璧被選爲代表，與解放軍商談和平入城問題。一九四九年以後，她曾當選爲北京市人民代表、全國政協委員，擔任中央文史館館員。晚年積極從事康有爲遺著的整理工作，先後撰成《南海康先生年譜續編》和《萬木草堂遺稿》等著作，爲康有爲生平和思想研究提供了重要資料。

在對康有爲的評價問題上，她很有自己的主見，從不爲時流所動。據說《萬木草堂遺稿》撰成後，欲交給國家出版，她爲該書寫了緒言，因拒絕修改緒言中對康有爲的過譽之詞，使她與出版社的合作談判陷入僵局，最後她要回了書稿。她對一些貶低父親的評價不能容忍，爲捍衛父親的思想不遺餘力。

一九六九年，康同璧病逝於北京，享年八十九歲。康同璧一生追隨父親，親侍起居，與父親相處最久，對父親的一生言行、政治抱負、學術思想知之最詳，也深得父親眞傳。其學問、品格、道德、文章都酷似父親。她也有超越父親的地方，那就是能與時俱進，緊跟時代潮流。她學識淵博，多才多藝，尤長於詩詞書畫和文章著述。因受父親的影響和教育，她走出家門，成爲一名出色的知識女性和著名的社會活動家。又因她對父親思想的宣傳和闡釋，人們更深入地瞭解康有爲。康有爲的思想和學術在同璧這裡得到發揚。

令九泉下的康有爲更加欣慰的是：他的外孫羅榮邦，即康同璧之子，在學術領域內取得較高的成就，並把他的思想和事跡傳揚於海外。羅榮邦生於一九一二年，幼承家學，時常聆聽外公的教誨。燕京大學畢業後，留學美國柏克萊加州大學，獲歷史學碩士及博士學位，歷任美國華盛頓大學、賓州大學等大學教授。主要研究方向是宋代至明初的中國海軍及遠洋航運的發展，被歐美學術界公認爲中國古代海權史研究的權威。一九七六年，他出版英文版《康有爲傳記和論叢》，並編撰《南海康有爲先生著作總目》，對康有爲研究貢獻頗大。

同璧之女羅儀鳳，則通曉六國語言，長於文學，也是一位知識女性。

書香延世：康同錢、康同凝、康同復、康同環

康有爲五十得子，很是激動了一陣，對兒子的愛憐、呵護和期望之切切也在情理之中。他一生擅長教育，知道對孩子如何教育。爲了讓孩子能夠延續康家的青箱之業，最好是成爲「大賢大智」的棟樑之才，他對兩個男孩的教育是相當嚴格的。其施教方針就是寬女嚴子，這不僅表現在零用錢的使用上兒子二元、女兒五元，也表現在對兒子的嚴厲要求上。

他要求兩個兒子從小刻苦讀書，並強迫他們鍛鍊體魄。一次他叫同凝去游泳，同凝不肯，被他一腳踢下樓梯，腿上劃出一道血口，留下的疤痕至老都沒有消失。何夫人去世後，他不因同凝失去母愛而稍加放縱，而是更加嚴厲，他想以兒子的早日成材告慰愛妻的在天之靈。但在生活上他絕不虧待孩子，時常囑咐家人給孩子增加營養，如對同籛「宜以肉奶與之，不可儉」，以便孩子擁有健康強壯的體格。

遺憾的是，上海的游存廬不似蘇村的澹如樓那麼安靜，適於養心靜讀。優逸的生活、喧鬧的環境在消蝕孩子們的奮鬥精神，康有爲似乎沒有遺傳給兩個男孩特別的天賦。十七、八歲的時候，還看不出兩個孩子有成就聖賢事業的跡象。這未免讓康有爲有

幾縷憂思和失望，但他很會寬慰自己。

一次弟子徐勤對他說：「師弟不賢何以傳父業？」康有爲笑著回答說：「子孫賢，明吾德；不賢，猶我身生一虱蟲而已，何必細問。」這像是一種自我解嘲。事實上，他何嘗不想讓自己的兒子明其德，承其志，宏其業啊！「大賢猶望汝，天意可從餘」、「欲以青箱託，深驚白髮疏」不正是他對兒子的殷殷厚望嗎？

不過，兩個兒子雖沒有像他那樣做出轟轟烈烈的一番事業，但他們守本份，並且爭氣。同籛在上海聖約翰中學畢業後，入聖約翰大學學習，因不滿校內洋人輕侮中國學生，轉入光華大學就讀，畢業後曾在廣東財政廳任職，後又在南京鐵路局任工程師。

同籛的妻子岑德靜是前清兩廣總督岑春煊的女兒。岑春煊，字雲階，清朝雲貴總督岑毓英之子，光緒朝舉人。戊戌年間曾參加過康有爲組織的強學會，還因參與維新事業，被光緒帝破格提拔爲廣東布政使，後調任甘肅布政使。康有爲在桂林講學時，得到過岑的積極支援。

一九〇〇年八國聯軍進攻北京時，因岑爲慈禧護駕有功，升爲四川和兩廣總督。當時遠在南洋的康有爲就認爲岑「將來或藉以作周勃」，周勃是漢初匡復劉漢王室的功臣，康把岑比作周勃，可見他對岑是相當器重的。又因岑與袁世凱素來不和，康更是把岑引爲知己。一九一三年二次革命時，岑被推爲各省討袁軍大元帥，一九一八年任廣東護法軍政府主席總裁。因康、岑的這種故交關係，平時的走動自然多，這爲結成兒女親家提供了機會。

同籛與德靜婚後生子女三人。長女康保莊，上海藥專畢業，曾在上海某醫院任藥劑師；兒子康保延，台灣中國文化學院畢業，定居在台灣；幼女康保娥，北京師範大學畢業，留校任生物學教師。保延妻田良玉，生兩男一女，長子佑德，女佑寧，幼子佑明。

耐人尋味的是：康有爲一生反對革命，兒子同凝卻娶了一個革命黨人的女兒爲妻。一九二八年，同凝與龐青城的女兒龐蓮結爲夫妻。龐青城是同盟會會員，孫中山的秘書，與國民黨元老黃興、于右任、張靜江等人常有來往。因龐蓮與康家七小姐同環是上海宏偉女子英文專修學校的同學，來往關係密切，龐才認識了康同凝。又因兩家住地相距較近，容易走動，同凝與龐蓮接觸的機會多，相互的瞭解也就愈深，遂生愛慕之心。

同凝曾先後肄業於復旦中學、同文書院和聖約翰大學，最後畢業於光華大學；一九三六年在廣東教育廳任職。根據龐蓮的回憶，抗戰爆發後，康同凝曾組織過大刀隊，準備與敵人肉搏，這足見他是一個熱血男兒。一九三八年廣州淪陷，康同凝撤退至韶關，自建茅廬，一住就是數年，其間掩護過不少抗日民主人士。一九四四年準備參加去緬甸的遠征軍，因病沒能去成。抗戰結束後回到上海，當了保險公司的職員。康同凝很耿直，父親生前的至親好友、門生弟子多居高位，任要職，他不求不靠，憑自己的工作吃飯，有些像他叔祖康達守的淡泊和灑脫。一九四九年，康家的人多去了台灣或香港，獨康同凝不願前往，直到一九七八年病逝於上海。

康有爲的晚年很是得力於六女婿潘其璇。潘家兩代人都與康家有緣：父親潘若海是康有爲的得意門生，一生追隨康有爲；兒子又做了康家的女婿，其璇在康家是岳父的助手，對康有爲晚年思想與行蹤瞭解較多，爲世人提供了不少有關康有爲晚年的思想與生活的資料。潘其璇與康同復生育八個子女：長女慶端，移居加拿大；二子慶贄，曾在瀋陽化工廠工作；三女慶慧，定居廣州；四女慶昭，曾任職於上海鐵路局；五子慶亮，曾在香港供職；六女慶樂，曾在廣州農學院工作；七子慶光在廣州爲技術員；八子慶珪移居國外。

康同環曾留學菲律賓，當過廣東省的參議員，做過民社黨的中央委員。丈夫何永樂，曾留學法國，在越南和香港經營貿易公司。他們生子女三人。長女康德，曾在香港任教員；次女康儀，台灣師範大學畢業，曾在香港任教員，其丈夫李雲光著有《康有爲家書考釋》一書；幼子康樂，曾在香港越南貿易公司任經理。

康有爲的去世，使這個大家庭失去了核心，也失去了經濟來源，妻子兒女們開始自立自強的新生活，世代書香的康氏大家族解體，一代名門望族走完了它的歷史行程。

系表（康保延先生提供）

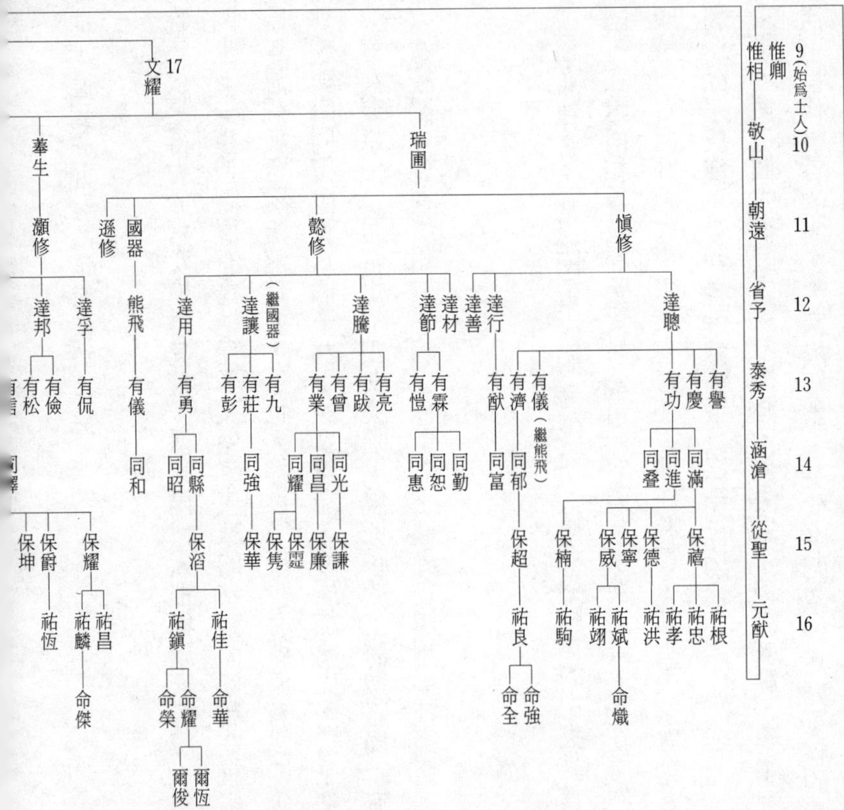

1（始遷南海）建元
2 福蔭
3 蘊泉
4 積厚
5 念遠
6 荔圃
7 枝茂
8 汝堅
9（始爲士人）惟卿
惟相
10 敬山
11 朝遠
12 省予
13 泰秀
14 涵滄
15 從聖
16 元猷
17 文耀
奉生
瑞圃
灝修
遜修
國器
懿修
慎修
達邦
達孚
熊飛
達用
達讓（繼國器）
達騰
達節
達材
達善
達行
達聰
有松
有儉
有侃
有儀
有勇
有彭
有莊
有九
有業
有曾
有跋
有亮
有愷
有霖
有猷
有濟
有儀（繼熊飛）
有功
有慶
有譽
同和
同昭
同縣
同強
同耀
同昌
同光
同惠
同恕
同勤
同富
同郁
同疊
同進
同滿
保坤
保爵
保耀
保滔
保華
保雋
保霳
保廉
保謙
保超
保楠
保威
保寧
保德
保禧
祐恆
祐麟
祐昌
祐鎮
祐佳
祐良
祐駒
祐翊
祐斌
祐洪
祐孝
祐忠
祐根
命傑
命榮
命耀
命華
命全
命強
命熾
爾俊
爾恆

〈附錄一〉

康有為家族

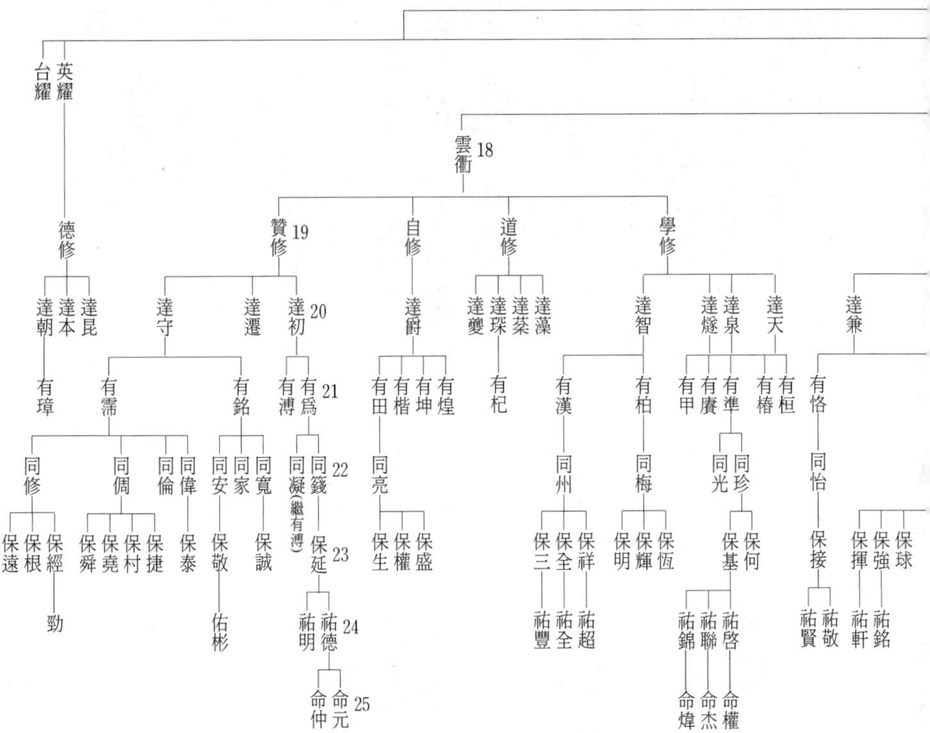

台耀
英耀
雲衢 18
德修
贊修 19
自修
道修
學修
達朝
達本
達昆
達守
達遷
達初 20
達爵
達夔
達琛
達棻
達藻
達智
達燧
達泉
達天
達兼
有璋
有霈
有銘
有溥
有爲 21
有田
有楷
有坤
有煌
有杞
有漢
有柏
有甲
有賡
有準
有椿
有桓
有恪
同修
同倜
同倫
同偉
同安
同家
同寬
同凝(繼有溥)
同籛 22
同亮
同州
同梅
同光
同珍
同怡
保遠
保根
保經
保舜
保堯
保村
保捷
保泰
保敬
保誠
保延 23
保生
保權
保盛
保三
保全
保祥
保明
保輝
保恆
保基
保何
保接
保揮
保強
保球
勁
佑彬
祐明
祐德 24
祐豐
祐全
祐超
祐錦
祐聯
祐啓
祐賢
祐敬
祐軒
祐銘
命仲
命元 25
命煒
命杰
命權

〈附錄二〉

康有為年表

康有爲（一八五八—一九二七），又名祖詒，字廣廈，號長素；戊戌變法運動失敗後，改號更生；參與張勳復辟活動失敗後，又改號更甡。晚年號天游化人。廣東南海人，世居於南海縣西樵山北之銀塘鄉（又名蘇村）。祖贊修，又名以乾，號述之。道光舉人，升用教授連州訓導。父達初，字植謀，號少農。江西補用知縣。叔祖國器，官至護理廣西巡撫。（本年表由康保延先生提供）

一八五八年（清咸豐八年戊午），一歲。夏曆二月初五日（公曆三月十九日），康有爲生於南海縣銀塘鄉敦仁里祖居老屋中。

一八六二年（清同治元年壬戌），五歲。諸叔伯教讀唐詩，能誦數百首。

一八六三年（清同治二年癸亥），六歲。從番禺學者簡鳳儀讀《大學》、《中庸》、《論語》和朱注《孝經》。

一八六四年（清同治三年甲子），七歲。太平天國天京陷落。歷時十五年的太平天國革命運動失敗。

一八六七年　（清同治六年丁卯），十歲。夏曆六月十三日，幼弟康有溥（字廣仁）生。

一八六八年　（清同治七年戊辰），十一歲。夏曆正月二十日，父康達初卒。有爲遂從祖贊修於連州官舍，學習文史典籍。閱讀邸報，漸知朝廷政事。

一八六九年　（清同治八年己巳），十二歲。在連州官舍與諸生論文談事，博覽群書，時作詩文，然不喜八股制藝。

一八七〇年　（清同治九年庚午），十三歲。夏曆七月，隨祖贊修歸廣州。九月，從陳菶生學八股文於廣州西門外第三甫桃源。

一八七一年　（清同治十年辛未），十四歲。還銀塘鄉。讀書於叔祖國器所築澹如樓及二萬卷藏書樓中。是年始就童子試，不售。

一八七二年　（清同治十一年壬申），十五歲。在鄉從楊學華（字仁山）學。再應童子試，不售。被督責爲八股小題文。

一八七三年　（清同治十二年癸酉），十六歲。移學於靈洲山之象台鄉，中歲復還銀塘鄉。厭棄八股文，受諸叔伯詰責。

一八七四年　（清同治十三年甲戌），十七歲。居鄉，好爲縱橫之文。始見《瀛環志略》及地球圖等圖書，初步瞭解國際形勢。

一八七五年（清光緒元年乙亥），十八歲。居廣州。在祖父督責下專學八股。慈禧太后垂簾聽政，恭親王奕訢輔政。

一八七六年（清光緒二年丙子），十九歲。應鄉試不售。始從廣東著名學者朱次琦（字子襄）學於九江禮山草堂。口讀宋儒書及經說、小學、史學、掌故詞章。夏曆十二月結婚，夫人張氏，名雲珠。

一八七七年（清光緒三年丁丑），二十歲。繼續從朱次琦受學。夏曆五月，連州水災，祖贊修遇難死。

一八七八年（清光緒四年戊寅），二十一歲。繼續從朱次琦受學。攻《周禮》、《儀禮》、《爾雅》、《說文》、《水經》之學，並誦《楚辭》、《漢書》、《文選》及杜甫詩、徐陵、庾信文。感到舊學無法解決當前的現實問題，思想非常矛盾和苦悶。冬，辭朱次琦歸。

一八七九年（清光緒五年己卯），二十二歲。正月，入西樵山中，居白雲洞，專學道教佛教的經典。與翰林院編修張鼎華（字延秋）相交。秋，出山還鄉，居澹如樓。夏曆十一月，初遊香港，始知西人治國有法度，開始購讀西學之書。

一八八〇年（清光緒六年庚辰），二十三歲。居鄉授諸弟有銘、有溥、有霈讀書。研究經籍及公羊學。

一八八一年（清光緒七年辛巳），二十四歲。讀書鄉園，精研唐宋史及宋儒之書，積勞患病。

一八八二年（清光緒八年壬午），二十五歲。夏曆五月，至北京應順天鄉試，不第。購碑刻，講金石之學。歸途經上海、揚州、鎮江、南京，大購介紹西方情況的書籍，自此大講西學。

一八八三年（清光緒九年癸未），二十六歲。家居，研究近代東西方的政治制度，並學習物理、化學等自然科學。在家鄉創辦不纏足會，令兩女及姪女不得纏足。

一八八四年（清光緒十年甲申），二十七歲。春夏間寓居廣州城南板箱巷。秋後還鄉居澹如樓。是年閉戶讀書，深刻思索，「合經史之奧言，探儒佛之微旨，參中西之新理，窮天人之頤變」，開始形成一套龐雜的改良思想體系。清政府對法國宣戰，中法戰爭開始。

一八八五年（清光緒十一年乙酉），二十八歲。學習數學。上半年患頭痛，還居西樵山白雲洞高士祠養病，與張鼎華過從甚密。開始編著《人類公理》。清政府向法國屈服，承認越南歸屬法國。清政府與日本政府訂立天津條約，承認朝鮮爲「中日公共保護國」。

一八八六年（清光緒十二年丙戌），二十九歲。春間居廣州，請張鼎華向兩廣總督張之洞建議開局譯西書。夏曆五月，復居鄉之澹如樓。爲天文曆法之學。著《康子內外篇》。

清政府與英國訂立緬甸條約，承認英國吞併緬甸。

一八八七年（清光緒十三年丁亥），三十歲。春居廣州花埭之恆春園。夏曆三月還居鄉之澹如樓。八、九月遊香港，十一月遊肇慶七星岩。從經籍和諸子著作中研究中國上古史。

一八八八年（清光緒十四年戊子），三十一歲。夏曆五月赴北京應順天鄉試，不第。夏曆八月，遊明陵，單騎出居庸關，登萬里長城，出八達嶺，還遊湯山。九月，遊西山。夏曆十一月，上書清帝請求變法，不得上達，且受到頑固份子的攻擊。徙居北京宣武門外南海會館之汗漫舫中，爲金石碑版之學。

一八八九年（清光緒十五年己丑），三十二歲。春夏在京，撰《廣藝舟雙楫》。夏曆八月十七日出京，遊杭州、蘇州，溯江入九江、遊廬山，至武昌、漢陽。十二月還粵，居廣州。

日本公佈憲法，明治維新取得成功。

一八九〇年（清光緒十六年庚寅），三十三歲。春居廣州之徽州會館，既而移居雲衢書屋。與今文學家廖平會晤，頗受啓發。夏曆三月，陳千秋來從學。八月，梁啓超來從學。九月，教冬課於廣府學宮孝悌祠。是年專意著述，成

《婆羅門教考》、《王制義證》、《毛詩僞證》、《周禮僞證》、《說文僞證》、《爾雅僞證》等。

一八九一年　（清光緒十七年辛卯），三十四歲。始開學堂於長興里，自任總教授總監督。「講中外之故，救中國之法。」來學者尚有韓文舉、梁朝杰、曹泰、王覺任、麥孟華、徐勤、陳和澤、林奎、潘藻鑒等。在陳千秋、梁啓超協助下，刻成《新學僞經考》。

一八九二年　（清光緒十八年壬辰），三十五歲。移講堂於粵城衛邊街鄺氏祠，學者漸衆。用孔子生二千四百四十三紀年。撰《孟子大義考》等著作，並選同學助編纂《孔子改制考》。

一八九三年　（清光緒十九年癸巳），三十六歲。仍講學於衛邊街。冬遷草堂於府學宮仰高祠。應鄉試，中第八名。撰《論語爲公羊學考》等。

一八九四年　（清光緒二十年甲午），三十七歲。夏曆二月十二日與梁啓超同入京會試。五月六日下車傷足，遂南歸廣州。七月，御史安維峻劾有爲「惑世誣民，非聖無法，同少正卯，聖世不容，請焚《新學僞經考》，而禁粵士從學。」夏曆八月遊羅浮山。九月歸復講學。十一月遊廣西桂林，愛其山水，盤桓四十日，著《桂學答問》。中日戰爭爆發，清朝北洋海軍覆滅。孫中山在檀香山組織興中會。

一八九五年（清光緒二十一年乙未），三十八歲。夏曆二月初一自廣西歸至廣州。二月十二日，偕梁啓超、梁小山入京會試。時旅順失陷，舉朝震動。清政府派大學士李鴻章爲全權代表到日本求和，簽訂屈辱的《馬關條約》。夏曆三月二十八日，在康有爲、梁啓超的鼓動下，廣東和湖南兩省舉人聯名上書光緒皇帝，要求拒絕簽約。接著康有爲聯合十八省應試舉人六百零三人，通過了聯名簽署的康氏起草的萬言請願書，在四月八日正式投遞，被拒絕代呈。這就是著名的「公車上書」。上書後數日，榜發，有爲中進士第八名，旋授工部主事，不願到職。夏曆五月十一日，又上第三書，光緒帝閱後讚許。夏曆閏五月初八日，又上第四書，被頑固派官僚所阻，未能呈上。與帝黨首領翁同龢論變法之事，由陳熾起草了十二道新政意旨。夏曆六月，創辦報紙《萬國公報》，造變法的輿論準備。夏曆七月，籌設強學會，基本會員有康有爲、梁啓超及文廷式、王鵬運、沈曾植、袁世凱等。廣學會主持者英人李提摩太親來表示合作，英美公使亦願大助圖書儀器。夏曆八月二十九日，有爲出京，九月十二日到上海，著手組織強學會分會；十一月，北京強學會正式成立。十月，北京創刊《中外紀聞》，上海發行《強學報》。有爲啓程回廣州。

一八九六年（清光緒二十二年丙申），三十九歲。講學於廣府學宮萬木草堂，續成

《孔子改制考》、《春秋學》、《春秋董氏學》、《日本變政記》。夏曆七月，與弟廣仁遊羅浮山。八月遊香港。十月至澳門，與何廷光籌辦《知新報》。十二月重遊廣西。

一八九七年（清光緒二十三年丁酉），四十歲。夏曆正月十日到桂林，與唐景崧、岑春煊議開聖學會。日與學者論學，編《春秋考義》、《春秋考文》，撰《日本書目志》成。夏曆六月還粵講學。八月底至上海。夏曆十一月十二日，德軍強佔山東膠州灣。有爲入京，上清帝第五書。十二月十三日，在南海會館創辦粵學會。是年，在上海刊行《春秋董氏學》。納梁隨覺爲妾。

一八九八年（清光緒二十四年戊戌），四十一歲。夏曆正月初三，大學士李鴻章、翁同龢、榮祿，刑部尚書廖壽恆，戶部左侍郎張蔭桓，約見康有爲於總理衙門西花廳，問變法之宜。初四日，翁同龢以此事入奏，光緒帝命有爲條陳所見。有爲進呈《日本變法考》、《俄彼得變政記》，接著上清帝第六書、第七書。夏曆三月底，於粵東會館召開保國會三次，遭后黨攻擊而停會。夏曆四月二十三日，光緒帝詔定國是，正式宣佈實行變法。「百日維新」開始。二十八日，召見康有爲，問及變法方略，長談逾九刻鐘，命有爲在總理衙門章京上行走。夏曆五月初五，光緒帝下詔廢八股。有爲上摺請大開學堂，獲允。夏曆六月初八，光緒帝命改《時務報》爲官辦，任有爲督辦其事。夏曆七月二十日，光緒帝命給譚嗣同、楊銳、劉光第、林旭四人以四品卿銜，在軍機章京上行走，參與新政事宜。二十九日，光緒帝下密詔與楊銳帶給有爲，哀訴「位且不保，令與諸同志設法密救」。夏曆八月初二，光緒帝明詔催促有爲赴上海督辦官報局，暗示即將發生政變。初三，再下密詔予林旭帶給有爲。譚嗣同即夜訪直隸按察使袁世凱，說袁勤王，舉兵殺榮祿，除舊黨。初五，袁世凱到天津向榮祿告密，榮祿立即帶兵入京。初六，慈禧太后發動政變，再度「訓政」，幽禁光緒帝於瀛台，下令逮捕有爲。時有爲已逃離北京，其弟康廣仁被捕。初九，譚嗣同、楊銳、林旭、劉光第被捕。十三日，譚嗣同、楊銳、林旭、劉光第、楊深秀、康廣仁六人在北京菜市口街頭壯烈犧牲，史稱「戊戌六君子」。十四日，有爲逃至香港。夏曆九月十二日，有爲離港赴日本。

一八九九年（清光緒二十五年己亥），四十二歲。夏曆二月二十三日，離日赴加拿大。三月初七，抵加拿大之溫哥華。四月，渡大西洋至英國倫敦。五月，復返加拿大。夏曆六月十三日，在溫哥華組織保皇會。九月，自加拿大經日本還香港。十二月二十六日，離港赴新加坡。

山東義和團起義。

一九〇〇年　（清光緒二十六年庚子），四十三歲。夏曆正月初二，到新加坡。七月十五，住英國新加坡總督署中。

夏曆六月二十一日，慈禧太后下令對各國宣戰，並令全國各地組織義和團。七月，英、俄、德、法、美、日、義、奧八國聯軍侵入北京。夏曆七月，唐才常在武昌組織自立軍，企圖恢復光緒帝權力。因計畫洩漏，十八日才常被捕犧牲。

一九〇一年　（清光緒二十七年辛丑），四十四歲。居檳榔嶼。作《春秋筆削大義微言考》、《中庸注》、《孟子微》。冬，赴印度。十二月十一日，定居大吉嶺。

一九〇二年　（清光緒二十八年壬寅），四十五歲。居印度大吉嶺，潛心著述。作《大同書》、《論語注》、《大學注》。發表《答南北美洲諸華商論中國只可行立憲不可行革命書》。

一九〇三年　（清光緒二十九年癸卯），四十六歲。夏曆三月，聞榮祿死，離印度，經緬甸、爪哇、安南、暹羅，九月間回到香港。

日俄戰爭發生，以東三省爲戰場。

一九〇四年　（清光緒三十年甲辰），四十七歲。夏曆二月，遊安南、暹羅。三月，至檳榔嶼。四月，乘船渡印度洋入地中海。半年中，遊義大利、瑞士、奧地利、匈牙利、德國、法國、丹麥、挪威、瑞典、比利時、荷蘭、英國等國。作〈歐洲十一國遊記序〉。十一月，回到加拿大溫哥華。

一九〇五年（清光緒三十一年乙巳），四十八歲。春，自加拿大南遊美國。夏曆七月赴歐洲，遊德國、法國。九月，復遊北美。撰《物質救國論》。

孫中山在日本東京組成中國同盟會。

一九〇六年（清光緒三十二年丙午），四十九歲。夏曆正月，遊墨西哥。秋冬遊歷歐洲諸國。

一九〇七年（清光緒三十三年丁未），五十歲。是年遊歷歐洲各國。納何旃理爲妾。

七月十三日，清政府宣佈「預備立憲」。

一九〇八年（清光緒三十四年戊申），五十一歲。夏曆六月，往遊東歐，經奧地利、匈牙利、塞爾維亞、保加利亞、羅馬尼亞而入土耳其。復遊希臘、義大利。九月，歸至檳榔嶼。作〈人境廬詩序〉、〈梁啓超寫南海先生詩集序〉、〈朱九江先生佚文序〉。子同籛生。

是年，慈禧太后與光緒帝卒。

一九〇九年（清宣統元年己酉），五十二歲。夏曆二月，遊埃及、耶路撒冷。春夏，遊瑞士、法國、英國、德國、比利時。七月，回檳榔嶼。九月，復遊印度、錫蘭。子同凝生。

一九一〇年　（清宣統二年庚戌），五十三歲。春夏，在檳榔嶼。夏曆七月，遷居新加坡。八月，至香港。十二月，赴西貢。除夕前，返新加坡。

一九一一年　（清宣統三年辛亥），五十四歲。夏曆四月，至香港。五月，赴日本箱根，後移居須磨梁啓超之雙濤園。作《共和救國論》、《共和政體論》等。是年十月十日，武昌起義爆發。革命派在全國推進武裝鬥爭，清王朝土崩瓦解。

一九一二年　（民國元年壬子），五十五歲。是年在日本。六月，撰《中華救國論》。十月，撰〈孔教會序〉。公曆元旦，孫中山在南京就臨時大總統之職，建立中華民國。臨時政府頒佈〈臨時約法〉。二月十二日，清帝下《退位詔書》，清王朝滅亡。四月，袁世凱竊據了政權。

一九一三年　（民國二年癸丑），五十六歲。夏曆二月，《不忍雜誌》創刊，任主編，發表大量反對革命的言論。七月，母勞氏病卒於香港。十月，奔喪歸國。葬母畢，移居上海。拒絕袁世凱的招請。

一九一四年　（民國三年甲寅），五十七歲。是年居上海。納市岡鶴子爲妾。

一九一五年　（民國四年乙卯），五十八歲。是年居上海。夏曆三月往遊杭州。

一九一六年（民國五年丙辰），五十九歲。夏曆六月，遊杭州。八月，遊蘇州，遊泰山。九月，遊鳳陽，重遊泰山。十月，遊茅山。

袁世凱帝制陰謀失敗。

一九一七年（民國六年丁巳），六十歲。夏曆五月初八，乘津浦車北上。九日，參與張勳復辟醜劇，受「弼德院副院長」之職。復辟失敗，二十日，有爲逃往美國使館。夏曆十月二十二日，由美使館保護離京。經天津至青島，又至大連、濟南。作《春秋筆削大義微言考》。

一九一八年（民國七年戊午），六十一歲。此後數年，常居於上海，時往還於杭州。

七月，孫中山在廣州組織軍政府，任大元帥。

一九二一年（民國十年辛酉），六十四歲。

五月，孫中山在廣州就任非常大總統。七月一日，中國共產黨成立。

一九二二年（民國十一年壬戌），六十五歲。夏曆五月遊曲阜，登泰山。十月，遷居杭州。夫人張氏卒。

一九二三年（民國十二年癸亥），六十六歲。是年，漫遊河北、河南、江蘇、山東、陝西等地。

一九二四年（民國十三年甲子），六十七歲。是年在上海。

一九二五年（民國十四年乙丑），六十八歲。至天津「覲見」廢帝溥儀。漫遊各地。

一九二六年（民國十五年丙寅），六十九歲。夏曆八月，重到北京，憑弔戊戌遺跡。

九月，回到上海。

一九二七年（民國十六年丁卯），七十歲。夏曆正月十三日，赴天津爲溥儀祝壽。

二月四日，徐良由天津抵滬，賫到宣統帝御筆「嶽峙淵清」四字匾額一幅，玉如意一柄，祝賀康氏七十壽辰，感慨萬分，乃寫《謝恩摺》，情文並茂，追述昔日變政及蒙難之情，讀之知悉康氏爲國爲民之眞情。

二月五日，衆弟子及親友爲祝賀康氏七秩壽辰，咸於上海祝嘏，梁啓超撰七十壽序，情文並茂，傳誦一時。

時因南北戰事方酣，過壽日後，即往青島居住，在青島時遭人暗中謀害，不幸毒發後，夏曆二月二十八日（陽曆三月三十一日）逝世於「天游堂」，葬在康氏生前自擇青島李村象耳山墓地。

附錄三
參考書目

《廣東地區太平天國史料選編》　陳周棠主編，廣東人民出版社，一九八六年四月第一版。
《太平天國史》　羅爾綱著，第四冊，中華書局版。
《太平天國史事日誌》　郭廷以著，上海書店影印出版社，一九八六年九月第一版。
《太平天國通史》　茅家琦主編，南京大學出版社，一九九一年八月版。
《太平天國軍事史概述》　酈純著，下編，第三冊，中華書局，一九八二年版。
《康有為先生年譜》（上、下冊）　吳天任著，（台）藝文印書館，一九九四年版。
《康有為遺稿．列國遊記》　上海市文物保管委員會編，上海人民出版社，一九九五年十月第一版。
《梁啟超學術論著集．傳記卷》　陳引馳編，華東師範大學出版社，一九九八年十一月第一版。
《戊戌思潮縱橫論》　吳廷嘉著，中國人民大學出版社，一九九八年八月第一版。
《外人與戊戌變法》　王樹槐著，上海書店出版社，一九九八年八月第一版。
《康有為全集》（三卷本）　姜義華編校，上海古籍出版社。
《康有為評傳——時代弄潮兒》　朱義祿著，廣西教育出版社，一九八六年八月第一版。

《康有為與保皇會》　上海文物委員會編，上海人民出版社，一九八二年九月第一版。

《梁啟超年譜長編》　丁文江、趙豐田編，上海人民出版社，一九八三年八月第一版。

《康有為詩文選》　陳永正編著，廣東人民出版社一九八三年六月第一版。

《革新派巨人康有為》　林克光著，中國人民大學出版社，一九九〇年十二月第一版。

《變政與政變——光緒二十四年聚焦》　董叢林著，河北大學出版社，一九九九年三月第一版。

《戊戌維新與近代中國的改革——戊戌維新一百周年國際學術討論會論文集》　王曉秋主編，社會科學文獻出版社，二〇〇〇年五月第一版。

《我史》（即自編年譜）　康有爲著，江蘇人民出版社，一九九九年三月第一版。

《追憶康有為》　夏曉虹編，中國廣播電視出版社，一九九七年一月第一版。

《康有為——執毅人生》　郭海軍、戰瑞清著，長江文藝出版社，一九九九年四月第一版。

《戊戌變法》（一—四冊）　中國史學會編，中國近代史資料叢刊，上海神州國光社，一九五三年出版。

《戊戌變法人物傳稿》　湯志鈞著，中華書局，一九八二年版。

《康有為政論集》（上、下冊）　湯志鈞著，中華書局，一九八一年版。

《康有為與戊戌變法》　湯志鈞著，中華書局，一九八五年版。

《康有為家書考釋》　李雲光著，（香港）匯文閣書店，一九七九年五月版。

《康有為大傳》　馬洪林著，遼寧人民出版社，一九八八年版。

內容簡介：

康有爲是中國近代史上頗具爭議性的人物：一方面，他的「公車上書」和「百日維新」名垂青史；另一方面，他念念不忘保皇，反對革命，在「張勳復辟」的事件中扮演不光彩的角色。其實，這些舉動皆與南海康氏家族和時代背景關係密切，使得康有爲成了新與舊、中與西、成功與失敗、現代與傳統、前進與後退、巨人與侏儒融於一身的矛盾體。

康有爲自小的求學過程中，即有「拗康」、「狂生」之名，常因探索新路的心理焦慮，公然挑戰恩師的學術觀點；他因摒棄八股，無意舉業，三十六歲才在家族壓力下初得功名；有了上書管道後，終於獲得光緒皇帝賞識，而「維新變法」好事多磨，最後，竟以包括康有爲之弟在內的「戊戌六君子」就義北京菜市口告終。從此，康有爲展開周遊列國的逃亡生涯，而康氏家族也同樣付出慘痛代價，頃刻之間敗落了。

這位光緒皇帝的座上客敢爲天下先，救國救民，置生死於度外，另一方面又有其固執、言不符行之處，例如：不能與時俱進；他主張男女平等，婦女解放，但又使用婢僕，娶妻納妾；他一生著書立說，名揚四海，禮遇恩寵，但也常常四處碰壁，多不得志……作者將這位頗具爭議性的歷史人物放在時代和家族的背景下，以多角度、多方面的解析，呈現中國百年來的變遷，也讓人看盡康氏家族百年來的滄桑。

作者：

王明德

一九六〇年生，河南遂平人。一九九六年畢業於華中師範大學歷史系，獲歷史學碩士學位。一九九九年入華東師範大學歷史系，師從謝俊美教授，攻讀中國近現代史專業博士學位。已發表《略論中國古代核心區的形成》、《十年內戰期間國共兩黨間的地緣關係及其影響》等論文二十餘篇，現爲台州學院社會科學系講師，主要從事中國近現代政治制度及近現代人物的研究和教學工作。

審訂者：

謝俊美

一九四二年十月生於江蘇聶縣。一九七六年天津南開大學歷史系畢業；一九八一年華東師範大學近現代史研究生畢業，獲歷史學碩士學位；現爲華東師範大學歷史系中國現代史研究所主任、教授、博士生導師。發表論文一百一十多篇。著有《翁同龢傳》、《翁同龢書傳》、《政治制度與近代中國》、《中國近代政治家》等。主編《醒世叢書》、《香港全紀錄》（與人合作）。輯有盛檔《中國通商銀行》等。

校訂者：

康保延

校對：

單兆榮　台北市第一女子中學歷史教師。

責任編輯：

馬興國　中興大學社會系畢業；資深編輯。

國家圖書館出版品預行編目資料

百年家族——康有為／王明德作.
－初版.－臺北縣新店市：立緒文化，2002（民91）
面；　公分.(新世紀叢書)

ISBN 957-0411-38-4（平裝）
1.康有為－傳記　2.康氏－傳記

782.884　　　　90020490

百年家族——康有為

出版——立緒文化事業有限公司
作者——王明德
審訂者——謝俊美

發行人——郝碧蓮
總經理兼總編輯——鍾惠民
副總經理——陳蕙慧
業務部經理——黃照美
編輯——許純青
行政專員——林秀玲
行銷專員——林時源
地址——台北縣新店市中央六街62號1樓
電話——(02)22192173 · 22194998
傳真——(02)22194998
E-Mail Address: service@ncp. com. tw
劃撥帳號——1839142-0號　立緒文化事業有限公司帳戶
行政院新聞局局版臺業字第6426號

行銷代理——紅螞蟻圖書有限公司
電話——(02)27953656　傳真——(02)27954100
地址——台北市內湖區舊宗路二段121巷28-32號4樓
排版——伊甸社會福利基金會附設電腦排版
印刷——祥新印刷股份有限公司

法律顧問——敦旭法律事務所吳展旭律師
國際通商法律事務所黃台芬律師

分類號碼——782.00.001
ISBN 957-0411-38-4
出版日期——中華民國91年2月初版　一刷(1～2,500)

本書由中國大陸北京大江流文化開發有限責任公司授權
立緒文化事業有限公司得以繁體字在全球出版發行

定價◉320元